明治大正人物列伝 III

中井けやき
NAKAI KEYAKI

幻冬舎MC

はじめに

明治時代との出会いは『ある明治人の記録―会津人柴五郎の遺書』（石光真人編著、中央公論新社２０１７）である。戊辰戦争さなか祖母・母・姉妹は自刃、父や兄たちは出征という困難をのりこえ生き抜いた7歳、柴五郎少年の記録である。涙ながらに読み心に残ったが、主人公のそれからを知らないままいつしか忘れていた。

それから20年、『日露戦争を演出した男モリソン』（ウッドハウス暎子著、新潮社２００４）で、北清事変さなかの北京で活躍する柴五郎に再会した。主人公ロンドン・タイムス記者モリソンと力を合わせて活躍した砲兵中佐柴五郎がその人である。柴は英・仏・中国語も堪能で、米欧8ヵ国の居留民、北京在住の中国人に頼られ、※1義和団に包囲され窮地に陥った北京の街と住民を護った。

以来、柴五郎にはまり、伝記『明治の兄弟　柴太一郎・東海散士柴四朗・柴五郎』を著した。執筆にあたり、各地の資料館や図書館に通い、会津はもちろん京都をはじめ北海道函館から九州熊本まで赴いた。

その過程で幾多の明治人、その人物たちの友人知人を知った。さらに、「明治・大正・

戦前の昭和」という時代そのものにも興味がわいた。

そこで〝けやきのブログⅡ〟を始めた。ついては、地域の図書館・国立国会図書館デジタルコレクションなどにお世話になりながらあれこれ書いた。この本は２０２１年度分、52項をまとめたものである。

最初はたんに得た知識を紹介したいというだけであったが、いつしか登場人物に励まされているのに気づき、資料探しなどキツイときがあっても止められなくなった。教科書に載っていない歴史人、活躍したのに無名、志半ばで斃(たお)れた人物を採りあげるのは、やり甲斐あって愉しい。いつしか、ブログ記事数は７００を超えた。

ときに、子孫の方や同好の士からコメントがあり、その節はパソコンに一礼している。ブログは毎週更新しているが机に向かう前、窓を開けて季節の風に吹かれると気分良く集中できる。季節の移り変わりを肌で感じつつ物語に入る。そんなこともあり、季節で分けてみた。お好みの季節からどうぞごらんください。

中井けやき

※1　北清事変・義和団：１９００（明治33）年に発生した義和団の反乱事件。イギリス・ドイツ・ロシア・フランス・アメリカ・イタリア・オーストリア・日本の８ヵ国連合軍による鎮圧戦争。

明治大正人物列伝　Ⅲ

目次

春の記

2021
1.2

1912年、明治の終わり・大正の始まり

2021（令和3）年元旦、コロナ禍去って良い年になるよう願うばかり。例年と違う年初め、身内と玄関先でのやりとりが精一杯で集まれない。子や孫の笑い声がしない正月は正直さびしい。

賑やかだった実家の正月を思い出す。一升瓶をたちまち空にする大人たち、その傍らで子どもらは百人一首やトランプ遊び、飽きると羽根つきして遊んだ。今は昔、のどかな正月を懐かしむうち、大正生まれの母の大正琴まで思い出した。

琴といっても簡易な楽器で大正時代にかなり流行したそう。それで大正の初めをみることにした。大正元年は明治45年、元号の終わりと始まりの1912年、今から109年前である。誰がいて、何があった。

1912（明治45）年
1月1日　中華民国成立、南京を首都とする。
16日　大阪難波新地、大火。500戸焼失。
28日　白瀬矗（のぶ）陸軍中尉の探検隊、26名の隊員とともに開南丸で南極を目指して隅田

川を出発、日本人として初めて南極点到達。食料が乏しくなり、それ以上の進行を断念し、到達地点を「大和雪原」と命名して帰国する。

2月18日　愛知電気鉄道、営業開始。

3月1日　憲法学者・美濃部達吉「憲法講話」。これに対して憲法学者・上杉慎吉が反論し憲法論争がおこる。

30日　沖縄県に衆議院議員選挙法施行の件公布。

4月13日　石川啄木死去。27歳。

素朴でわかりやすく、若い人々に直接訴えていく啄木の作品を好む人は多いと思う。コロナ禍で暮らしが困難になって、

「はたらけど　はたらけど猶　わがくらし楽にならざり　ぢつと手を見る」。

5月11日　信越線、横川・軽井沢間に電気機関車使用。

15日　第十一回総選挙（政友会209、国民党95、中央倶楽部31、無所属46）。

6月11日　京都市営電気軌道、営業開始。

7月6日　第五回オリンピック大会（ストックホルム）、三島弥彦・金栗四三（かなくりしそう）が初参加。

30日　天皇陛下崩御。59歳。大正と改元。

主要新聞、9月17日まで全ページ黒枠で囲んで発行。

1912（大正元）年

しろがねの雪ふる山に人かよふ　細ほそとして路（みち）みゆるかな

（斎藤茂吉自選歌集『朝の蛍』、改造社1925）

8月1日　鈴木文治ら友愛会結成。[※2]

5日　御停止明け。

そのあとも自粛ムードが続き、装飾屋・楽隊・日本囃子・蓄音機商など営業不振に。喪章の着用が流行。

岩野泡鳴「発展」の発禁に抗議し、総理大臣らに「文芸の発売禁止に関する建白書」を提出。

15日　手動式塵芥吸収機「バキュームクリーナー」発売、一台60円。

21日　第二十九議会、第二次西園寺内閣・御大葬費議決の臨時議会招集。

木更津線、蘇我‐木更津全通。

24日　瀬戸内海の播磨灘で暴風雨、漁船多数沈没。

27日　越後鉄道、新潟‐吉田間が開通。

30日　所沢飛行場で陸軍がドイツから輸入したバーセバル式飛行船20分間飛行。

――「飛行船来たる」一たび伝えらるるや満都の子女は、路上に奔出しその壮絶を眺め、あるいは屋根に上がり、望遠鏡を持ち出してその跡を追えるもあり（10月23日　東京朝日）。

31日　関東地方で暴風雨。

――厄日として気遣われたる二百十日の天候は、31日朝より険悪を示し……東京荏原郡鈴ヶ森八幡海岸付近は二丈余の高浪起こりて六郷川増水し、浅草公園のひょうたん池は溢水して六区付近に深水し（9月2日　東京朝日）

9月1日　東京浅草で大火。３００戸焼失。

9日　名古屋・大須観音で初めて大正琴発売。

ヨーロッパ演奏旅行から帰国した森田吾郎（琴や笛の演奏家）が創案した簡易な楽器。日本で流行していた二弦琴とヨーロッパで見たタイプライターの仕組みを合体させて考案した。発売当時は、町のおもちゃ屋の店先で売られた。現在は弦の数が2本から5～6本にふえ音域も広がっている。

13日　天皇大葬の日、乃木希典（まれすけ）夫妻殉死。

22日　台風が日本全土を襲う。

夜半に四国地方東部に上陸、関西地方から若狭湾をへて日本海を北上、北海

※2　鈴木文治：労働運動家。共済・修養機関的性格の強い友愛会を結成。同会は全国的労働者組織に発展、のち、日本労働総同盟と改称。

道に再上陸してオホーツク海へ去った。死者は愛知・岐阜・徳島・鳥取・奈良など13府県に及んだ。

9月25日　松竹女優養成所が開設され、東京・大阪・名古屋などから158人が応募し、20人が舞台女優第一期生となる。

28日　作家・永井荷風が結婚。

10月1日　台風の襲来で鹿児島・宮崎・大分・高知・徳島県を中心に風水害が発生。

3日　戦艦「三笠」、神戸港外で火災事故。

4日　汽車乗務員がコレラで死亡、南関東各地で蔓延、死者多数。

13日　奈良原式飛行機・鳳号が千葉・稲毛海岸を飛行。

15日　※3フュウザン会第一回展が、銀座・読売新聞社の三層楼で開催。

20日　フランス映画「ジゴマ」に続き、和製ジゴマ映画多数制作。手口を真似た犯行、子どものジゴマごっこなど社会的悪影響のため、この日、警視庁が一切のジゴマ映画の上映を禁止。

26日　※4上山草人らが結成した近代劇協会が、有楽座で第一回興行。イプセン作・千葉掬香訳「ヘッダ・ガブラー」。

28日　与謝野晶子が帰国。
——神戸入港の平野丸で帰ってきた。ベルリン・ロンドンその他の都に詩聖の跡を訪ね、自らもその詩嚢（しのう）を肥やした。鉄幹氏と別れ帰朝した女史は、パリ風の束髪に藍と鼠の粗い市松絞りのお召浴衣、大模様の縮緬の帯、同じ濃紫の紋付羽織という年に似合わぬ派手な姿（10月30日　名古屋）――新橋駅に着いた急行列車で吐き出した旅客の中に、両目に涙を湛へつつ「母ちゃん」と飛びつく男の子、「母ちゃん」とすがる女の子を抱きしめながらプラットホームを出たは……パリに良人鉄幹君を訪ねて旅した晶子女史である（10月30日　東京朝日）。

11月3日　京成電気軌道、押上‐江戸川および高砂・柴又開業。

12日　東京湾において海軍大演習観艦式。

11月14日より4日間、武州川越を中心に陸軍特別大演習。19日、大演習を契機としてこれまで功績のあった人々に追贈があった。その節、幕府の要職にあって米露の使節と折衝にあたった川路聖謨（としあきら）に従四位追贈。

※3　フュウザン会：後期印象派の高村光太郎・岸田劉生らが文展系に対抗して結成。個性の尊重を唱えた。けやきのブログⅡ〈２０１３年９月21日　明治・大正期の洋画家、萬鉄五郎〉

※4　〈けやきのブログⅡ：２０１６年２月13日　明治・大正・昭和の映画俳優、上山草人（宮城県）〉

11月21日　巡洋艦「比叡」進水式。

12月、大相撲、大阪協会と東京協会との和解が成立。翌年、東西合併相撲を東京で開催。各地で護憲大会。

1日　警視庁が初めて警察犬を採用。

14日　浅間山が噴火。午前9時30分、突然鳴動し山麓はもちろん遠く高崎、前橋地方の家屋まで動揺、戸障子も非常に震動を感じ、音響は間断なく継続して容易に止まず（時事新報12月15日）

19日　交詢社[※5]の有志が憲政擁護会を組織。

23日　東京で憲政擁護第一回大会開催。

24日　夕張炭鉱でガス爆発。入坑中の坑夫２００余名生死不明……惨状甚だし（東京朝日新聞12月24日）。

第三十議会、第三次桂内閣が招集。

――この内閣は護憲討閥運動のやり玉にあげられ、院外では憲政擁護演説大会、全国記者大会など開催され、院内では政友会、国民党から内閣不信任案が提出されて尾崎行雄が舌鋒鋭く桂首相に詰めより、まさに討論採決に入らんとせるとき三度目の停会でむくいられた（『政治の事典』）。

26日　政友会大演説会（明治座）における憲政擁護閥族打破の演説――「元老は須く政権を返上すべし」（尾崎行雄）。

この年、米価騰貴で下層民の生活困窮。

この年の出版：『戯曲我』―一幕物（森鷗外）・『死か芸術か』（若山牧水）・『世間知らず』（武者小路実篤）・『自由劇場』（小山内薫）・『千曲川のスケッチ』（島崎藤村）・『かろきねたみ』（岡本かの子）

流行歌：春の小川・村の鍛冶屋・広瀬中佐・奈良丸くずし

流行語：殉死・大正屋・フュウザン会・友愛会・タクシー・蓄音機・諒闇（りょうあん）不景気

映　画：忠臣蔵（牧野省三監督）

参考資料：『大正NEWS年表』加藤迪男編、日本地域社会研究所2011／『明治大正図誌17巻　図説年表』筑摩書房1979／『現代日本文学大系』明治書院1965／『(実録) 幕末・明治・大正の八十年』東洋文化協会2017／『日本人名辞典』三省堂1993／『日本史年表』岩波書店1990／『近現代史用語辞典』安岡昭男編、新人物往来社1992／『政治の事典』天野良和、富士書苑1955／『議会制度百年史　資料編』衆議院・参議院編、大蔵省印刷局1990

※5　交詢社：慶応出身の実業家を中心としたクラブで、ジャーナリストや政治家もいる。

2021
1.9

北海道鉱業開発の先駆者、ベンジャミン・S・ライマン

日本は四季があっていい。樹木の緑に花々、落葉しても樹形が面白い。雪が降れば山や川はむろん見なれた景色が絵になる。しかし残念ながら自然災害があり痛い目に遭う。

昨年は台風こそ来なかったがコロナ禍、とんでもないものに脅かされ、自由な行動を制限されている。それだけでも困るのにこの冬、度を越す風雪で被害を被り困難続きの地方がある。その一方、東京近辺は晴れ間が多い。冬型の天候にしても、近年その度合いがひどく被害も大きい。温暖化が拍車をかけているのだろうか。

さて、人の暮らしは天候によって左右されがちだが、産業の盛衰によっても離合集散する。賑わった炭鉱が閉山すると、人が去り鉄道も廃線になってしまう。しかし、それでも、故郷に踏みとどまる人がいる。

――かつて炭鉱の町として栄えた北海道三笠市幌内(ほろない)町の集落で、唯一営業を続ける店がある。大正末期の１９２０年代後半に創業した「太田金物店」だ。幌内炭鉱の衰退とともに人々が去り、たった二人が暮らす消滅寸前の集落を三代目店主の太田悦子さん（86）が静かに見守っている。

〈大正創業二人の集落いまでも／北海道・幌内／終戦伝えたラジオも〉

――幌内炭鉱は1879（明治12）年、明治政府のお雇い外国人ベンジャミン・ライマン（米国）らによる地質調査を経て開坑された。北海道開拓長官の黒田清隆や伊藤博文も開坑前に現地を訪れており、幌内炭鉱の開発は日本の近代化に向けた国家プロジェクトだった（「元炭鉱のまち照らす金物店」（毎日新聞2020年12月7日　山下智恵）。


鉄道建設など大事業のお雇い外国人はイギリス人と思っていたので、アメリカ人というのが気になった。そして、彼が出ていそうな何冊かを見ると、どれも好意的で興味がわいた。

ベンジャミン・ライマンと日本、その時代

1835（天保6）年
12月11日　ベンジャミン・S・ライマン、米マサチューセッツ州ノーザンプトンで生まれる。

?　年　ハーバード大学で法律を修める。

?　年　ボストンの工科大学卒業。

?　年　ドイツへ渡り、フライベルヒの鉱山学校で採鉱冶金を専攻。

？　　年　アメリカへ帰り、ペンシルバニア州立、地質調査所長・ゼー・ビー・レスリー博士について実習。

この間、地形により鉱層の連脈を知る方法を案出し、鉱床の露頭を発見する便宜を得る。さらに地下鉱床の形状および深浅を予知することさえできるようになった。

1871（明治4）年

北海道開拓次官・黒田清隆、欧米出張し外人顧問の招聘をはかる。

北海道は開拓のモデルとしてアメリカの経験と技術を選択、ケプロンを中心とする外国人顧問団に大幅な権限をあたえた。

——開拓使のお雇い外国人は総数78人、その内訳はアメリカが圧倒的に多く48人、ロシア5人、イギリス・ドイツ各4人、フランス1人、中国13人（うち10人は農夫）。職種は学校教師17人、汽船乗組員12人、鉄道建設8人、農業・牧畜5人、測量と土木・地質各3人。

農業関係、札幌農学校ではクラーク、幌内鉄道の建設・経営……地下資源の開発に地質学・鉱床ではライマンらがすぐれた業績を残している（『北海道の百年』）。

1872（明治5）年11月

ライマン、北海道開拓顧問ホーレス・ケプロンの推薦によって地質・鉱床開拓の第一線にあたるため他の専門家たちと来日。ライマンは、アメリカ人技師アンチセルとともに、北海道の基礎地質と地下資源の探査とに力を尽くす。

初めは開拓使仮学校で教鞭をとりながら、日本の鉱山の歴史について研究し、その後、北海道に入り、全道を跋渉する。

4月15日、開拓使仮学校（のちの札幌農学校）を東京芝増上寺内に設ける。仮学校の中から女学校が併設された。

仮学校と名付けられていても、一般生徒とはちがって、当面する必要に応ずるために働いた生徒がいた。地質測量生徒と電信生徒である。

5月17日、ライマン、石狩川をさかのぼる。

――東海岸に出る目的で、75日分の食料を準備、補助の秋山美丸ほか翻訳官、人夫数十人と札幌を出発。夕張・空知・雨竜を調査して石狩原野左右の連山が大煤田（石炭）たることを察し、7月12日カムイコタンをすぎて蝋石の大塊を検し、ハルシナイに宿し……同伴せし上川アイヌに、親戚・朋友を訪問すべき暇を与え、自身は美丸らと引き返し……ライマンは地質を調査し高低を測り、各支流の水量を測り、松浦地図の誤謬を訂正しつつ石狩川を遡りしが、前人未踏で地名もなければ、秋山川（助手・秋山美丸）、矯龍淵（ケプロンふち）、荒井川（荒井郁之助）、大鳥川（大鳥圭介）、山内川（山内堤雲）、開拓川などの名を命じ、7月25日、開拓峠と名付けたり。石狩川の水源をきわめて分水嶺に達したるは、この一行を以て嚆矢（こうし）とす（小島烏水）。

1873（明治6）年

仮学校の地質測量生徒10人余りはライマンの北海道地質調査に随行、測量の補助をつとめた。彼らは北海道地質測量図の完成に大きく貢献し、測量技師として、のち内務省に転ずる。

電信生徒は電信架設のために募集・養成され、北海道の電信網の拡大に役割を果たした。

1875（明治8）年

ライマン、北海道地質調査をひとまず終了。

ライマンが黒田次官のもとに差し出した実地踏査の意見書は、きわめて価値があり、外国人の手になったものでは秀逸であった。明細な表をつくり、この方面の進歩に大きな利益を与えた。

1876（明治9）年

ライマン、工部省お雇いとなり、越後遠江の油田調査を翌10年まで行う。

1877（明治10）年

西南戦争。『日本油田地質測量書』辺・司・来曼（ベンジャミン・スミス・ライマン）工部省出版。

1878（明治11）年

ライマン、全国地質測量主任となり、全国の地質鉱山調査にあたる。その間、日本人青年を助手として優秀な地質技師に育てる。その13名中、坂市太郎、西山正吾など後年、活躍する。

さて、殖産興業を推進する政府は、開拓使の要請により起業公債の一部を幌内炭山の開発と茅沼炭山の改良にあてることにした。

――ライマンは幌内の石炭が質量ともにすぐれていることを保証し、開拓使大判官・松本十郎は「皇国第一ノ宝」と激賞した。一つの問題は幌内の石炭をどうやって積み出すかということであった。これを太平洋岸（室蘭）に送るか、日本海側に移出港を求めるか……結局、小樽までの鉄道建設に踏み切った（『北海道の百年』）。

政府は幌内炭鉱の開発に着手するが、石狩炭田という内陸部に立地するため、輸送ルートが確立されてないので鉄道建設を計画する（幌内鉄道）。

1879（明治12）年──幌内炭鉱、開坑。

1880（明治13）年──アメリカ人技師クロフォードの手を借り、小樽の手宮～札幌間、幌内鉄道が開通。

本州の鉄道がイギリス方式で建設されたのに対して、幌内鉄道がアメリカ方式なのは際だって特徴的であった。機器はすべてアメリカ製を用い、「義経」「弁慶」と名付けられた最初の機関車群は、大型の煙突と前方につきだしたカウ＝キャッチャー（排障器）をそなえ、アメリカの平原を思わせる姿をみせていた。

1881（明治14）年──ライマン帰国。

ライマンは日本贔屓で、日本の古い文物のコレクターとしても知られている。彼の助手の中から、のちに鉱山技術者が多く育った。

──ライマンまだ誰も手をつけていない日本全国の地質調査を大鳥圭介に申し出、予察図を制作するため、東北・北陸・中国・九州・四国にわたる長旅行を企て、東京に赴くと、日本政府はドイツ人地質学者ナウマンを雇い、日本地質調査所が設立されると知り失望。

ただ、自分の助手たちに、一生涯安定した仕事を与えようとした考えが、蹂躙(じゅうりん)されたことが心外であった……。

ライマンの調査時日はわずか三年であるが、語学や科学の準備知識の無い若い日本の助手たちに、数学や物理の初歩から教え、また実地に測量や常識的知識学を教え……最初調査に加わった折は、数学は僅かに分数に達した位で、図画のごときはほとんど学ばなかったのが、いまは充分に野外観察測量、および製図ができ、目に見えぬ地下の地質まで考察し得るように進歩した（『偃松(はいまつ)の匂ひ』）。

10月、開拓使官有物払い下げ中止（明治14年の政変）。翌15年、開拓使を廃し、函館・札幌・根室の3県をおく。

1882（明治15）年――江別‐幌内間の全線が開通。

北海道の石炭が小樽や室蘭から本州の工業地帯に運び出される。ちなみに、幌内鉄道の役割は石炭の輸送だけでなく、鉄道沿線の開発への影響が大きかった。

今尾恵介著『新・鉄道廃線跡を歩く　1』（JTBパブリッシング）を開くと、幌内線の盛衰が写真と地図、詳しい説明でよく分かる。

なお、当時の北海道は労働力不足だったので、空知集治監開設とともに、多数の囚人を坑内労働させた。


1907（明治40）年――ライマン72歳。

フィリピン群島地質調査に赴く途中、横浜へ寄港。門生らが集まりライマンを歓迎。その記念写真が『北海道の百年』に載っている。


1920（大正9）年――ベンジャミン・ライマン、死去。享年85歳。

ライマンは邦人間にすこぶる好評を博していたが……外人連からも敬意をもって遇せられ……来朝当時から我が国の山水と風光に憧れ、歴史や習慣を慕い、外人では珍しい菜食主義を守った……ライマンには信実な邦人学僕があって、終始日本を語り、遠雷の孤客を慰めていた。その結果、この者はアメリカへ伴われ、学資も給せられて大学に入ったが病のために没した。それでもライマンは邦人の留学生を招き、開拓使の懐旧談にふけり……終生、日本の空を眺め、淋しい孤独の日を送ったのである（『奎普龍将軍』）。

冒頭の「太田金物店」はライマンが死去した大正9年頃開業したようだ。主力商品は坑内で使う工具、金物店は幌内炭鉱を運営していた北炭（北海道炭礦汽船）や三笠市と取引して繁盛した。

参考資料：『北海道の夜明け - 開拓につくした人びと』北海道総務部文書課編1965／『北海道の歴史』三省堂1996／『北海道の百年』山川出版社1999／『北海道』郷土史事典、昌平社1982／『旭川市史稿　上』旭川市編1931／『偃松の匂ひ』小島烏水著、展望社1938／『奎普龍将軍』谷郁一佐著、山口惣吉出版1937

2021
1.16

アムステルダムオリンピック・人見絹枝、東京五輪・東洋の魔女

下手の横好きで卓球をする。コロナ禍で試合は無く、私はラケット振ればOKだが、上級者は大会の開催を待ち望んでいるようだ。今まさに、卓球全日本選手権が行われているが、一般人が参加できる試合はほとんど休止中である。オリンピック出場がかかる試合でも開催できてない競技もあるかもしれない。いずれにしても選手の心情は……察してあまりある。

さて、一年延期の東京オリンピック、開催できるのだろうか。日中戦争が始まり実現しなかった「幻の東京オリンピック」みたいにならないといい。それにしても、この状況を誰が予想しただろう。

しかし何はともあれ、当事者はオリンピック開催を信じ、選手は努力を重ね、コーチはそれを支えている。次の記事は、視覚障害者柔道界に15年のブランクを経て復帰、同級生コーチと二人三脚で東京パラリンピックに挑む選手の話。

――女子63kg級の工藤博子（36歳）＝シーズンアスリート＝だ。地元・大分で介護職員をしていた一人の女性が2018年、畳の上で頂点を目指すアスリートに転身……ともに畳の上で汗を流した盟友、東京で視覚障害者柔道選手を指導していた仲元歩美さん（36

歳）の指導で18年6月に国内大会で優勝、実績を積み、20年8月に東京代表候補に内定……東京大会の一年延期が決まったが……フィジカル面を強化するために、筋力トレーニングを重点的に行い体重の増加にも取り組んだ。工藤は「コロナ期間中での成長を実感している。東京大会では金メダルを目指す」と意気込んでいる（毎日新聞２０１２年１月12日　月刊パラリンピック）。

夏期オリンピックの女子（明治〜昭和）

１９１２（明治45）年—第五回　ストックホルム（日本初参加）日本参加人数　女子０人・男子２人。

１９２８（昭和３）年—第九回　アムステルダム　人見絹枝が陸上８００ｍで銀メダル獲得。女子１人・男子42人

１９３２（昭和７）年—第十回　ロサンゼルス　前畑秀子が競泳２００ｍ平泳ぎで銀。女子16人・男子１１４人

1936（昭和11）年—第十一回　ベルリン　前畑秀子が競泳200m平泳ぎで日本女子初の金。女子17人・男子162人

※前畑秀子さんのアルバムに残る人見さんの写真

——同時代を生き、日本女子スポーツの礎を築いた二人……人見絹枝さん、姉のように仲よしだった（毎日新聞2020年5月25日）

1940（昭和15）年—第十二回　幻の東京オリンピック（戦争で中止）。

1948（昭和23）年—第十四回　ロンドン　JOC（日本オリンピック委員会）招待されず。

1952（昭和27）年—第十五回　ヘルシンキ　女子11人・男子61人

1960（昭和35）年—第十七回　ローマ　田中聡子が競泳100m背泳ぎで銅。女子20人・男子147人

1964（昭和39）年—第十八回　東京　女子バレーボール（東洋の魔女）が金。体操団体で銅。女子61人・男子294人

1968（昭和43）年―第十九回　メキシコシティ　バレーボールが金。女子30人・男子153人

1972（昭和47）年―第二十回　ミュンヘン　青木まゆみが競泳で金。バレーボールが銀。女子38人・男子144人

1976（昭和51）年―第二十一回　モントリオール　バレーボールが金。女子61人・男子152人

1980（昭和55）年―第二十二回　モスクワ　日本不参加。

1984（昭和59）年―第二十三回　ロサンゼルス　シンクロナイズド・スイミングとバレーボールで銅三つ。女子53人・男子178人

1988（昭和63）年―第二十四回　ソウル　長谷川智子がライフル射撃で銀。シンクロナイズド・スイミングで銅二つ。女子71人・男子188人

…

2016（平成28）年―第三十一回　リオ・デ・ジャネイロ　参加。女子164人・男子174人

人見絹枝（ひとみきぬえ）〈日本人初の女性オリンピック選手〉

1907（明治40）年―岡山県御津郡福浜村（岡山市）で生まれる。

1913（大正2）年―福浜村立福浜尋常高等小学校入学。

1914（大正3）年―第一次世界大戦。

1920（大正9）年―13歳。岡山県立岡山高等女学校入学。テニス（庭球）を習い始め、6㎞を歩いて通学、体力・持久力がついた。

1921（大正10）年―12月、中国女子庭球（テニス）大会に参加。女子師範学校を破って優勝。

1923（大正12）年—9月1日、関東大震災。10月、岡山県女子体育大会。走り幅跳び4m67㎝の日本新記録（非公認）。

1924（大正13）年—3月、岡山高等女学校卒業。4月、東京の[※6]二階堂体操塾（日本女子体育大学）に入塾、寄宿舎に入る。10月、岡山県陸上競技大会。三段跳び10m33㎝の世界新記録。

1925（大正14）年—3月、二階堂体操塾を卒業。4月、京都市立第一高等女学校に体操教師として赴任。7月、二階堂トクヨに説得され二階堂体操塾にもどる。まもなく、台湾総督から体育の実技を教えてほしいと要請があり、台湾に赴き、指導して帰国。10月、陸上選手権大会・[※7]明治神宮競技大会近畿予選。三段跳び11m62㎝の世界新記録達成。ちなみに大会の観客6万人。

※6　けやきのブログⅡ〈2016年7月30日　女子体育の母、二階堂トクヨ（宮城県）〉

※7　明治神宮競技大会：大正13年から内務省主催で開かれ、天皇・皇族出席のもと昭和18年まで継続的に開催された。バレーボールは第一回から加わり学校を中心に競技人口を増やしていった。

1926（大正15）年―4月、二階堂体操塾、財団法人日本女子体育専門学校となる。5月、大阪毎日新聞入社。後輩の藤村蝶とともに大阪に下宿。8月、第2回国際女子競技大会、スウェーデン・イエテボリ。一人で参加。毎日新聞の記者が付き添った。走り幅跳び5m50cm、立ち幅跳び2m49cmで優勝。11月、スウェーデンから帰国。大人気で岡山駅は黒山の人だかりだった。

1927（昭和2）年―谷三三五（ささご）に専任コーチを依頼。5月、女子体育大会。200m走26秒1、立ち幅跳び2m61cmで世界新記録。

1928（昭和3）年―5月、全日本陸上競技選手権。100m走12秒2、走り幅跳び5m98cmでともに世界新記録。8月、オリンピック・アムステルダム大会。女子800mでドイツのラトケと競り合って銀メダル、日本女子最初のメダリストになった。絹枝は2位だったが[※8]織田幹雄が三段跳びで優勝、オリンピックで日本選手優勝は史上初、日の丸が掲揚され絹枝は「君が代」演奏を織田と涙を流して喜んだ。

1929（昭和4）年—5月、人見絹枝著『スパイクの跡』出版。

1930（昭和5）年—9月、国際女子競技大会プラハ大会。走り幅跳び5m90㎝で優勝。大会後、ヨーロッパ各地を遠征。ポーランド女子対抗競技会、日・英・独女子競技大会、ベルギー女子対抗、日・仏女子対抗競技などに参加。11月、白山丸で海路帰国。帰国するや連日、講演会や報告会に追われ休みがなく、海外遠征の無い年でも、年間200回もの講演、報告会をこなした。そうしているうちに身体は疲れ、咳がでるようになった。

1931（昭和6）年—4月、大阪帝国大学付属病院に緊急入院。8月2日、肺結核のため死去。享年24歳。

——「人見絹枝嬢の死」世界的な輝ける存在だった人見絹枝嬢は、流星の如く墜ちた。

※8　『少年少女20世紀の記録22』（織田幹雄著、あかね書房1979）〈東洋の魔女〉編は往時の感動を蘇らせてくれた。おそらく、陸上とバレーボールと競技はちがってもスポーツ選手として通じるものがあるからだろう。

およそ日本人の死として、世界各国に伝わるもの、人見嬢の如きはいくらもあるまい。日本女性の最高記録だ。二十五歳は短い。けれども女子競技会の開拓者としての嬢の名は不朽だ。その一生は、余剰物を排除した、清らかな、美しいエキスだった。全国中等女教員大会で、良妻賢母主義の教育は、役に立たぬ。勤労主義の教育を取り入れ、女子の職業指導を行うべきだとの意見が出た（『溜飲を下ぐ』）。9月、チェコスロバキアのプラハ市郊外のオルシャンスキー記念公園墓地に「人見絹枝記念碑」建立。

東洋の魔女・女子バレーボール

1957（昭和32）年──ブルガリアで行われたＩＯＣ総会で、新しくアーチェリーとバレーボールが1964年以降の実施競技に加えられることになった。日本はそれまでの9人制でなく、国際式の6人制を採用しバレーボールチームを積極的に海外へ派遣。9人制はレクリエーション性の強いスポーツとして定着していく。

1960（昭和35）年──日紡貝塚はオリンピック強化のための海外遠征に単独チームでインドネシア、ブラジルの世界選手権大会に遠征。

1961（昭和36）年―ヨーロッパ遠征（三大陸カップ）で22戦全勝。この遠征で日紡貝塚は、当時、世界選手権三連覇中のソ連を破り、「東洋の魔女」とソ連メディアから命名される。

1962（昭和37）年―日紡貝塚は単独チームで世界選手権大会に出場、長年のライバルであるソ連を決勝で破って優勝。全国紙の一面を飾る大人気であった。

1963（昭和38）年―日紡貝塚女子バレーボールチーム、ヨーロッパに三度遠征し26戦全勝。

1964（昭和39）年―東京オリンピック　女子バレーボールが金メダルに輝く。

2020（令和2）年―12月4日　東洋の魔女、主要メンバー、井戸川（旧姓谷田）絹子さん死去。大阪府出身。東京オリンピックのバレーボール競技、エーススパイカーとして金メダル獲得に貢献。2018年現在もバレーコーチとしても活動していたが、脳出血のため死去。享年81歳。

――（陽気で優しいエース）井戸川絹子さんは来夏に延期された東京五輪で聖火ランナーを務めることを楽しみにしていたが、かなわなかった。東洋の魔女の歓喜は64年東京五輪のハイライトだ。閉会式前日の大会第四日にライバルのソ連（当時）との全勝対決にストレート勝ちした。団体競技では五輪史上初の金メダルで視聴率はスポーツ中継歴代トップ……「鬼の大松」の異名をとった故・大松博文監督が「おれについてこい」と選手に猛練習を課し、独自に生み出した「回転レシーブ」による粘り強い守りで世界一に上り詰めた……（毎日新聞2020年12月8日）

〈余談〉
東洋の魔女と大松監督の活躍は映画になった。都内でそのロケに出会ったことがある。あんまり昔で場所もよく覚えてないが、川沿いを歩く女性を撮影していた。それが選手本人だったのか、女優さんだったのか遠くて判らなかった。そのとき、会社のお使いで急いでいたが、いま思うとゆっくり見学すればよかった。

参考資料：『人見絹枝　日本人初の女性オリンピック選手』大野益弘、しちみ楼著、小峰書店2019／『溜飲を下ぐ』丸山幹治著、言海書房1935／『「東洋の魔女」論』新雅史著、イースト新書2013／『日本人名事典』三省堂1993／国立国会図書館デジタルコレクション

2021
1.17

阪神大震災きょう26年

震災を知らない住民が半数を超えたという。震災のニュースにふれ20年前の寄稿文を引っぱりだしてみた。中年になった神戸工業高校定時制の生徒たち、どんな大人になったでしょう。

『ニッカボッカの歌』定時制高校の青春（南悟著　解放出版社）
俺はいま　大工の華咲く　十五歳　足場に上り　破風板を打つ
トンカチで　釘打つ仕事の　最中に　自分の手たたき　皮がめくれる
足場にて　可愛い娘見とれ　踏みはずし　番線からまり　ニッカびりびり
やりました　仕事みつかり　うれしいなぁ　トンカツ屋さん　給料ほしい
鉄工所　だるさ我慢　スイッチオン　今日も格闘　マニシング

ニッカポッカは建設現場などで見かける作業着。まだ15歳の高一少年たちがこのような仕事の歌を詠んでいます。国語の時間に指を折りつつ短歌を作る生徒たちに、ありのままを詠むようにと促す著者・南先生、その授業風景、連休さなかの5月4日、ＮＨＫテレビで見た方もあるかもしれません。
その番組「卒業のうた ― 夜の教室青春の短歌」放映の頃、17歳の空恐ろしい事件が相次ぎました。事件の少年らが神戸工業高校夜間定時制に通っていたなら、そこまで駆り立てられなかったでしょう。なぜか、それは生徒の短歌を詠むと察せられます。

少ししか　通えなかった　学校に　楽しみながら　いま通ってる
友だちと　遊びほうけた　あの頃の　自分に見せたい　今のがんばり
まわり道　多くの仕事　経験し　やっと見つけた　自分の居場所
仕事して　学校来るの　しんどいが　友達いるから　頑張れるのだ

いま、北海道有珠山の噴火で長い避難生活を強いられている人が多くいます。神戸は5年前大震災に遭いました。自分もそうですが人は離れた地で大きな被害を被った人々を忘れがちです。せめて痛手を負った人を思い遣る心を無くさないようにと〈震災を詠む〉に思いました。

手に負へん　崩壊家屋　数えきれん　ジャッキアップしまくり　まだ五〇軒
震災で　神戸デパート　焼け崩れ　涙ながらに　仕事失う

かけつける　友の住まいは　崩れおり　生き埋めの友に　われは無力

立ち直りに向け震災2日後、自家の片づけを後回しに18歳少年は新聞配達。

木枯らしの　ガレキの中を　探し当て　吐く息白く　新聞配る

「どのような失敗や挫折や障害があるにせよ、それが癒され、人として生きる力が与えられる不思議な学校」、読めばあなたも在校生。

2021
1.23

大村藩つながり、松林飯山—楠本正隆—岡鹿門（千切）

ステイホームの日々。友だちに会いたい、旅にも出たいが不要不急、家にいるしかない。でも、図書館へはいく。ネットで予約した本を受け取ったら回れ右、すぐ帰る。本のお陰でふさぎ込まないでいられるから、みんなも読めばいいのにと思う。

しかし、自分がピアノに縁がなく弾けないのと同じ、本との出会いも簡単ではないらしい。趣味といえども、それに出会う環境、階層など関係するらしい。

ところで、そんなに本読んで何になるの？　と言われ、絶句したことがある。ただ面白いから読むだけ、「何になる」とか考えたこともなかった。変かな。

それはともかく、本といえば学問、学問が出世の入り口になることもあった。幕末、勤皇・佐幕が入り乱れ世の中騒がしい時代、長崎大村藩で若くして学問にすぐれた松林飯山（廉太郎）が藩校教授に取り立てられた。そればかりか、藩主は飯山を非常に大事にした。

その松林と遠くの東北仙台の[※9]岡鹿門（おかろくもん）は盟友、その岡は松林の同藩・楠本正隆と明治期に出会う。３人並べると、幕末明治の一時期が垣間見えそう。

大村藩は勤皇を鮮明にして賞典を得る。維新後、世の中が様変わりしても明治の新日本を明るく元気に渡っていけたと思う。ただ、筆者は会津贔屓（びいき）、同じ時代を恵まれず苦労して生き抜いた敗者を思うと、少し複雑。
とは言え、幕末の混迷に時代に命がけで信念を貫いたのは、佐幕も勤王も同じ、後の世の人間がとやかく言えないですよね。色々はひとまず置いて、80年間の記事を拾ってみた。

大村藩

肥前彼杵（そのぎ）郡におかれた藩（長崎県中央部大村湾岸）。藩主大村氏。二万八千石。大村氏は鎌倉時代から地頭としてこの地を支配。戦国時代には純忠が本領確保につとめ、関ヶ原の戦に子喜前が徳川方に属し本領を安堵。以後、廃藩置県に至る。

1833（天保4）年―11月2日、岡鹿門（千仞）仙台藩士の五男に生まれる。

1838（天保9）年―楠本正隆、肥前長崎で生まれる。幼名は小一郎。

※9　けやきのブログⅡ2015年2月7日〈なりふり派手な尊攘派浪士、本間精一郎（新潟寺泊）〉

1839（天保10）年――2月、松林飯山（廉之助）、筑前早良郡飯盛山下（福岡県）に生まれる。名は漸。父・杏哲は医者で、絵をよくし、そのため山紫水明の大村を愛して移り住む。

1847（弘化4）年――飯山9歳のとき一家で大村藩の蠣ノ浦（かきのうら）に移り住む。

1850（嘉永3）年――大村藩主は、美少年で神童の誉れ高い12歳の松林飯山を召し、唐詩を講じさせる。すると、評判にたがわず、唐詩百首を一字も間違えず暗誦、居合わせた大人をおどろかせた。藩主は飯山を藩校・五教館表生定詰と一口俸を与える。

1851（嘉永4）年――江戸練兵館の「鬼歓」こと斎藤歓之助、大村藩仕官。――藩の士気が従来からすこぶる振るって……武道においては剣客・斎藤弥九郎の一子寛（歓）之助が召し抱えられた程であります……近年、帝大の総長には大村出身の人が四人までなられて……その流れを遡れば藩学・五教館の教授であった松林飯山に出会わないわけにはいかないのである……（「双松岡」松田栄一著、大阪帝国大学内1943)。藩主が江戸へ出るとき、飯山少年は藩主が徒歩のときは籠に乗った。それほど藩主に愛されたのである。

1853(嘉永6)年――アメリカ東インド艦隊司令長官ペリー、軍艦4隻を率い、浦賀に来航。高まりつつあった尊皇攘夷運動のなかで、大村藩はいち早く外海竹での台場(砲台)の築造、質素倹約令の発布、鉄砲組の編成、青少年藩士の長崎・江戸への遊学など、社会の変化に対応すべく種々の政策を打ち出した。

岡鹿門20歳、昌平黌(しょうへいこう)に入る。鹿門は才すぐれ、人一倍勉学したので詩文掛に選ばれ、舎長になる。

1857(安政4)年――飯山19歳で昌平黌入り、詩文掛となるまでのあいだに、松本奎堂(けいどう)・岡鹿門を知り、盟友となる。

1859(安政6)年――松林飯山、学成って大村へ帰り、馬廻りとして六十石を賜る。さらに弱冠22歳ながら藩校・五教館の学頭を命ぜられる。このとき、楠本正隆は藩命により監察となり松林飯山とともに子弟を育成する。岡鹿門は昌平黌を退学し仙台に帰るが、まもなく上方にもどり、さらに山陽・山陰路を歩いて再び大阪に戻る。

1860（万延元）年——松林飯山、京攝の間に遊学を命じられる。主に勤皇の志士と交遊して得た情報を逐一、大村に伝えていた。

1861（文久元）年——11月、天下の風雲いよいよ急を告げ志士往来の激しいときに勤皇の学塾・双松岡塾を開く。その場所は、大阪堂島沈流田簑-玉井（玉江橋）の間である。名称は、昌平黌の同志、大村藩士・松林飯山、参州刈谷藩士・松本奎堂、仙台藩士・岡鹿門（千仞）から一字ずつ、二つの松（双松）と岡で双松岡。この塾には学僕・山東一郎（のち直砥）がいた。

1862（文久2）年——5月、町奉行の圧迫により双松岡は解散、それぞれの道を歩むことに。岡鹿門は仙台へ帰郷。松本奎堂と山東一郎は淡路島へ赴く（『明治の一郎・山東直砥（なおと）』）。松林飯山は大村へ帰って再び五教館の助教に任じられ、京阪で見聞したこと、おもに幕府の専横を子弟に語り、彼らの心を動かす。


1863（文久3）年—1月、松林飯山は再び京阪にで、天誅組の藤本鉄石や勤皇の志士と交流、6月、大村に帰郷。

8月、藩主・大村純熙（すみひろ）、長崎総奉行に任ぜられる。当時、大村藩も佐幕派と倒幕派の対立が生じていた。そこで、藩主の長崎総奉行をきっかけに、浅田家老を中心とする佐幕派が倒幕派を弾圧する挙に出た。ところが、これが倒幕派の結束を固めることになってしまった。

9月、天誅組大和義挙（大和五条の天誅組の変）で松本奎堂、戦死。

10月、大村藩、勤皇三十七士同盟（大村三十七士）が結ばれ、本格的に尊皇攘夷運動を展開。楠本正隆も飯山の同志であった。


1864（元治元）年—9月、藩主が長崎総奉行を辞任するとまもなく、藩政の重職は佐幕派主流から尊皇攘夷をとなえる改革派にとってかわる。

10月、藩主による「積年の流弊一洗いたすべき」諭告と、それをうけた家老よりの幕府批判の「口上」がだされ、ここに至って藩論は尊皇攘夷に統一される。幕末雄藩の藩論決定には、家臣団の間におこった改革派の活躍の場合が多いが、大村藩の場合には、藩主による上からの改革だといわれる……藩論が固まったとはいえ、佐幕派の勢力が消滅したわけではなく、両派の対決は一層激しくなる。

1866（慶応2）年―松林飯山、大村藩医・長与俊達（長与専斎の父[※10]）の墓碑銘を書く。
――松林飯山は、人も知る如く識見一代にすぐれた少壮の勤王派であったが……彼が書いた俊達の墓碑銘には、かれ俊達の功績とともに人物を誉め、併せてその墓碑銘をかれに依頼した父専斎のことにも言及し……（『適塾と長与専斎　衛生学と松香私志』伴忠康著、創元社1987）。

1867（慶応3）年―1月3日、佐幕倒幕、両派の対立抗争、「小路騒動」おこる。大村藩倒幕派の中心人物、針尾九左衛門と松林飯山が、新年登城の儀の帰り道、反対派の刺客に暗殺される。

松林飯山の28歳という若すぎる死、恩師の死に五教館の生徒は、犯人逮捕を誓う。

3ヵ月後、兇行の一味25人を逮捕、切腹あるいは処刑した。この血の粛清によって、大村藩は挙藩勤皇の一途を進むことになった。その頃、岡鹿門は、松本奎堂・松林飯山2人の盟友を喪い、仙台に帰る。

1868（慶応4）年——1月、鳥羽伏見の戦い。戊辰戦争はじまる。勤皇の岡鹿門は奥羽越列藩同盟に反対して、官軍の伊知地正治参謀と会い終戦を画策、藩政執行官の怒りにあい投獄される。まもなく、仙台藩は官軍の猛攻に敗れ、鹿門は釈放される。獄中で福沢諭吉「英国議事院談」を読み、議事院を開くよう建言し藩政の立て直しに参画する。やがて上京して官途につくが、藩閥政府の元では志を得ることが難しかった。

※10　長与専斎：岩倉使節団に加わり、のちコレラの予防など衛生行政に尽くす。

この年の秋。楠本正隆は大村藩剣術師範・斎藤歓之助と上京。徴士[※11]に選ばれ、長崎裁判所判事・九州鎮撫使参謀助役を兼任する。

1869（明治2）年――6月、江戸城にて論功行賞。まず薩摩・長州は十万石、土佐は四万石、それについで二万七千石の大村藩は三万石を得る。

――幕末各藩の例に漏れず、勤皇・佐幕対立の鋭かった大村藩の動向を真に勤皇の一途に決定的ならしめたものは、実に、飯山の死にあったといはれるが、これを春秋の筆法をもっていえば、飯山の死が、この西陲の一小藩を薩長土に伍する勲藩たらしめたといふことができよう（「双松岡」）。

1870（明治3）年――岡鹿門、大学中助教を拝命、東京へ。太政官修史局協修、東京府書籍館監事など漢籍の収集に当たる。

1872（明治5）年――楠本正隆、新潟県令。地方行政において活躍。

1877（明治10）年――廃藩置県。

このとき大村藩のみ、藩の負債を新政府に付すことがなかった。

参政・楠本正隆の財政整理よろしきを得たためという。楠本は、東京府知事に任命され、5年間務める。

西南戦争。最大の士族反乱。私学校生徒熊本鎮台を攻撃したが、鎮圧され、西郷隆盛も城山で自刃。

1878（明治11）年―3月、岡鹿門は東京府書籍館（とうきょうふしょじゃくかん）に「傭」として採用される。

――『飯山文存』の刊行は、東京府知事・楠本正隆が企画、千仞（鹿門）に手訂本及び遺稿を付し論定せしめた……飯山の遺稿が二人を知己にした（「岡千仞と王韜」1976国立国会図書館）。

1879（明治12）年―4月、岡鹿門は東京府書籍館・幹事（館長に相当）に就任。

この人事には東京府知事・楠本正隆の意向があるとも。その訳は、楠本は松林飯山と同じ大村藩出身で同志でもあった。その飯山と岡は昌平黌以来の友人、双松岡の盟友である。松林飯山、不慮の死から12年、不遇であった鹿門を楠本がひっぱりあげた。

※11 徴士：諸藩士や一般人の有能な者を選任。官吏であるが、藩主とは、なお君臣関係。

1881（明治14）年―岡鹿門、病気のため退官。私塾経営にあたる。漢学塾、綏猷堂（すいゆうどう）は東京芝愛宕下の旧仙台藩邸にあり、全国から若い俊秀が集まり、3000人を超えたという。

1882（明治15）年―戊辰戦争で薩長軍とともに各地を転戦した大村藩主・大村純熙（すみひろ）、死去。享年57歳。

1902（明治35）年―楠本正隆死去。享年64歳。

1914（大正3）年―岡鹿門（千仞）死去。享年80歳。

2021
1.30

春はセンバツから！

センバツ高校野球　第九十三回の出場校が発表された。初出場校が10校もある。その一つ、長崎県の大崎高校は甲子園出場を決めて「島に勝利を届けたい」と喜んでいる。長崎県人をとりあげたばかりの筆者も嬉しい。

次は毎日新聞の記事から。

――大崎高校。人口５０００人足らずの長崎県西海市の離島、大島にある県立校の大崎が春夏通じて初出場を決めた。

昨秋の九州大会を初制覇し、公立校では11年ぶりの九州王者となった。エース右腕・坂本を中心とした守りの野球が身上……「応援してくれる島の方々に勝ちを届けたい」……清水監督は「きつい練習に耐えた」と選手たちをたたえた。（毎日新聞２０２１年１月30日）

2021
1.30

函館図書館に生涯をささげた岡田健蔵、石川啄木と函館

――薄命の詩人として陋巷に窮死した石川啄木は、いまや読書人の寵児として出版界を賑はして、日日の新聞雑誌は勿論、或は単行本となりまして其詩を讃へ、その歌を引き、評論となり、読本となつて、文壇人や出版業者の生活資源となつて居ります。実に没後二十有七年の間に於て、その全集が改版六回の多きに及んだといふことは、我国出版界空前の新記録でありまして、全く驚異の事実であります。

又更に啄木研究者は各地に啄木会を起し、機関雑誌を発行し、又嘗て啄木をして

石をもて追はるるごとく
ふるさとを出でしかなしみ
消ゆる時なし

と歌はしめた程のその古郷さへも

やはらかに柳あをめる
北上の岸辺目に見ゆ
泣けとごとくに……

（続きは国会図書館デジタルコレクション『秘められし啄木遺稿』岡田健蔵著、新星社

1947で)。

コロナ禍が収まらないこの冬、雪に慣れた地方でも大雪で事故が多発し困難に遭っている。おそらく北海道もと思いつつ岡田健蔵の資料を探し冒頭の一節にであった。

啄木へ思いのこもった文を書いたのは北日本屈指の図書館人、岡田健蔵である。いつか訪れたい函館市立図書館、その創立者である。

岡田(おかだ)　健蔵(けんぞう)

1883(明治16)年―8月15日、北海道函館区鍛治町(たなごま)で、工匠(大工の棟梁)岡田丹蔵の長男として生まれる。

父丹蔵は青森県下北郡川内町の出身。1861～63年文久年間に箱館に渡り、函館の棟梁仲間で、そうとう名の売れた人であった。

1896(明治29)年―4月、私立・幸小学校から公立・弥生小学校高等科第三学年に転校。

1897(明治30)年―第三学年を修了すると同時に退学。丁稚見習のため弁天町の雑貨商、山崎作蔵商店に奉公する。

1903（明治36）年―3月、退職。鰱澗町で西洋ロウソクの製造を始め「太陽石蝋（せきろう）」と名づけて販売した。
ろうそく製造の原料のパラフィンはアメリカ、ステアリン酸はフランスからとすべて輸入品に依存していたので、健蔵は原料を道産品にして自給化しようとした。そして、北海道産のニシン、イワシ油から蝋分を抽出、これに代えられないかと文献を探した。しかし適当なものを得られなかった。このことで、健蔵は各種の文献を集め、産業の発展に資さなければと図書館設立を決心する。

1904（明治37）年―日露戦争へ、第七師団出征。

1906（明治39）年―9月、「※12函館毎日新聞　緑叢会（りょくそう）」の大会を谷地頭で開催。
健蔵はこの機会に図書館の必要性を説き、設立を提案、満場一致で可決。

1907（明治40）年―5月5日、石川啄木、函館に来る。

当時、啄木は故郷の渋民村で代用教員をしながら、父と村内の対立を案じ、奔走していたが父が家出してしまった。父の居ない家で家族を抱え貧しい暮らし、啄木は故郷にいたたまれず、「学年末には職を辞し新方面に活躍しよう」と、北海道移住を決意する。そして、文芸誌『紅苜蓿（べにまごやし）』（クローバー）の同人を頼って函館へやってきた。

――啄木の北海道時代は函館・小樽・釧路と移り、上京するまでの約一年間だが、このときの啄木は、文学に対する深い造詣と、すぐれた天分を多くの人に敬愛され、故郷では求めることのできなかった多彩な生活を得た。（『石川啄木』岩城之徳著、吉川弘文館１９８９）

６月、健蔵は潤町の自宅店舗に「函館毎日新聞緑叢会附属図書室」を設ける。私財を投じて収集した健蔵の函館の郷土資料・雑誌・新聞、これに函館毎日新聞社に寄贈された図書・雑誌、さらに篤志家の支援を集め、図書を一般に無料公開したのである。

８月、函館大火。市街の過半を焼く、焼失１万２３９５戸。健蔵の住宅兼店舗も類焼、蔵書の過半数を焼失し、止むを得ず図書室を閉鎖する。しかし、災難にめげず私財をなげうち図書館のために働いたのである。

※12　函館毎日新聞：明治11年1月、北海道最初の新聞「函館新聞」発刊。（明治18）年から日刊、同31年「函館毎日新聞」と改題。

1908（明治41）年━健蔵は区長・山田邦彦の紹介状を携え、緑叢会派遣として東北ならびに中央の既設図書館を視察して視野を広めた。影響を受けたという、齋藤與一郎・内田銀蔵・帝国図書館と縁ができたのはこの頃かもしれない。[※13]

1909（明治42）年━函館大火後、健蔵の一年半に及ぶ献身的な努力と情熱によって、図書室は私立函館図書館となり、本格的な公共図書館の設立に成功する。また児童サービスを開始、これは日本の図書館史の中でも先進的な取組みであった。

名のある函館市立図書館は評議員20名、館長・泉孝三、副館長・工藤忠平、主事・岡田健蔵を配したこの私立図書館から始まったのである。

1912（明治45）年━4月13日、石川啄木、東京小石川で死去。享年26歳。

翌年の5月5日、実家のある函館で入院していた妻の節子も死去。享年27歳。

節子は生前、函館図書館主事・岡田健蔵に依頼、啄木とその母および長男の遺骨を東京から函館へ移し、自らも同じ墓地へ埋葬される。

「啄木日記」は、節子が妹婿の宮崎郁雨に形見として伝え、「明治44年」を除いてはすべて函館図書館に保管されている。

1913（大正2）年—相馬哲平が書庫建築費、小熊幸一郎が図書館建築費を寄附する。

4月13日、啄木の一周忌にあたり函館図書館で追悼会があり、啄木会が結成される。そして「啄木文庫」を設立することになった（函館毎日新聞大正2年4月15日）。

——啄木会会員・阿部たつを著『啄木と郁雨の周辺』によると、その「啄木文庫」は、節子夫人の遺志によって函館図書館に寄贈された啄木の日記や手沢本に端を発し、また、岡田健蔵の熱心な収集活動に応じて啄木の親友で後援者でもあった宮崎郁雨と女婿にあたる石川正雄の寄附や寄託もあって次第に充実していったという。……中略……市立函館図書館に大切に収蔵されてきた「啄木文庫」は、全国的に類を見ない優れたものばかりで、日本の近代文学史上において、欠くことのできない貴重なコレクションでもある。この資料の保存・整理、湿度や温度の調整、紫外線・虫害対

※13　内田銀蔵：歴史学者。史学としての日本経済史の確立に貢献。

策、盗難防止に関しては、数々の問題が横たわっていた。しかし、函館啄木会はこれらの問題に対しても熱意を持って真剣に取り組んできたのである（函館市史デジタル版・函館啄木会）。

1916（大正5）年—図書館の書庫が完成。この書庫は、北海道初の鉄筋コンクリート建築物である。しかし図書館の経営は困難を極める。館員を雇うこともできず結局、岡田健蔵が一家を挙げて図書館経営にあたることになった。

1922（大正11）年—秋、市会議員に当選。図書館事業促進の目的で二期つとめる。

1923（大正12）年—『小学校建築の不燃化に就て』紅茶倶楽部（函館叢書・第一冊）刊行。

1924（大正13）年—『函館駐剳独逸領事ハアバア氏遭難記』函館ハアバア記念会（函館叢書・第4冊）刊行。

1926（大正15）年――『露西亜文化と函館』紅茶倶楽部出版（函館叢書・第5冊）／『ジヨン・ミルン博士の生涯』ミルン博士追想記念会（名函館叢書・第7冊）。

1928（昭和3）年――7月、函館市立函館図書館が竣工。以来、桜の名所である函館公園の中で多くの市民に親しまれる。

1930～44（昭和5～19）年
――館長をつとめる。この間に、公立図書館長・高等官七等待遇・従七位に叙せられる。

1934（昭和9）年――3月、函館市で大火。関東大震災につぐ大火で市内の三分の一が焼失、死者・行方不明者2800人、多くの罹災者が出た。図書館は必死の防火により火災を免れる。
館長の健蔵は、罹災児童を励ますため全国の図書館を通し、「罹災児童同情図書・雑誌」の寄贈を呼びかけ、全国各地から12万4365冊の図書・雑誌が贈られた。重複も多かったが、中には旧満洲や台湾で発行された、現在では入手しにくいものも含まれている。贈られた図書・雑誌の多くは罹災児童に配布されたが、一部は図書館の蔵書として活用。

1936（昭和11）年―『蝦夷地に於ける和人伝説攷』（深瀬春一著、間瀬印刷所出版部）に序文。

1937（昭和12）年―盧溝橋事件おこり、日中戦争の発端となった。『函館大火史』（函館消防本部編）に〈函館の火災と消防及水利〉を寄稿。

1941（昭和16）年―12月8日、日本軍、ハワイ真珠湾を奇襲攻撃、対米英宣戦布告する。

1944（昭和19）年―12月21日、肺疾患で死去。享年61歳。市内の実行寺に葬られる。公私のすべてを図書館に捧げ、市民と後世のために貴重な郷土資料をどん欲に収集。

函館に日本有数の図書館を造り、同時にその利用者たちを育てた。今日、市立函館図書館が質量ともに北方郷土資料の宝庫として世に知られるのは、図書裡（としょり）の号を持つ岡田健蔵の明智と犠牲の賜といえる。

参考資料：『近代日本総合年表』岩波書店１９６８／『ステップアップ』Ｖｏｌ．45（１９９２年12月）／「岡田健蔵と函館図書館」田畑幸三郎著／『函館人物誌』近江幸雄著／国立国会図書館月報2012-01-20／『北海道』昌平社１９８２

2021
2.6

黒岩涙香「ああ無情」ほか探偵小説で一世風靡・急速に発展「万朝報」

新聞折り込み、スーパーのチラシに混じって、〈毎日新聞創刊150年へ〉があった。その「毎日新聞の歩み、ミニ年表」は、〝けやきのブログⅡ〟と時代が重なり興味津々で見入った。人物写真をみただけでも、その時々の社会・世相が垣間見えるよう。

例えば、人見絹枝は先だって取り上げたばかり、新渡戸稲造も何度か登場している。また、芥川龍之介が大阪毎日新聞から中国に派遣されたとあるが、そのことは『明治の兄弟柴太一郎・東海散士柴四朗・柴五郎』本編に挿入した。

それはともかく、創刊150年にちなみ明治の新聞をと思ったが、1904（明治37）年、毎日繁盛社発行〈全国新聞紙一覧〉によると東京から沖縄まで217社もあり、にわか勉強ではとても無理。そこで、昔読んだ「噫無情」の著者、『万朝報』を創刊した黒岩涙香にしてみた。

黒岩　涙香

1862（文久2）年―9月29日、高知県安芸郡川北村で生まれる。名は周六。

郷士の父・黒岩市郎と母信子の次男。父の実弟・直方の長男として入籍するも、実子が生まれ実家に戻る。幼くして顔立ちと才知が敏捷で「黒岩の猿」といわれた。兄の黒岩四方之進は札幌農学校一期生、北海道新冠の御料牧場長を長く勤めた。涙香の号は※14香奩体（こうれんたい）の詩「紅涙香」からとり、おもに探偵小説に用いた。別号は、古概・香骨居士・冷眼子・民鉄など。

1874（明治7）年——近くの安芸浦の文武館で漢籍を学ぶ。

1876（明治9）年——14歳。高知に出て森沢沮の塾、ついで大阪の英語学校で英語を学ぶ。

当時、養父直方は大阪で裁判官をしていた。涙香は「大阪日報」に論文を載せたり、英語学校の演説会で弁舌をふるうなど奇才を示していた。

※14　香奩：香を入れる箱。
香奩体：詩の形態。婦人の艶情、閨怨などを歌ったもの。晩唐の詩人、韓偓（かんあく）の官能的な詩集『香奩集』から始まる。

1879（明治12）年――上京。成立学舎から慶應義塾に入ったが中退する。この頃馬場辰猪らの創立した「国友会」に入り政談演説に熱中した。

1882（明治15）年――学友と共訳『雄弁美辞法』、黒岩大の名で『政体各論』を出版。

1883（明治16）年――22歳。『同盟改進新聞』の主筆となる。新聞界への第一歩を踏み出し、香雪居士、まれに半士半商人の署名を用いた。しかし、この新聞は資本が少なく休刊続きで廃刊する。二大政書出版会社をおこし、政治書出版翻訳を試みる。ところで以前、変名で『輿論新誌』に掲載の北海道開拓使批判の評論が官吏侮辱罪に問われ、16日の重禁錮に処せられる。

1884（明治17）年――『日本たいむす』主筆。忌憚（きたん）なき筆は当局の忌避にふれ、発行停止を命ぜられ廃刊する。

1885（明治18）年――『絵入り自由新聞』の主筆に迎えられ、翻案探偵小説「法廷の美人」など、いわゆる涙香物で好評を博した。

1887（明治20）年—『今日新聞』（のち『都新聞』）に勤める。『今日新聞』に『法廷の美人』を翻訳して連載、涙香外史の筆名を初めて用いた。西洋小説の翻訳は余技であったが、人気が高まり好んで探偵小説を出したので、本職の論説記者より探偵小説家として思われた。涙香の探偵小説の底には社会正義があり、手法に新しい要素があった。さて、『今日新聞』は夕刊新聞の元祖であったが、社運振るわず経営者が替わり、名前も『都新聞』と変わり涙香は主筆に迎えられる。

1889（明治22）年—『都新聞』主筆、涙香は欧米の小説を次々と翻案し掲載する。一方で社説・短評・三面記事にいたるまで斬新な企画を編みだし、才筆を振るった。とくに探偵小説は人気だった。

1892（明治25）年―『都新聞』の経営が※15楠本正隆に替わると、涙香は楠本と衝突して退社し、彼の系統の記者も退社させられる。

11月1日、『万朝報（よろずちょうほう）』創刊。

『都新聞』退社から3ヶ月、涙香は自ら社主として新聞発行を企てる。涙香小説の愛読者で家業を廃業してまで涙香の小説出版をしていた扶桑堂から借金して資金を得た。『万朝報』第二号は7000の固定読者を得、予想より売り上げた。

涙香の小説は好評で講談・歌舞伎になって興行は大当たり。翻訳小説の原著者、約20名と言われる。イギリスのベンジンソン夫人原作「幽霊塔」、ビクトル・ユゴー原作の「巌窟王」・「噫無情（ああむじょう）」の題はいまも一般化しているほど内容をよく表現している。

郷里の土佐は自由党発祥の地で、それらの人々と縁故があったが、涙香は新聞事業に入った。『万朝報』は、一に簡単・二に明瞭・三に痛快を綱領とした。経営面では、貸し倒れの新聞社が多かったので、前金制度・本社が直接読者をとる方法を採用した。

1893（明治26）年―6月、『絵入り自由新聞』を合併。

1894（明治27）年―日清戦争。日本の新聞に初めて英文欄を設けた。また短編小説の懸賞募集を続け、紙面充実のため広く人材を集めたから多士済々であった。

1895（明治28）年—『万朝報』読者は年々増え、東京方面では『東京朝日新聞』を抜いて1位。しかし、全国では『大阪朝日新聞』は年間2800万部、『万朝報』は2000万弱で2位であった。

1896（明治29）年—5月、万報社から社会諷刺の冊子、『狂詩戦』発行。

1898（明治31）年—6月、購読料を創刊以来の20銭から24銭へ値上げする。

1901（明治34）年—4月、社屋を京橋区から元・大隈重信邸を8万円で購入し引っ越した。

※15　けやきのブログⅡ〈2021年1月23日　大村藩つながり松林飯山—楠本正隆—岡鹿門（千仞）〉

7月2日、『万朝報』に平和なる檄文と題し、〈吾等と心を同じくする人は来れ、与に倶に社会救済の為に理的団結を作らん〉の一文を掲げる。

宗教的・政治的、あるいは何かの利益を得ようとする団体ではなく、社会改良の理想、道徳的精神運動で、内村鑑三・幸徳伝次郎（秋水）・堺利彦などが発起人に名を連ねた。学生や教員など知識人は、進歩的な論説人にひかれて『万朝報』を読んだ。

その一方、社会記事に有名人の私生活暴露記事、スキャンダル・ジャーナリズムで読者の関心を集め（読者は真偽には無関心で面白がった）、涙香は部数を増やす経営の才があり、「まむしの周六」と恐れられた。

1902（明治35）年──理想団を組織し、社会浄化を唱えた。

1903（明治36）年──5月、『天神論』を朝報社から出版。

10月、日露間の風雲急で、『万朝報』も一時、非戦論を唱えたが態度を変えたため、非戦論者の内村鑑三・幸徳秋水・堺利彦らが退社する。

1904（明治37）年──日露戦争。趣味と実益のため活動、五目並べの記事や囲碁・百人一首・相撲・俚謡正調など涙香好みの趣味娯楽記事を掲載、読者文芸の募集も幅広くなされた。

1905（明治38）年—涙香が翻案小説家として最も活動したのは明治20年頃からこの38年頃迄で、70余作を書いている。

1914（大正3）年—シーメンス事件。軍需品購入をめぐるドイツのジーメンス社と海軍高官との贈収賄事件。

涙香は、シーメンス事件に対する政府攻撃で請願上奏文を奉呈する。山本内閣が倒れ、大隈内閣擁立に成功するが、このため反大隈系の読者が反発、不評を買い経営上の大きなマイナスになった。

1919（大正7）年—1月、パリ講和会議開催。涙香は全権・西園寺公望ら使節団に随行。そのときの漢詩30余首は、見聞記とともに『万朝報』に掲載された。

1920（大正9）年—10月6日、心臓病で死去。享年59歳。自ら戒名を「黒岩院周六涙香忠天居士」とし、鶴見総持寺墓地に埋葬された。

1940（昭和15）年—涙香の死から20年、『万朝報』は『東京毎夕新聞』に吸収され廃刊となる。

参考資料：『現代日本文学大事典』明治書院1965／『新聞記者の誕生』山本武利著、新曜社1990／『新聞の歴史①』図書センター1997／『日本人名事典』三省堂1993

2021
2.13

海を走って鉄道開通、横浜〜新橋

〈えひめ丸事故きょう20年〉（毎日新聞２０２１年２月10日）

――ハワイ・オアフ島沖で、宇和島水産高校の実習船「えひめ丸」（４９９ｔ）が緊急浮上訓練中のアメリカ原子力船「グリーンビル」（６０８０ｔ）に衝突され沈没、乗っていた三十五人のうち九人が死亡した事故である。このとき亡くなった実習生のお母さんは、生きていれば37歳になる息子さんの部屋をいまも当時のままにしているという。

実は、ハワイ旅行をしたとき、真珠湾に行きたかったが「えひめ丸事故」から間もない時期で行くのをためらった。しかし、その海に行って合掌した方がよかったのかな……いまでも迷う。海外旅行に限らず、ときにこのような酷い事故現場に行き合わせると神妙になる。

いまはコロナ禍、海外どころか国内旅行もはばかられ電車にも乗ってない。せめて本の中で汽車に乗るとしよう。そして気分を味わうだけなら、いっそ日本初の鉄道にしよう。

１８５３（嘉永６）年――アメリカ東インド艦隊司令長官ペリー、浦賀に来航する。

1854（嘉永7）年――ペリー、蒸気機関車模型を持参し江戸湾内小柴沖に来航する。

1867（慶応3）年――渋沢栄一、マルセイユ～パリ間で鉄道に乗る。

1869（明治2）年――東京・横浜間に電信開通。鉄道建設計画決まる。

〈鉄道ゲージと線路計画〉

工部省鉄道寮お雇い外国人・[※16]モレル、大隈重信に狭軌を勧める。次いで、汐留から東海道にそって市街地に線路を敷く計画をたてるが、田町の薩摩藩下屋敷を横切ることになるので、[※17]西郷隆盛は大反対する。そこで、大隈らは海上に汽車を走らせることにした。また、横浜も平沼湾が大きくえぐれており、この湾に沿って線路を通すと大回りで大変である。ここも思いきって海上を通すことにした。

1870（明治3）年――3月9日、鉄道建設のため、鉄道兼電信建築部長モレル来日。

3月25日、汐留駅の起点位置に0マイル杭を打ち込む（ゼロ哩標識）。

着任間もないモレルは、イギリス人技師や[※18]小野友五郎・[※19]松永芳正・[※20]武者満歌など日本人技術者と測量を開始。

4月、横浜野毛浦海岸からも測量開始する。

10月、旧幕府作事方元締・松本兵四郎が請負い、六郷川の木橋工事始まる。

10月、横浜平沼の埋め立てを※21高島嘉右衛門が引き受ける。

埋め立て地は曲線で、長さ1386m、幅75mのうち、鉄道9m、道路に11m、残り55mを高島嘉右衛門に無料で貸し付けることにした。ただ工事期間が短くきびしかった。埋立

※16　エドモンド・モレル：イギリス人技師長。ニュージーランドやセイロン（スリランカ）で鉄道建設の仕事をしたのち、来日。

※17　西郷隆盛：大久保利通・木戸孝允とならぶ維新の三傑。鉄道建設に反対。莫大なお金を使って急いで鉄道を作るより軍備拡充をしっかりするよう訴えた。

※18　小野友五郎：幕末から明治中頃まで活躍した数学者・政治家。長崎でオランダ人に測量や航海について学んだ。鉄道路線の測量にモレルとともに中心になって動いた。けやきのブログⅡ２０１１年４月４日〈咸臨丸航海長・小野友五郎（茨城県笠間）〉

※19　松永芳正：１８４５年～１９０２年　紀州藩士。勝海舟に蘭学と機関学を学ぶ。鉄道の仕事に従事し、のち、大阪鉄道会社（関西本線）の建築課長となる。

※20　武者満歌：けやきのブログⅡ２０１８年11月24日〈鉄道のはじめ、武者満歌（江戸）＆鉄道・土木、鹿島精一（岩手県）〉

※21　高島嘉右衛門：１８３２（天保３）年、江戸三十間堀で生まれる。横浜で材木商を営み、土木工事も行った。佐賀藩に出入り、大隈重信をはじめ政府の幹部とは知り合いで、鉄道工事を引き受けた。けやきのブログⅡ２０１５年８月１日〈南部藩、御用商人（高島嘉右衛門・村井茂兵衛・小野組）〉

工事が進むにしたがい仮レールを敷き、工事に汽車を利用した。

このときの埋立地が横浜駅と桜木町駅の間にある高島町である。

11月、八ッ山・御殿山の切り通し工事を[※22]平野弥十郎が高輪の埋立工事と一緒に請負い、明治5年6月に完成。

――品川より高輪大木戸までの間、海中へ鉄道の土手築立、八ツ山下より追々仮レールを敷き設け、馬車にて御殿山の土を運び送る（『日本鉄道創設史話』石井満著）。

?月、品川・六郷川間の工事と田畑買い上げ。

農村地帯で農民の激しい反対があったが強制的に買い上げ、代金は[※23]品川県が払った。

〈「海を走る鉄道」遺構出土〉

港区郷土歴史館によると、出土した堤は台形の構造で、両脇は石垣で固められている。ＪＲ東日本による再開発工事中の２０１９年４月、ＪＲ品川駅付近で見つかった。その後も断続的に見つかり、これまでに長さ１㎞分が確認されている。線路そのものは出土していない……堤は「高輪築堤」の名で知られるものの、これまでは浮世絵の他若干残されている写真でしかその様子を知ることができなかった……その後、周辺は昭和初期までに埋め立てられ、線路や堤の行方も分からなくなっていた（後略）（毎日新聞夕刊２０２０年12月25日）。

1871（明治4）年――1月5日、神奈川の切り通しに日本最初の立体交差の橋が完成。
夏、イギリスから機関車10輌が次々届く。
9月23日、モレル、結核で死去、享年29歳。

誠実ですぐれた人物モレルは鉄道建設に鋭意努力したが、完成を見ずに不帰の客となってしまった。モレルを看病していた夫人（日本人）もまた同じ病で死去、夫妻は横浜の外人墓地に葬られた。

11月、六郷木橋完成。川の堰き止め、橋脚、橋桁など難工事を着工後わずか1年という超スピードで完成させたのである。

1872（明治5）年――4月22日、横浜駅の本屋完成（アメリカ人建築技師R・P・ブリジェンス設計）。横浜駅はもともと輸入資材の陸揚げ所で、貨物倉庫・機関庫・客車庫・組み立て修理の設備も作られていた。機

※22　平野弥十郎：土佐の生まれ。旧幕府の作事方で土木工事に長け、自ら工事現場に住み込む熱意と努力で工事を終えた。

※23　品川県：幕府代官の支配地だった江戸の西南部の広い地域に明治2年品川県がおかれた。鉄道はここを通り川崎・鶴見へ引かれた。ちなみに、翌4年11月東京府に編入される。

関車の向きを変えるための転車台は新橋駅と同じである。

2月、西洋型木造橋の八ツ山陸橋、完成。

5月、品川・横浜間が仮開業。距離は約23・8㎞、運賃は上等1円50銭・中等1円・下等50銭。途中駅がまだ開業していず無停車運転であった。乗客は最初の一週間は4000人だったが、かなり多くの人が利用するようになった。

8月、汐留駅は、新橋駅と正式に名称が決まり、駅本屋（ブリジェンス設計）が完成した。面積22万4000㎡。文明開化のシンボル、東京の新名所となったのである。

9月、現在の東京・高輪ゲートウェイ駅近くに※24高輪築堤が完成。東京湾は沿岸漁業がさかんで、堤防を築くと船の出入りができないので、堤防を4カ所で切り、船が通れるように工事したのである。

9月12日、明治天皇が出席して開業式がはなやかに行われた。人々は鉄道の開通により改めて「文明開化」を実感したのである。

ちなみに、この年3月、山東一郎改め山東直砥は陸奥宗光神奈川県令（知事）に呼ばれ神奈川県に出仕する。折からマリア・ルス号事件があり解決までの間、大江卓権県令に代わり県庁の仕事を担当したのである。翌6年、参事（副知事）に昇進。

参考資料：『汽車誕生（新橋・横浜　鉄道開通ものがたり）』原田勝正著、らくだ出版1982／『お雇い外国人　交通』山田直匡著、鹿島研究所出版会1968／『近代日本の鉄道構想』老川慶喜著、日本経済評論社2008／『日本鉄道史　幕末・明治編』老川慶喜著、中公新書2014／『近現代史用語事典』安岡昭男著、新人物往来社1992

〈高輪築堤　ゆかりの佐賀へ〉

――日本最初の鉄道が開業した際に築かれた「高輪築堤」（東京都港区）の一部が、佐賀市に復元された。東京の都心で発掘された遺構が9000㎞も離れた佐賀市の佐賀城公園内にある佐賀県県立博物館南側に復元された……当時の日本は維新直後で財政難……だが「日本の近代化のために鉄道は不可欠だ」と推進したのが佐賀出身で後の首相、大隈重信だった……（毎日新聞2022年4月30日）。

――〝どうする都市遺跡の保存〟　都市遺跡の保存は難しい……再開発で遺跡が出土しても、それを壊した跡地に造る現代の構造物が生む経済的利得が優先されがちだ。その一

※24　高輪築堤：海の浅瀬に築かれた鉄道用の堤の最初の鉄道遺構。国の史跡に指定されることになった。

例ともいえる「高輪築堤」の今後を考えるオンラインのシンポジウム（日本考古学協会主催）が先月あった……（毎日新聞２０２２年5月16日）。

〈余談〉

東京オリンピック開催まであと半年、ここへ来て不都合が表面化し国内外の批判をあびている。日本は百年たっても「ここは日本だぞ」が通用すると思っている人が多いのかもしれない。これを機に変わるといい（けやきのブログⅡ：２０２１年2月17日）。

――明治時代にレディファーストを実行する星松三郎を進んだ男と思って紹介したが、当時は笑いの種になったらしい。海外に留学または公務で出張のときは仕方がないが、帰国すれば男社会、レディファーストが何だとなる（けやきのブログⅡ：２０１４年10月11日〈松三郎とその夫人〔宮城・高知〕〉）。

――駐米公使・栗野慎一郎がアメリカから帰朝したときに、妻君が神戸で汽車に乗ろうとして、栗野に向かい「あなた手を取って頂戴な」と言った。すると栗野は「馬鹿ここをどこだと思う。日本だぞ」と叱り飛ばしたそうな（けやきのブログⅡ：２０１４年10月18日〈北海道大学育ての親、佐藤昌介とその父、佐藤昌蔵（岩手県）〉）。

2021
2.20

『奥羽の義』東北諸藩はなぜ

令和3年2月13日土曜夜、震度6強の地震が宮城・福島を襲った。関東でもかなり揺れたが、震度6強の地域は本当に怖かったでしょう。この地震は東日本大震災の余波だという。避難した女性が「今度の避難所は、前回よりよくなっている」と話すのをテレビで見、胸がつまった。

それにしても、10年にもなるのに「余波」とは……さらに余震はこれで終わりではないというから、自然エネルギーは強力すぎる。

ところで東北は、自然ばかりか歴史でも痛い目に遭った、戊辰戦争である。

〈戊辰戦争〉

1868（慶応4）年1月3日の鳥羽伏見の戦いから、1869（明治2）年5月18日の五稜郭の戦いで、榎本武揚らが降伏するまでの倒幕派と旧幕府軍の戦争である。

倒幕軍は4月、江戸城を接収。この間、慶喜は恭順の意を表す一方、旧幕府主戦派は上野で彰義隊の戦い、その他関東各地で抵抗、東北地方では閏四月に仙台・米沢を中心に奥羽列藩同盟、さらに翌月、奥羽越列藩同盟へ発展、会津戦争となる。9月、会津落城の結果、降伏。品川から逃れた旧幕府海軍は函館で最後の抵抗を試みた。

この戦争による倒幕派の勝利は、新政府絶対主義官僚の地位と見通しを不動のものとし、明治天皇制統一国家形成へ決定的役割を果たした（『日本史辞典』角川書店１９０８）。

戊辰戦争から１５０年余り、世間一般、戊辰の内戦を思い返すことが少なくなった気がする。しかし、勝利した側は近代化の魁として同じ年月を「明治一五〇年」として称える。敗れた側は、「賊軍」の汚名を着せられ明治日本を生きるのに苦労したから東北諸藩の人々、地域住民や子孫は複雑だと思う。

『奥羽の義』（河北新報社２０２０）本編には、なぜそうか、どうしてそうか、当地ならではの資料と写真で戊辰１５０年の東北の思いが描かれている。小説やドラマになってよく知られた戦いや悲劇はむろん、地域に残る逸話も紹介されている。

いま、コロナ禍で暮らしにくい世の中だが、戦い敗れ、戊辰後の生き難さを乗りこえた奥羽の人々から学べることがありはしないか。

『奥羽の義』

第一部　開戦への道

【京都守護職・容保桜・八月の政変・禁門の変・王政復古・鳥羽伏見の戦い】

会津、薩摩両藩を中心とする公武合体派が長州を中心とする尊攘派を京都から追放した8月の政変。御所を護る会津に大砲を放ってまで攻撃する長州、このとき苦戦する会津を薩摩が応援、禁門の変である。この戦いでは長州藩が朝敵であった。

第二部　悩める大藩仙台

【会津追討令・鎮撫総督上陸・出兵強要・会津出兵・関宿会談・列藩同盟成立・世良修蔵暗殺・世良修蔵の密書・列藩同盟の先に】

京都で鳥羽伏見の戦い、戊辰戦争が始まったが仙台藩は距離をおいていた。しかし、明治新政府から会津追討令が出され藩を二分する激論となった。その間にも追討軍は海路を大型船4隻でやってくる。追討軍の上陸地、浦戸諸島の寒風沢島（塩釜市）と観瀾亭（松島市）の写真が往時を偲ばせるのは、その土地ならではの視点で捉えているからだろう。

会津藩を思いやり「非戦中立」を決断した藩主だったが、日々動く京都の動静に対応するには仙台はあまりに遠かった。しかも総督府参謀は高圧的無礼な態度で会津出兵を促す。

仙台、米沢両藩は追い詰められる会津藩救済へ動いた。会津藩境の白石城に奥羽14藩の代表を招き、鎮撫総督府に嘆願書を提出するも却下。まもなく25藩、ついで北越六藩も参加、31藩による「奥羽越列藩同盟」が成立。新政府と戦う軍事同盟となり、奥羽全体が戦火に巻き込まれていった。

第三部　東北に戦火

【白河の戦い・磐城の戦い・二本松の戦い・駒ヶ嶺の戦い・からす組奮戦】

二本松の戦い。いまなら小学校高学年の少年たちの悲劇は大正6年、元隊士が激戦を回想するまで世に知られなかった。賊軍とされた側は、大っぴらに過酷な体験を話すことができなかったのだ。おそらく、明治20年代『史談会速記録』刊行まで待たなければならなかった。

第四部　会津戦争

【母成峠の戦い・彼岸獅子の入城・白虎隊・鶴ヶ城総攻撃・只見・八十里越・戦死者】

第五部　列藩同盟崩壊

【秋田藩離脱・秋田戦線・破竹の庄内藩・新撰組・天童藩】

天童藩「将棋駒奨励の祖、無念の死」

——天童市（山形県）は将棋駒の生産量が日本一。シェアは9割超を誇る……その礎を築いたのは天童藩家老・吉田大八。

吉田は小藩で生活が苦しい藩士の内職として「将棋は兵法戦術に通じる。武士の面目を傷つけるものではない」と駒作りを奨励した。その甲斐あって、天童の将棋駒は150年をへてなお人々を楽しませているが、吉田大八は非業の死を遂げる。

1868（慶応4）年旧暦4月、庄内藩討伐を進める新政府の奥羽鎮撫総督府は天童藩に先導を命じる。天童藩は庄内藩と事を構えたくなかったが、藩主に代わり吉田が案内……猛反撃に遭い天童城下まで焼かれてしまった。この直後、白石で奥羽越列藩同盟の結成会議が開かれ、状況が一変。天童藩も加入を決めた。ただ、庄内藩は引き替えに吉田の身柄引き渡しを求めた。吉田は意を決して出頭し天童の観月庵で切腹、自ら首を突き絶命した。

第六部　仙台藩降伏

【勤皇派復権・白鳥事件・遅すぎた榎本艦隊・榎本艦隊出航・艦隊出航後の悲劇・函館五稜郭の戦い】

「艦隊出航後の悲劇、取り残された150人を斬首」

1868（明治元）年10月12日、榎本艦隊は榎本武揚、新撰組の土方歳三、仙台藩額兵隊長の星恂太郎ら二千人を乗せて石巻から蝦夷地へ向け出航。乗船できなかった者のうち150人が新政府軍により捕縛、斬首された。

むごたらしい出来事を住民は目撃したが、旧幕府の関係者と思われ処罰されたり、反対に報復を恐れたりして口をつぐんでいた。そのため悲劇は長い間歴史に埋もれていた。

第七部　再起

【領地激減・北海道入植・余市の旧会津藩士・西郷隆盛の温情・西南戦争】

仙台藩の領地　62万石↓28万石。伊達家一門の伊達邦直　1万4600石↓60石

番外編　列藩同盟群像

【仙台藩「からす組」隊長・細谷十太夫、仙台藩士・玉虫佐太夫、仙台藩執政・遠藤文七郎、会津藩家老・佐川官兵衛】

仙台藩士・玉虫佐太夫は渡米の経験もあり近代を先取りする才能があった。しかし、仙台藩降伏後、志津川（宮城県南三陸町）で捕らえられ切腹、明治の世を生きられなかった。

他の人物はそれぞれのやり方で明治を立派に生き抜いて感心する。

ちなみに、からす組の細谷十太夫は、明治三陸大津波の直後に作業員102人を率いて被災地入りしたという。他にも被災地に駆けつけた戊辰の生き残りは少なくないだろう。

番外編　写真特集「奥羽の義」

写真は撮影者の内面と意気込みがにじみ出ているよう、どの写真を見ても本文をおぎなってあまりある。城や古戦場、文書の写真どれも地域ならではと感じる。

「宮城県庁門前図」の写真、原画を東京上野の「高橋由一展」で見たことがある。しかし、養賢堂に気付かなかった。やはり、ゆかりの人は丁寧に見ている。

会津人・柴五郎の伝記を書いて戊辰戦争に興味をもったが、『奥羽の義』を読んでその土地の歴史、それが辛いことであったとしても、ゆかりの人が伝えることは大切だと思った。史資料だけでは掴めない時代の空気が感じられるし、風化させないためにもである。

【登場した主な場所・主な参考資料、図書】

〝けやきのブログⅡ〟の戊辰戦争

●２０１８年６月23日　明治１５０年／戊辰１５０年、その前の江戸湾防備（会津&富津）〉

●２０１８年２月３日　秋田藩の戊辰戦争とその前後（秋田県）

●２０１５年２月21日　戊辰の戦後処理、塩竈神社宮司、遠藤允信（文七郎）（宮城県）

●２０１４年７月19日　五稜郭で戦う赤衣の額兵隊隊長、星恂太郎（宮城県）

●２０１４年１月18日　余市りんごと会津人の困難（北海道・青森・福島）

●２０１３年11月23日　寒風沢島の洋式軍艦「開成丸」と三浦乾也（江戸）・小野寺鳳谷（宮城県）

●２０１３年２月16日　伊達邦成（宮城県）の北海道開拓

●２０１２年11月17日　戊辰戦争スネルと横尾東作（仙台藩士）

記事は右端バックナンバーからどうぞ。

2021
2.27

函館五稜郭設計の幕末・明治の兵学者、武田斐三郎

〈大江健三郎さん自筆原稿　東大へ　「文庫」設立公開を検討〉

――東京大は、ノーベル賞作家、大江健三郎さん（86歳）の一万枚を超える自筆原稿など、計約50点の資料が文学部に寄託されたと……同学部は今後、資料を管理する「大江健三郎文庫」（仮称）を設立し、研究者向けに公開する方向で検討している……（毎日新聞）。

近ごろ本を買わなくなってしまったが、昔は給料日に書店にいくのが楽しみだった。雑読乱読手当たり次第、大江健三郎さんの本も買った。そして、大江作品を理解しきれないのになぜかお終いまで読んだ。よく解らないまま読んだのがいまでも不思議。

近頃は活字中毒が消え必要に応じて読むばかり、さびしくなるときがある。そこへ大江さんの記事。本さえあれば良かった若い頃が蘇り懐かしい。

ところで、大江さんの故郷は愛媛県。愛媛県ゆかりの人物をあげると正岡子規、『坊っちゃん』の夏目漱石、秋山好古・真之兄弟などの明治人が有名だが、「箱館五稜郭」で有名な武田斐三郎（あやさぶろう）もいる。

兵学者・武田斐三郎は四国の伊予大洲からどのような経緯で遠く北海道函館で星形の城を築いたのだろう。

武田斐三郎（たけだ あやさぶろう）

1827（文政10）年――9月15日、伊予国大洲中村の大洲藩士、武田敬忠の次男に生まれる。

諱は斐。字は成章。雅号は竹塘。

ちなみに、愛媛県のもととなった八藩（松山・今治・小松・西条・宇和島・吉田・大洲・新谷）は、廃藩置県のときそのまま八県になり、明治9年香川県を合県し大きな愛媛県となる。のち明治21年香川県が独立、県領は現在の愛媛県となった。

1844（弘化1）年――大阪に出て蘭方医・緒方洪庵の適塾で学び蘭学に精しい。

？年――英語・フランス語を学ぶため江戸に出る。※25伊東玄朴に入門、数年間学ぶ。

？年――佐久間象山の塾で、航海術・築城・造兵に通じる。貧しくて辞書が買えず、いずれの場所でも猛勉強したが勉強しすぎで近眼になる。

1853（嘉永6）年――10月27日、ロシアの艦隊が長崎に入港すると、箕作阮甫（洋学者・医師）に従って長崎に出張を命ぜられる。オランダ語は「当時有数比類なく」と称された斐三郎、函館奉行所付の翻訳官を命ぜられ、ロシア使節の応接に加わる。

開国した日本は、国防と富源開発の諸事業の遂行にあたり、外国の技術の導入と伝習に意を用い、居留外国人について外国語を習熟する道が開かれた。

箱館では、斐三郎ら諸術調所を中心として蘭学の教授のみならず、軍事・産業・交通などの諸方面にわたり、実地について技術の導入・適用が測られた。幕末から明治初年にかけ北海道をめぐって活躍した志士・山東一郎（直砥）も、当時ロシア語を学ぶには函館にしかずと北海道に渡ったのである。そして、箱館でギリシャ正教を布教していた司祭ニコライに日本語を教えつつ、ロシア語を習得した一人である。ちなみに、ニコライはのち神田駿河台にニコライ堂を建設する。

1854（安政元）年―ペリー箱館来港。

※25　伊東玄朴：幕末・維新期の蘭方医。佐賀藩士・伊東祐章の養子。シーボルトに師事し、オーストリアやオランダの医書、製鉄・鋳造など訳書も多い。

斐三郎28歳。筒井肥前守、川路聖謨に附してロシア船御用取り扱いとなる。次いで、松前蝦夷地御用・堀、村垣に従い、蝦夷地巡視。そのまま箱館詰となる。

1855（安政2）年――結婚、梨本氏の養女を娶る。箱館奉行所内に作られた「箱館諸技術取調所」教授、十人扶持。卒業生に前島密、井上勝、山尾庸三らがいる。

1856（安政3）年――斐三郎、箱館で弁天崎砲台・五稜郭・反射炉の建設に従事。

1857（安政4）年――この年から数年かかって五稜郭が作られる。設計は武田斐三郎、監理もした。

外国の軍隊に攻められたら、箱館奉行所を石垣と堀で囲んで守りをかためるようにしたのである。斐三郎はヨーロッパ式の城にして守りを固め、城の中から大砲や鉄砲が撃ちやすい「星の形」にした。

1859（安政6）年――箱館に来貢したアメリカ・ミシシッピ号の艦長について実地作業

を習い、練習艦・函館丸艦長となり、自ら水夫を指揮して航海、新潟・佐渡・敦賀・下関・長浜（伊予）・大阪・宮古と諸港を巡航した。

1861（文久元）年──3月、ロシア領アムールへ向かう。箱館で初めて造られた亀田丸（乗組員35名）で航海測量に出る。ニコライスキーでは、ロシア人が日本からの珍客として歓待してくれた。帰路、オホーツク海で台風に遭ったが、ことなきを得て8月、箱館に帰港した。

この年、アメリカの地質学者・パンペリーが江戸幕府の招きで来日し、北海道の地質調査を行い、採鉱・溶鉱法などを教えた。

1862（文久2）年──ブレーク来日。（文久元年とする資料もある）

──ブレークはアメリカ太平洋鉄道探検隊に地質学者として参加。パンペリーとともに一年にわたり蝦夷の地質調査や採鉱の方法、技術などを指導した。鉱物資源調査に武田斐三郎は大島高任らと通訳学生として参加する。

ブレークはまた、箱館奉行に鉱山技術を教える学校の開設を進言、箱館運上所内に「坑師学校」が設けられた。

パンペリーとブレークは、斐三郎や坑師学校の学生を相手に、アメリカから持参した書籍、機械、化学薬品などを用いて、採鉱学・冶金学・分析化学などを教授した。とくに、武田斐三郎・宮川三郎・※26大島高任を「才ありてよき学生なり」と評し、派遣を要請している（『お雇い外国人』）。

1864（元治元）年—斐三郎、開成所兵学教授を命ぜられ、江戸の小石川竹嶋町に家を構える。

軍艦奉行・小栗上野介に抜擢され、鉄砲局の監理、大砲製造所・頭取となる。江戸の小石川小日向関口で大小砲を鋳造、反射炉を王子に築いた（のちの陸軍砲兵工廠）。大御番格、歩兵指図頭取として一五〇俵および十人扶持となる。

1868（明治元）年—3月、斐三郎、徳川慶喜が恭順したのを不服とする暴徒に自宅を襲撃される。

4月、御役御免となる。

12月、静岡藩[※27]より松代藩へ御貸人となる。

1869（明治2）年―箱根戦争のさなか、斐三郎は松代藩士官学校創立につとめ、フランス式兵法を藩士に講じる。

版籍奉還。開拓使が設置される。蝦夷地は北海道に、箱館は函館になる。

1871（明治4）年―春、兵部省出仕。兵学寮長官・砲兵大佐・兵学大教授に任ぜられる。

1874（明治7）年―従五位。

1875（明治8）年―陸軍幼年学校校長を兼ねる。

※26　けやきのブログⅡ：2011年4月13日〈釜石鉄山の基礎を築いた大島高任（岩手県）〉

※27　静岡藩：江戸開城とともに謹慎を命じられた慶喜にかわって、宗家を継いだ家達に駿河・遠江・三河で七〇石を与えられたのに始まる。

1880(明治13)年――1月28日、病で死去。享年53歳。
浅草、松葉町海善寺で葬儀、新谷町智光院に葬られる。多くの詩文が残されている。

参考資料:『国防の先覚者物語』永島不二男著、若い人社出版1943/『お雇い外国人 開拓』鹿島出版会1975/『函館市功労者小伝』函館市1935/『日本人名辞典』三省堂1993/『愛媛県誌稿 下』愛媛県1917

2021
3.6

海老茶式部と自転車、明治の女子教育

卒業して就職、洋裁や生け花を習ったりし、やがて結婚、そういう風潮があった。自分はしたいこと、成りたいものもなく見合いして結婚したが、友人は銀行の仕事に生き甲斐を感じて働いていた。

ところが、25歳で「肩たたき」にあった。しかし、屈せず働き続けた。女性は職場の花、女子の昇給は……それに負けなかった彼女はほんとうに偉い。当時も感心したが、いまはもっとね。

それから半世紀たつが、やっぱり男女差別はある。先だっては、女性蔑視発言で泣く泣く？表舞台から降りた人がいた。長らく男性優位の日本、また、機会均等でないから表舞台に立つ女子が少ない。女性議員の数は世界最低といわれる。自分はその任でなく口ばかりで申し訳ないが、能力ある女子が活躍できるよう社会が改善されるのを願っている。

明治の女子教育をかえりみると、１５０年前からほんの少ししか前進していないように見える。振り返って見てみよう。

1870（明治3）年―私立学校を中心に女学校が増加する。キリスト教主義の学校は男子にくらべて制度化が遅れていた女子教育の分野に進出したのである。
東京に私立・A六番学校開設。
横浜に私立・フェリス女学校開校。

1872（明治5）年―8月、「学制」によって、男女の区別を行わない教育の制度が示され（女児就学を除く）、中学校に少数ながら女子生徒が在籍するなど、一部で男女共学が行われた。

「学制」は開化・男女同権の機運が盛んで、男袴をつけた「女書生」スタイルが流行した。

- 東京女学校
- 開拓使仮学校女学校
- 新栄学校女紅場（京都、のち英女学校）

1875（明治8）年――女子師範学校設立される。

　11月、官（国）立・東京女子師範学校（のちお茶の水女子大学）を設立。

　5月、石川県、初の公立女子師範学校を設立。

　女子師範学校は学資が支給されたから、高等女学校進学が困難な階層から生徒を集めた。また、「女高師＝謹厳実直で品行方正」のイメージがあった。

1879（明治12）年――教育令「男女教場を同じくすることを得ず」。

　男女別学、性別をとり、男子教育の充実が優先課題、女子教育は二の次であった。

1882（明治15）年――文部省は女子中等教育に注目し、徳育・情操教育・家事教育においた女子中等教育の教育方針を示す。

　東京女子師範学校、付属高等女学校を開設。

1885（明治18）年――高等女学校数は全国で9校、中学校（男子）生徒数の4％である。

森有礼文相時代（～明治22年）には国家主義的な立場から女子教育を重視し、欧化政策が進められた。それでキリスト教系の学校がさらに増加した。

欧化政策のもと洋服が一時期取り入れられたが、欧化政策終了とともに和服に戻された。

1890（明治23）年―東京師範学校、修学旅行を始める。最初は東京近県の学校幼稚園を参観し、毎年実行するようになった。のちに、上級生は伊勢・京阪・奈良地方に行くようになった。

1894（明治27）年―日清戦争。

女子高等師範学校規定制定。英語は随意科、博物・物理・科学は理科に統合される。

1895（明治28）年―高等女学校規程を制定。高等女学校の内容に統一的規程を提示。

1899（明治32）年―高等女学校令。

府県は府県立の女学校を一校は設置することが義務づけられ、女子の「高等普通教育」を行い、「良妻賢母」の育成機関とされる。在学年限は3～5年（のち4～5年）。ただし、男子の中学校と比べ教育内容は低く抑えられ、大学進学は認められなかった。

8月、文部省「訓令十二号」：宗教教育や宗教儀式を行うことを禁じる。

これにより、キリスト教主義の女学校の多くは、高等女学校となることができず各種学校にとどまった。

〈高等女学校生徒の一ヶ月の最低必要経費〉

通学生・2円50銭、寄宿舎生・6円50銭前後。

生徒の出身階層は、士族層・専門職・近代的なホワイトカラー・進歩的な考えをもった地主や商家が多かった。

当時、下田歌子が宮中の制服に範をとって考案したとされる女袴が女学生の間に広く着られるようになった。袴にブーツのいでたちから「海老茶式部」と呼ばれ、新聞や雑誌などに盛んに取り上げられた。華美と質素を兼ねたこのスタイルは、大学の卒業式の女子学生の服装として現在に受け継がれている。

新たな女性像の一つとして登場した女学生は、教養ある女性層を代表する時代風俗の象徴として注目を集め、憧れの対象、ときに風刺の的ともなった。
小説や広告絵画のなかで美しく描かれる一方「海老茶式部」「堕落女学生」などと呼ばれ、風刺雑誌の格好の標的ともなった。

1900（明治33）年――三浦環、東京音楽学校へ入学。

環は、紫の袴をはいて自転車に乗って上野の森へ通った。自転車は高価で女子は乗らない時代だったから、在学中から評判になった。環がモデルとされる小説「魔風恋風」が、『読売新聞』に連載されると、♪魔風恋風そよそよと〜〜という歌ができ、学生の間で流行った。

7月、津田梅子、女子英学塾（のち津田塾大学）設立。
梅子は、女性の英語教師という専門職を養成することで、女性の自立を図ろうとした。

1901（明治34）年1月〜1925（大正14）年
――『女学世界』創刊。350号刊行した。

女子に必要なる事柄を網羅し、賢母良妻たるに資することが刊行の目的。

女性雑誌が次々に創刊され、女学生は時代のヒロインとなる。新しい女性のありかたも問われ、中流以上の家庭で高等女学校の学歴が「嫁入りの条件」とする考えがでてくる。

1903（明治36）年――専門学校令。

旧学制下では、女子の大学入学や女子大の設置は認められていなかったため、進学希望の生徒は、専門学校令に基づいた専門学校や、各種学校の専攻科などへ進んだ。代表的な専門学校に日本女子大学校・東京女子医学専門学校・女子美術学校などあった。

――日本女子大学付属高等女学校、卒業式における演説〈女学生諸君に望む〉（大隈重信）。

日本の家庭は家本位なり……諸君の理想は英米の家庭および婦人にあるかも知らぬが、日本の現在では少し六ヶしい、殊に維新後三十年間に、非常の進歩を致した英米の法律は、婦人に権利を与え、家の権利は減じて個人の権利が重くなった。去りながら日本では家が本位である。人間の上から父子が本位である。けれども英米には家という本位がない。即ち夫婦が本位となって夫婦ありて家庭がある……然るに日本には家といふ権利に、惰力的勢力が強く、いわゆる忠孝主義で、父子の関係に重きを措いて居る（『大隈伯演説座談』岩崎徂堂著、大学館１９０９）。

１９０４（明治37）年―日露戦争。開戦に際し、教育上の注意につき訓令。

１９１１（明治44）年―実科高等女学校の制度。

「主として家政に関する科目」を教授。入学資格・修業年限は多様で、主として農村における高等女学校の普及になった。

明治40年代は、公立高等女学校の数が１４５校に増えた。しかし、明治期の女子教育は初期を除いて、男女別学体制のもと性別による制限が大きかった。

参考資料：『明治時代史大辞典』吉川弘文館２０１２／『東京人　ｎｏ．１３０』東京都歴史文化財団１９９８／『日本教育史年表』三省堂１９９４

2021
3.13

離島から甲子園初出場・大崎高校&長崎県のいろいろ

２０１１年3月11日、娘と待ち合わせのため、駅に向かって歩いていると急にめまいを感じた。何か変と思った瞬間、地震だ！ ものすごい揺れに棒立ちになった。駅前広場はたちまち大混雑になった。ペデストリアンデッキを見あげると通行禁止になっている。慌てて娘にメールするも通じない。不安に駆られうろうろしたが、待ち合わせ場所にじっとしていた方がいいかもしれない。それから暫くすると人混みをかき分けこっちにくる娘が見えて、ホッと胸をなで下ろした。

とるものもとりあえず駐車場に行き、娘の車で孫の小学校に向かった。校門近くに車を駐めて娘は孫を迎えに学校の中に入っていった。二人が出てくるのを待ったが、学校も混乱しているらしくなかなか出てこない。その間にも車は信じられないくらい大揺れし、いまにも横転しそうだった。ホントに怖かった。

信号が消えた道を娘はこわごわ運転、どうにか私の家に着くと、二人はそのまま家に泊まった。都心で働くお婿さんとは連絡がつかなかった。それから10年、孫は大学を卒業し4月から社会人になった。こうしてみると、10年は長い。

その長い10年、被災地は困難と向き合い辛い体験をして今日まで耐えてきた。何も役にたてず申し訳ないが、被災された方々が少しでも早く元の暮らしを取り戻せるように願っています。

２０２1年3月、東日本大地震原発事故の検証、復興状況関連の報道が連日されている。そうした中で、選抜高校野球の記事もある。

春はセンバツから！　被災地からの出場校にはきっと全国から応援が届く！　私もその一人、頑張ってください。

被災地からの出場校の他に、長崎県立大崎高校〝離島から甲子園初出場〟の見出しに目が行った。

長崎といえば歴史と観光、何度か行ったが名所しか覚えていない。ただ、原爆資料館で会った小学生の団体はよく覚えている。生徒たちみんなが静かに、真剣に、見学しているのに感心したからだ。

さて、大崎高校がある離島はどこかな？　地図を見たが島が多すぎて見つからない。

それもそのはず、長崎県には島の面積が県全体の約4割を占めるほど、おびただしい島がある。長崎県の本を見ると、知らないことがいろいろあって興味津々。そこでけやき流つまり行き当たりばったりで長崎県を見てみた。

〈島原大変、肥後迷惑〉

1792(寛政4)年――雲仙岳が大爆発し、眉山の東半分が裂けて有明海のなかに崩れ落ち、付近の農村や城下町の一部が埋没。同時に起こった大津波は、流失家屋5000余戸、死者1万5000人、島原の農村はこれ以後なかなか立ち直れなかった。

1990(平成2)年――11月、雲仙岳の主峰普賢岳が噴火、島原地方に大きな災害をもたらした。現在はその活動も沈静化しているが、雲仙山系はいまなお活動し続ける活火山である。

〈長崎県立大崎高等学校〉

1952(昭和27)年――佐世保工業高等学校・崎戸分校と長崎県立西彼杵高等学校・大島分校が統合して県立大崎高校になった。

生徒数が120人弱と少なく廃部寸前だったが、清水央彦監督が指導にあたり急成長、昨秋の九州大会で優勝したという。「私学優勢といわれる中、地域を含めて高い目標を掲げて努力を続ければ夢はかなうということを教えてくれました」という新聞の投稿者とともに大舞台での活躍をお祈りします。

〈西海市大島町〉

大崎高校がある大島町（面積12・46㎢）は、呼子の瀬戸を間に西彼杵半島に面する大島・寺島および六つの無人島からなる。江戸時代には大村藩の放牧場があった。半農半漁の貧しい島だった。

1935（昭和10）年──炭鉱が開発され、栄えた。

1954（昭和29）年──4月、高等学校の採鉱科を廃止。

1970（昭和45）年──閉山。

数年前、『明治の一郎・山東直砥』を書くため同じ長崎の※28端島（軍艦島）近くの高島炭鉱跡を訪ねたが、大島周辺は、南西につらなる蠣ノ浦島・崎戸島などとともに西彼杵（にしそのぎ）炭田の一つをなし石炭とともに閉山するまで栄えていた。

1974（昭和49）年─閉山後、大島造船所が誘致され炭鉱の町から造船の町へと転換。

町内全域での長崎大島トライアスロン大会が行われているようだが、7月の大会までにコロナ禍が終息しているといいですね。

──大島町への交通アクセスは、長崎市中心部から車で約一時間三十分、佐世保市中心部からは車で四十分。島なのに「車で？」と思ったら橋が架かっている。本州と四国だって橋を渡って行ける現代、西彼杵半島北西端近くに横たわる大島なら当然ですね。

ちなみに、大島の〝百合岳公園〟に動く彫刻〝星のなる木〟があるという。何枚もの羽根が風が吹くと風車のように回り、晴れた夜は月光をうけて美しく回る（県政だより・ながさき情報通信2008年12月）。

※28 端島炭鉱（軍艦島）：1890（明治23）年、三菱所有となった炭鉱の島で製鉄用原料炭に適した良質な石炭を産出。もともとは瀬であったが、炭鉱開発とともに周りの岩礁や砂州を埋め立てて拡張された人工島。多くの鉄筋コンクリートの高層住宅が、遠目から軍艦の艦橋のように見えたことから異名ができした。

〈長崎で建造された大和型戦艦「武蔵」〉

1914（大正3）年―第一次世界大戦勃発。

列強国は軍拡の一途をたどり日本も戦艦八隻と巡洋艦八隻の建造計画をしたが、戦後不況と国際情勢の変化で軍縮へ転換。日本海軍は軍縮条約の失効を見越して、新主力艦の建造を検討、一番艦を海軍の官営造船所である呉海軍工廠、二番艦を長崎造船所で建造することになった。

1936（昭和11）年―大和型戦艦の建造注文が内示される。

1937（昭和12）年―建造に関わる長崎造船所従業員は、海軍が派遣した造船監督の前で機密保持を約束する宣誓書に署名・捺印した。

1938（昭和13）年―3月、長崎造船所において起工式。

海軍の指示により竣工は1942（昭和17）年12月とされていたが、再三の繰り上げが要望された。対米戦へと進んでいく戦局のためである。

1940（昭和15）年―11月、「武蔵」と名付けられた戦艦の進水式。
進水式に際して長崎港の船舶出入りが禁止され、「武蔵」が向島岸壁に係留されるまでの間は交通を遮断、市民生活にも一時的に影響が及んだ。

1942（昭和17）年―5月、「武蔵」は運転公試のために呉軍港に向けて長崎を出港。
太平洋戦争開戦により敵機襲来を警戒し、伊予灘で運転公試。この出航後、「武蔵」が長崎に戻ることはなかった。

1944（昭和19）年―10月、「武蔵」レイテ沖海戦に出撃。シブヤン海において数次に亘りアメリカ軍航空機の空襲、魚雷攻撃をうけて沈没。戦死者数1039名。

〈佐世保市「西海国立公園」〉

日本列島の最西端に位置する長崎県は国内有数の観光地である。国立・国定・県立自然公園に象徴されるように、多くの半島と壱岐・対馬、五島列島をはじめとする約600の島々によって屈曲の多い海岸線を描き出している豊かな自然景観に恵まれている。

1886（明治19）年――寒村の佐世保に第三海軍区海軍鎮守府が置かれ、急速に発展。
1889（明治22）年――佐世保海軍鎮守府が開庁。戦争のたびに港が拡張され、長崎県では長崎の次に人口の多い町になった。
1902（明治35）年――村から市になり、太平洋戦争まで軍港として栄える。
1945（昭和20）年――8月、敗戦。

敗戦後、佐世保市は敗戦による鎮守府解体で壊滅的打撃を受け、人口は半減、平和産業への転換をすすめる。前途多難であったが、造船業を主軸に、終戦間際の大空襲で焦土と化した中心街も、戦後の都市計画で面目を一新する。

九十九島の佐世保から平戸にかけての大小170の島が存在する外洋性多島海の美しい景観は、標高364mの弓張岳からの眺望がよかった。しかし、終戦まで近づけなかった。

それは、満州・上海・日華とあいつぐ事変の勃発で戦時体制色が強まり、付近一帯は佐世保港の要塞区域となったからである。

終戦後、秘密のベールが取り除かれると佐世保港外の景勝はいち早く脚光を浴びた。１９５５（昭和30）年―九十九島・平戸・五島を含めた西海国立公園が誕生。

２０２１年3月13日土曜日、お昼の用意をする前にテレビをつけると、ＮＨＫで「72時間密着！春・五島列島の港」を放送していた。島の人たちの温かさ、素敵な青い海、思わず見入ってしまった。２０１９年の再放送だったが途中からでも見られてよかった。

〈北松浦の島々〉

長崎県の東端、松浦市の沖には、福島・鷹島・黒島・飛島・青島がある。地形が台上でよく耕作され、すべての島が人口過剰にある（１９９７［平成9］年）。平戸島周辺には的（あづち）地島・度島・生月島などがある。もともとは松浦一揆が結成されたところである。

平戸は貿易港として外国船の入港が相次ぎ、イギリス・オランダの商館もおかれた。同時に、キリシタン宗もこの地方に流布し、寛永の禁止後も信仰を持ちこたえた。

平戸島中野は、日本へ最初にサツマイモがもたらされたところであり、イギリスの平戸商館長※29コックスによって作られ、やがて全国に広がっていったのである。

参考資料：『日本の離島』宮本常一著、未来社1997／『長崎県の歴史』山川出版社1998／『郷土史事典　長崎県』昌平社1980／『大学的　長崎ガイド』昭和堂2018／『長崎県の山』山と渓谷社2020／『日本図説大系　九州Ⅰ』朝倉書店1992／『郷土資料辞典　長崎県』人文社1998

長崎県人からコメントをいただきました。一部ご紹介。

●2月に「ヒストリーハンターズ」の問題を解くために大島に行って、車窓から大崎高校を眺めてきました。横断幕があって、町全体が明るく感じました。

●島原市内の小学生はジオパーク学習で、島原大変について、六年生が学んでいます。

●平戸の先の生月島は、15年ほど前に4年間離島勤務で住んだところです。隠れキリシタンの史跡とか、祈りのオラショとか捕鯨の益富家とか、非常に魅力的なところでした。

●競り船大会という、櫓漕ぎ船の大会に出させてもらったこともあり、櫓を漕げるようになりました。

2021
3.20

角界の反逆児・革命児、高砂浦五郎

桜が開花すると、母校前の外堀の桜並木を歩きたくなる。けれどもコロナ禍、昨年に続き今年も諦めている。その母校のＨＯＳＥＩミュージアムから「開設記念特別展示」案内が届いた。

〈都市と大学――法政大学から東京を視る〉２０２１年３月８日（月）～４月３日（金）

法政大学・関西大学・明治大学、併載シンポジウム〈都市と大学――三大学の源流〉

さて、外堀の桜もいいが隅田川（上流は荒川）の桜もうれしい。子どもの頃、遠出の遊び場は隅田公園だった。懐かしさもあいまってか墨田の桜はとてもきれいに見える。

荒川は埼玉県秩父山地に発し東京湾にそそぐが、その最下流部が東京の下町に入ると隅田川になる。

隅田川に架かる橋は上流から、白鬚・桜・言問・吾妻・駒形・厩・蔵前・両国・新大

※29　コックス：1613（慶長18）年、東インド会社の貿易船で来日。朱印状を得て貿易拡大につとめたが、オランダとの競争に敗れ経営悪化、10年後、商館を閉鎖して日本を離れた。この間の彼の日誌は、日英貿易史の重要資料である（『外国人名辞典』三省堂1993）。

橋・清洲・永代ここで分流、西側に佃大橋・勝ち鬨、東に相生・晴海。

このうち両国橋は、武蔵・下総の二国を結んで両国橋、両国の花火は江戸の昔から有名である。ＪＲ総武本線・両国駅の真ん前に大相撲の国技館、その後ろに江戸東京博物館がある。両国駅構内には何枚も優勝額が掲げられ、駅利用者を見守っている。そこに「千代の富士優勝額」が加わったそう。

両国駅は江戸東京博物館でボランティアをしていた数年間利用していたから、さっそく見に行きたかったがコロナ禍では仕方がない。

部屋に飾ってある〈千代の富士優勝額レプリカ〉で我慢して、『千代の富士一代』（石井代蔵著、文春文庫１９９２）を読むとしよう。この本には相撲部屋や親方、ひいき筋まで種々の話が詰まっている。千代の富士ファンならずとも興味深いと思うが、どうか。

ところでこれを書いている3月半ばは春場所さなかだが、しばらく前から相撲中継を見なくなった。贔屓力士が居ないせいもあるが、休場続きの横綱なんて……勝敗もさることながら、颯爽とか潔さのかけらもない。厳しそうに見える相撲界だが案外大雑把なのか、地位によって甘えが許されるのか。こんなことで相撲人気がしぼんだら、ファンでなくともさびしい。

さて、栄枯盛衰世の倣い。明治維新後の社会変化は力士の暮らしも変えたという。明治・大正期の相撲界をみてみよう。

1868（明治元）年――10月13日、江戸城を皇居とし、東京城と改称する。
11月、めまぐるしい政情不安のなかで両国橋の袂、櫓太鼓を響かせ相撲興行が江戸の名残りそのままに10日間開催された。しかし、文明開化の世となり相撲全廃論を唱える欧化主義者もいた。
5月、東幕下十一枚目の※30高砂浦五郎は王政復古の時局をチャンスとみ、相撲会所（のちの相撲協会）の封建的な経営の弊害を取り除こうと考える。同志250余名の連判状を作って、相撲会所に提出したが、顔役が仲裁に入り解決したという（この話はフィクションとも）。

1871（明治4）年――廃藩置県。全国の藩を廃し中央集権で府県に統一され、薩長土肥の官僚が派遣された。大名がいなくなったのである。

※30 高砂浦五郎：本名、山崎伊之助（のち浦五郎）。下総の出身。力士としては平幕で終わったが、年寄高砂の初代として多くの弟子を育て、現代に続く高砂一門の基礎を築いた。

大名の庇護があった抱え力士は野に放り出され、暮らしが成り立たず窮乏する。しかし、相撲会所の連中は、ただ昔を懐かしむだけで新しい対応策を考えない。しかも、秘密の金銭をもって自身ばかりを肥やす無為無策の幹部。力士らは不満をもち改革を迫った。

1872（明治5）年――11月場所。初めて女性が相撲見物を許される。ただし、初日は別として2日目以後に限って婦女の見物を自由にしたのである。

4月、これまでお宮やお寺の女人禁制が多かったのを改め、全面的に女性の立ち入りを許すようになった。

1873（明治6）年――現役力士の高砂は会所改革の考えを綾瀬川（大関）らに、「近年力士生活の窮乏はひどい。年に2回の勧進相撲や地方巡業に出ても、会所は力士に給料を渡さず、わずかに衣食をくれるだけだ。そのため力士をやめて無頼の仲間に入る者も少なくない。これに引き替え会所幹部は権威を笠にきて私腹を肥やしている……」などと打ち明けた。

力士の待遇改善などの改革を相撲会所に求めたが、11月場所の番付で、高砂一派の名はことごとく墨で塗りつぶされ高砂は除名される。

1874（明治7）年―クーデターに失敗した高砂は愛知県令の許可を得て、名古屋を根城に高砂改正相撲組を組織して東京会所に叛旗を翻して対抗する。

京阪力士をスカウトし、苦汁をなめながら地方巡業しつつ陣容を強化し、2年後には百数十名にふくれあがった。

1875（明治8）年―高砂は改正組を率いて上京、神田秋葉原で興行し、東京相撲と対立する。

1878（明治11）年―警視庁から「相撲取締規則」が発布され、東京相撲が2組に分離して興行する許可を得られなかった。

このとき、相撲好きの大警視（警視総監）川路利良は、高砂の進歩的な考えを理解し仲裁調停をしたため脱退事件は解決した。

高砂は東京相撲に復帰し、会所の組織改革と申し合わせ規約の制定などを主導し改革整備に大きな功績を残した。

東京相撲の実権を握った高砂は相撲会所を「東京大角觝協会」と改称、勝ち星による給金の増額、十両力士の関取待遇を番付上明確にするなど相撲規則を細目にわたって制定した。

1884（明治17）年―3月、芝の延遼館で天覧相撲が行われた。これをきっかけに、極端な欧化主義に対し国粋主義が高まり、再び相撲人気となる。

1889（明治22）年―「東京力士協会申合規則」が成立。相撲会所は消え、「東京大撲協会」が設立される。

1893（明治26）年―高砂浦五郎、永世取締となる。

1895（明治28）年―日清戦争の勝利により、相撲界は急速度で復興の波に乗る。

夏場所で高砂のとった傍若無人の言動は多くの力士をまきこむ騒動に発展――東横

綱[※31]西ノ海と西前頭三枚目鳳凰が対戦、軍配は鳳凰にあがったが、西ノ海の師匠高砂は物言いがついた土俵へ上がり、「砂の上にかかとの跡があるが、この下を掘れば俵だ」といって、かかとの跡のある砂を払ってしまった。

番付面に横綱の名称が登記されるようになったのは、明治23年5月、西ノ海に始まる。

1896（明治29）年——1月、中村楼事件。

番付け。西方の鳳凰が東方の高砂系に回され鳳凰は反発、33人の西方力士がこれに同調して協会に、不正な取り締まりの元では相撲を取れないと檄告書を提出。協会は「改革は春場所終了後、ただちに着手して実行する」と回答、両国中村楼で手打ち式が行われた。

高砂の強烈な個性と指導力がときに専横に流れ、協会内部に軋轢を生じ高砂排斥の動きを引き起こしたのである。

※31　西ノ海：高砂が除名された際、京都から東京に馳せ参じて高砂改正組に加わり、やがて横綱になる。

1897（明治30）年―協会規約が改正され、高砂は権力を失って隠居。

相撲評論家・徒然坊（つれづれぼう）（阪井久良木）の相撲和歌

高砂の浦の松風きこゆなり　君が千年の春のはじめに

天の将さに大任を降さんとして　此人を力士の道に心つくさむ

1900（明治33）年―4月4日、高砂浦五郎、死去。享年63歳。

初代高砂の死去に伴い、弟子で関脇まで昇った高見山宗五郎（本名、今関宗次郎）が二代目高砂浦五郎を襲名。

1904（明治37）年―日露戦争。

1909（明治42）年―6月、3年の歳月をかけ両国回向院境内に相撲常設館「国技館」が完成した。

東京駅を手がけた辰野金吾が設計、その外観から「大鉄傘」と呼ばれた。収容はこれまでの２０００人前後から１万３０００人も収容できるようになった。

また、東西制優勝制度を設け、東西の陣営で幕内の勝点の多い方に優勝旗を授与した。

この開館場所から、横綱を大関の上におく階級として初めて明文化した。これまで横綱は大関の称号として「横綱大関」であった。

１９１７（大正６）年―11月、国技館が火事で全焼、大正９年再建される。

１９２３（大正12）年―９月１日、関東大震災。国技館は外観以外を全焼。相撲協会再建費の負債に苦しみ、力士もまた窮乏にあえいでいた。

１９２５（大正14）年―大阪相撲協会も経営難にあえぐおり、東京との合併問題がおこる。話し合いの末、12月、大日本相撲協会発足。

ちなみに、国技館は１９４５（昭和20）年の東京大空襲でも焼けた。戦後、連合国最高司令官総司令部（ＧＨＱ）に接収され、改修の末に両国メモリアル・ホールと改称されることになった。接収は昭和27年解除されたが、蔵前国技館建設が始まっていたため昭和59年まで相撲は蔵前で行われた。

現在の二代目国技館は、1985(昭和60)年1月場所から使用され現在に至る。

参考資料:『大相撲史入門』池田雅雄著、KADOKAWA 2020/『明治時代史辞典』吉川弘文館2012/『相撲の歴史と民族』和歌森太郎著作集、弘文堂1982/『大相撲大歴代名力士200人名鑑』ベースボールマガジン社2015

〈荒磯親方　論文でも「綱」〉

荒磯親方(元横綱・稀勢の里)が、早稲田大学大学院スポーツ科学研究科の修士課程1年制でまとめ上げた修士論文が最優秀論文として表彰された。「新しい相撲部屋経営の在り方」がテーマで、時代に即した力士の指導法などを多角的な視点から論じている……「社会の仕組みを学ぶことができて、視野が非常に広がった。今後の人生にも生きる」と語っている(毎日新聞2021年3月18日)。

2021
3.27

三重県伊勢国出身、横浜で製茶貿易に尽力した大谷嘉兵衛

首都圏の緊急事態宣言解除、桜は満開、でも花見気分になれない。ステイホームが長引いて曜日の観念も薄れがちだが、ブログのアクセスに励まされ更新日の土曜は忘れない。先だって三重県のアクセスが多く、何が興味を引いたのかな〜、次は何書こう。未整理のファイルをひっくり返すと、〝東海エリアニュース「三重県北部の梅の名所めぐり」いなべ市梅林公園・鈴鹿の森庭園〟のパンフレットがでてきた。アレ、三重県って近畿地方じゃないの？

地名辞典をみると「三重県は近畿地方の一県。しばしば東海地方に含められる」とある。南北に長い三重県、志摩半島は景観に寄与しているだけでなく、伊勢湾と太平洋に面し海上交通が発達している。江戸時代の※32伊勢商人の全国的活躍が納得できる。そういえば「伊勢屋稲荷と犬の糞」というフレーズを聞いたことがある。

※32　伊勢商人：江戸幕府が開かれると、伊勢商人は江戸に支店を持つようになった。寛永年間以降（1624〜）、江戸の大伝馬町には木綿仲買商人が店をだす一方で、茶・小間物・紙・荒物などを扱う商人が江戸各地に出店。これら江戸の店持ち伊勢商人がすべて「伊勢屋」を屋号としていたのではないが、江戸の町に多かった伊勢屋は、なんらかの形で伊勢国と関係があったようだ。

三重県を国立国会図書館デジタルコレクションで検索すると、事項が山ほどある。そこに宮城県[※33]多賀城市の広報誌があった。東北の広報誌になぜ近畿東海の市町村？

多賀城市の広報誌によると、東日本大震災の被災地へ救援に赴いた市町村名だった。今年は東日本大震災から丸10年、被災した各地域に助けあいの記録があるに違いない。

２０１１年3月11日大震災。その翌年センバツの開会式、選手宣誓したのは宮城県・石巻工の阿部主将である。今春、第93回選手宣誓は同じ宮城県・仙台育英の島貫主将で、宮城の、東北の、球児の思いを代弁した。

その中継を見ていた阿部さんは、「当時の僕らの思いを引き継いでくれたのかなと、うれしくなった」といい、4月から宮城県で教職につくという（毎日新聞２０２１年3月20日）。ともに汗した仲間、同世代にどんな青春が待ち受けているだろう。昔も今も、若人の旅立ちはまぶしい、コロナ禍に負けずガンバレ！

さて、若者が将来をかけて旅立つのは昔も同じである。

幕末、一人の若者が伊勢から開港間もない横浜へ、東海道を東へ東へと進んでいった。

２０２１年の現代、東京オリンピック聖火リレーが出発したが世の中沈滞気味である。立志伝中の人、大谷嘉兵衛（おおたにかへえ）から元気をどうぞ。

大谷（おおたに） 嘉兵衛（かへえ）

1844（弘化元）年―12月22日、三重県伊勢国飯高郡谷村（松阪市）に生まれる。貧しい百姓、吉兵衛の四男。幼名、藤吉。菩提寺の住職に文字を習う。

1862（文久2）年―横浜に赴き、伊勢屋小倉藤兵衛の店、製茶貿易商の丁稚になる。

ちなみに、江戸時代後期に伊勢国の広い範囲で茶が生産されるようになった。茶は、幕末に開国されると輸出品として注目され、伊勢茶も海外へ売られた。茶は、菜種油・木綿などとともに明治前半期の代表的な商品作物であった。

三重県で茶の改良・紅茶の輸出で有名なのは、伊藤小左衛門、大谷嘉兵衛、駒田作五郎（のち三重県製茶会社）である。

1865（慶応元）年―藤吉は小倉藤兵衛の養子となるが、慶応3年、離縁となる。

横浜居留地輸出商スミス＝ベーカー商会に製茶買い入れ方として雇われる。

※33　多賀城市：けやきのブログⅡ2013年8月17日〈末の松山（宮城県と岩手県と）〉

――君は篤実を旨とし偽りをせず、而して取引上についてときに紛紛を生ずることあるも、その採決の早きこと例え外人と謂えども一歩も仮さず、その処置の至当なるには、毛唐人も一歩を譲ると、ああ偉なるかな嘉兵衛君、俊なるかな友田（大谷）君（『横浜人物一口評』）。

1868（明治元）年――24歳。独立して横浜区海岸通りに製茶売込業を開業。嘉兵衛と改名。

1872（明治5）年――同業の有志と製茶改良会社を設立。横浜区会議員。

1878（明治11）年――茶業協同組合を創設。

1879（明治12）年――全国茶業組合を組織。
アメリカのグラント将軍来日。嘉兵衛は横浜貿易商の接待委員として、特に茶商組合より大花瓶を記念に送る。
第一回製茶共進会審査員。製茶貿易の基礎を築き、またアメリカにおける茶の関税撤廃運動に奔走する。その経緯は嘉兵衛自身の

『回顧録』に記されている。

1881（明治14）年—内国勧業博覧会審査官。第七十四国立銀行、取締役となる。

1882（明治15）年—横浜商業学校の前身、横浜商法学校創立発起人となる。同校創立には福沢諭吉の斡旋があった。

1884（明治17）年—茶業組合中央本部を創設。横浜茶業組合頭取となる。

1890（明治23）年—産業組合中央会議長。以後長く製茶貿易に尽力する。横浜市会議長。神奈川県会議員当選する。

1890（明治23）年—横浜市会議長、神奈川県市部会議長となり、水道局長も務め横浜の水道に貢献した。

1892（明治25）年—横浜貿易商組合総理。神奈川県会市部会議長を務める。

——往年、明治15〜16年頃、茶は粗製濫造のため海外の信用を落とし、明治17年農商務卿は組合準則を布き、明治20年省令を持って組合規則を発し取り締まる。改良の実を挙げるが、中国・インドが常に商機を窺っている。大谷嘉兵衛は、生産家の反省と改良を1〜5まで具体的に示し……（『横浜時事漫評』千草道人著、千草園雑誌社1893）。

1894（明治27）年—日清戦争。横浜恤兵会専務委員。嘉兵衛は製茶業改良のため千葉・埼玉・茨城・八王子地方を遊説、改良談を試みる。『茨城千葉両県茶業改良談話筆記』和仁幸之進（三重県士族）発行。

1895（明治28）年—日本製茶株式会社社長。横浜商業会議所常務委員。

1896（明治29）年—9月、台湾貿易会社社長。台湾鉄道会社創立委員。東京火災保険会社取締役。

1897（明治30）年—湾銀行創立委員。『台清紀行』（大谷嘉兵衛）著す。

1898（明治31）年—横浜市水道事業のため貴衆両院に陳情。

1899（明治32）年—10月、万国商業大会に横浜・東京商業会議所代表として出る。カナダ、ヨーロッパを歴遊、翌33年2月帰国（『欧米漫遊日誌』）。

1900（明治33）年—56歳。生糸貿易業を始める。神奈川県会議員。日本勧業銀行監査役。台湾協会学校創立委員。湘南汽船・横浜汽船・横浜電線製造会社・グランドホテル・相模水力電気などの取締役を務める。

1901（明治34）年—日本赤十字社監事。東亜同文会評議委員。

1902（明治35）年—湖南汽船会社取締役。

1903（明治36）年—横浜市参事会員に選ばれ横浜市水道局長に推される。

1904（明治37）年—日露戦争。

1905（明治38）年―横浜輸出協会（横浜貿易協会）会頭。工業所有権保護協会評議員兼監事。横浜港改良期成会専務委員。

1907（明治40）年―貴族院議員。横浜市設備調査会第四部長。「海外商工事務官設置建議案」を提出し議会で可決され明治43年設置される。

1908（明治41）年―東洋拓殖会社設立委員。

1909（明治42）年―産業組合中央会会頭。韓国銀行設立委員。

1910（明治43）年―5月、渡清実業団員として中国各地視察。台湾製茶株式会社相談役。

1911（明治44）年―恩賜財団済生会評議員。帝国発明協会理事。

1913（大正2）年―在郷軍人会横浜連合会顧問。

1918（大正7）年―貴族院議員。神奈川県救済協会副会長。
1920（大正9）年―財団法人報効会監事。日米関係委員会委員。
1923（大正12）年―9月1日、関東大震災。横浜市復興会顧問。
1924（大正13）年―借地借家調停委員。
1927（昭和2）年―横浜修道会理事。フェリス和英女学校復興会顧問。
1933（昭和8）年―2月4日、死去。享年88歳。

嘉兵衛は種々の事業に関係し、いずれも相当の成績を挙げたにも拘わらず、物質的に大きな成功を収めなかったのは、儲けてはこれを散じ、富を私することをあえてしなかったからである。嘉兵衛の商業上の方針は、衆と利をともにする、共存共栄を唯一の目的としていたのである。

貿易上についても「万国共利」を終始一貫主張していた。営利事業で得た利益は公共事業、慈善事業をはじめ有益な方面にこれを投じた。成功を私せずして衆とこれをともにしたのである。

〈大谷嘉兵衛「修養世渡り警句」〉

私は総て起るの二字に満身を掛く：七転び八起き・他人に怪我をさせるな・後悔先に立たず・損失は商売の常道なり。

義務的観念を重んぜよ：生るれば義務を負ふ・信用は斯う利益あり。

参考：『明治時代史大辞典』吉川弘文館２０１２／『大日本人物名鑑』ルーブル社出版部１９２１／『日本人名辞典』三省堂１９９３／『大谷嘉兵衛翁伝』大谷嘉兵衛翁頌徳会１９３１／『修養世渡り警句』大畑匡山編、岡村書店１９１５／『横浜人物一口評』日比米太郎（一可）編、著述館１８９４

〈大旗　悲願「白川越え」〉

夏の甲子園　仙台育英　初優勝。野球伝来１５０年の節目の年に、東北の人々の念願がかなった……（毎日新聞２０２２年8月23日）。

2021
4.3

「北京籠城」柴五郎中佐、義勇隊員・中村秀次郎

「入学式は桜」が、いつしか「卒業式に桜」になっている。しかし、所によって入学式はやっぱり桜かもしれない。いずれにしろコロナ禍、桜は名所で眺めるよりご近所でね。筆者も上野公園・谷中墓地を諦め、テレビ中継の桜で我慢、桜吹雪には近所で吹かれる。

ところで、九州福岡県八女（やめ）市の桜はもう青葉でしょう。八女公園を訪れた柴五郎ファンから届いた見学記で、昔のアメリカ映画「北京の55日」を思いだした。

伊丹十三が柴五郎を演じていたが、自分はまだ柴五郎を知らず、映画ではその活躍ぶりは割愛されていたから、欧米人ばかりの映画に日本人の登場が理解できなかった。

なお、柴五郎の活躍を知って、改めてＤＶＤで「北京の55日」をみたが正直がっかりした。

ちなみに、八女市は福岡県南西部の商業都市。中心地の福島は城下町・市場町として発達、農産物集散のほか、仏壇・ちょうちん・かさ・和紙・竹製品・久留米がすり・製茶など農村副業的工業が活発であった。なお、日々の暮らしは良くも悪くも変化している。産物も八女茶のようにいまなお盛んなのものもあれば、作られなくなったものもあるだろう。

〈八女公園の奉公碑を見学して〉

令和3年3月27日。桜もほぼ満開と言って良さそうな、土曜日、福岡県八女市にある八女公園に行ってきました。目的は「柴五郎さんの足跡に触れるため」です。

この八女公園には5mはありそうな石碑が南側（八女市立図書館側）にそびえ立っています。石碑の最上段には横書き太字で「奉公碑」と書かれ、全面には漢字がびっしり。その漢字びっしりの碑文は柴五郎さんのものなのです。文末には、正三位勲一等男爵西徳二郎題、陸軍砲兵中佐正六位勲三等功三級柴五郎撰、八女郡教育会員川口廣人書とありました。西徳二郎は義和団の乱（北清事変）のときの駐清公使です。

さて、この「奉公碑」は一体何なのか？　碑文を凝視し、何とかわかる部分をつないでまとめると……それは1900年に起こった義和団の乱（北清事変）において戦死した、八女出身の中村秀次郎という人の顕彰碑でした（明治35年4月建立）。詳しい内容は読めずわからずでしたが、激戦の中、中村秀次郎さんが「黒着物に白袴」で奮戦されたことを讃える内容のようでした。500字以上刻まれた、柴五郎さんの文を前にして、読めるようになりたい、と強く思いました。八女市立図書館で、もしかしたら何か情報が得られるかもしれません。

柴五郎さんを知ってからここ数年、その足跡を追っかけています。今回、八女公園の奉公碑の前に立ち、柴さんもこの碑の前に立たれたのではないだろうかと、思いを馳せながら手を合わせました。お世話になった方々のご恩やご家族への感謝、日本国のためにともに戦って亡くなられた方々の慰霊の思いをずっと忘れず、もち続けておられた柴五郎さんを私はこれからも追いかけていきます。

福田　道子

〝けやきのブログ〟を始めたきっかけは、『明治の兄弟　柴太一郎・東海散士柴四朗・柴五郎』である。第一回2009年7月1日〈本・ほん・ご本〉から今年で12年、記事数650。当初、柴五郎をよく書いていたので、興味がある方はバックナンバーからお願いします。

●2012年1月29日　柴五郎報告にみる資本主義列強なかまいり日本
●2011年10月7日　『北京籠城日記・回顧録』服部宇之吉
●2010年12月9日　義和団事変における柴五郎の活躍
●2010年12月12日　清廉潔白の人
●2009年10月21日　『ある明治人の記録』柴五郎、義和団事変・北京籠城

2011年東日本大震災原発事故。

気持ちだけでも応援したく福島・宮城・岩手を中心に書いていた。その間、取り上げた人物、また災害から立ち上がる東北の姿にこちらが励まされ学ぶことが多かった。

ちなみに、『北京籠城日記・回顧録』の著者、服部宇之吉は福島県（二本松藩）出身。帝国大学卒業の文学博士。明治～昭和期の東洋哲学者。清国北京留学中、北京一帯が籠城状態になり、籠城が解かれた後ドイツへ留学する。

帰国後、東大教授。また清国政府に招聘され北京大学で教え中国教員を養成した。その後、ハーバード大学その他で教授を歴任している。

〈北京籠城とその前後〉

1894（明治27）年─8月　日清戦争。

1895（明治28）年─4月　下関条約調印。

4月23日ドイツ・ロシア・フランス三国干渉。日本に遼東半島の清国返還を勧告、圧力をかけてきた。

1898（明治31）年―3月、ドイツ、清国杭州湾租借。ロシア、旅順・大連租借。
4月、米西キューバ戦争。柴五郎は観戦武官としてカリブ海へ。
7月、イギリス、威海衛租借。
9月、西太后のクーデター（戊戌の政変）。

1899（明治32）年―3月、清国・山東で義和団蜂起。

義和団はもともと一種の方術、拳法による結社で、排撃の目標は、まず自国民のキリスト教徒に向けられた。教民と一般民衆との間に関する紛争でも教民は優位にたち、宣教師も争い事にくちばしを入れた。面倒をひき起こして政府から譴責されることをおそれる地方官は、諸事、教民に有利な計らいをし、一般民衆の不満がくすぶりはじめた。

義和団はしだいに実力をふるって不満を代弁するようになる。「西教排斥」のスローガンは、やがて「扶清滅洋」へと高揚していった。ヨーロッパ列強による横暴は目に余る腹立たしいものになって、西太后の宮廷政府は「扶清滅洋」運動にひそかに共感し、「暴行」を取り締まる熱意に欠けるようになった。

1900（明治33）年―2月15日、田中正造、足尾鉱毒被災民弾圧につき衆議院で質問。
5月1日、南京同文書院、授業開始（翌年、上海に移し東亜同文書院と改称）。

北京の各国公使館は北京内城の東南部、公民巷と呼ばれる一画にかたまり、治外法権を享受していた。

5月31日、北京に義和団から逃れた大勢のキリスト教徒が公民巷に逃げ込んできた。情勢不穏のため各国軍艦から護衛兵が北京に入る。日本・イギリス・フランス・ロシア・ドイツ・オーストリア・イタリア・アメリカ八カ国の護衛兵は430人ほどで、数が足りないので各国とも義勇兵を募る。

6月はじめ。義和団は北京の周囲のキリスト教会、新教・旧教を問わず焼き、鉄道を破壊。そのため北京―天津間の交通が途絶え、援軍が北京に入れなくなった。そこで、わずかな兵と各国公使館員、避難民が籠城することになり、それぞれ持ち場を決めて守ることになった。

日本人の義勇隊は31人、この他に西公使、大尉2人、軍医に外国人義勇隊を会わせて150人ほどで日本公使館区域を守備することになった。

義勇隊員は服部宇之吉・西郡宗三郎ら学者、写真師、理髪師、植木師、時事新報・

東京日日の記者、「奉公碑」の中村秀次郎（福岡県士族）らであった。……義勇兵に武器はなく、鄭通訳官が猟銃、予（服部）が拳銃、その他短刀、日本刀が二、武器を手にしたのは10人ばかりその他は徒手なり……（服部宇之吉）。

6月11日　北京の日本公使館書記生・杉山彬、清国兵に殺害される。
15日　閣議、義和団制圧のため派兵決定。
20日　義和団、北京の公使館区域攻撃開始。
21日　清朝、列国に対して宣戦布告。
日本の婦女を英国公使館へ移す。義勇兵中村秀次郎、小島正一郎へ銃を支給し、陸戦隊と同様の勤務を命じる。
22日　清国官兵の銃撃が烈しく、各国兵が英国公使館に退却し、各国公使と協議したが、各自の公使館へ戻る。
25日　以下、柴五郎砲兵中佐談。

――アメリカの（守備する）城壁上の塁壁は、前門よりはげしき攻撃を受け、はなはだ危かりしをもって、ドイツ・イギリス兵駆けつけて応援し、ようやく支持いたし……（中略）……東阿司方面の戦いもなかなか盛んにて、わが義勇兵中村秀次郎氏は、フランス公使館の北裏門の哨所にて戦死いたしました。この人が日本人中第一の戦死者でありました。この他わが方面にて日本人四名負傷し、オーストリア兵一名戦死……

わが王府東北面の牆に穿ちし銃眼の外面に、敵兵は昨夜中に胸壁を築き、もってわが銃眼を無効に帰せしめんと謀りたるゆえ、この日黄昏、守田大尉はわが兵数名を率いて、王府の西面より突出してこれを破壊せり、この日、王府東面の銃眼を守れる中村秀次郎君、敵丸にあたりて即死す。君は日清貿易研究の大志を抱きて、北京に来たり、筑紫辨館にあり館主帰国中、独力館務を処理してすこぶる手腕を示せり。かつ、すこぶる胆力あり、錬磨を経なば有為の人物となり得べかりしに、一朝不帰の客となりしは惜しみてもあまりあることなり。

7月、〈籠城さなか、同胞の働きぶり〉(服部宇之吉)

――わが義勇隊の武装は貧弱なり、しかしてわが守備区域はただに延長の大なるのみならず、敵の攻撃最も猛烈なり。これは事実にして籠城者は何人も知るところなり。われらが少数にて難所を引き受け、しかも一致して常に快くその務めにあたりいたることは、深く外国人の心を動かし、ことに最も強く防禦司令官たる英国公使の心を動かしたりとみえたり……同公使は、中途より英国水兵を、また毎日義勇兵を二、三派してわが戦況を視察し、ロンドンタイムス北京通信員にして、公使以上の勢力ありと称せられたるドクトル・

モリソン、またしばしばきたりてわが陣地を視察せるなど……われらは良心の命ずるところに従いて行動したるまでのことなりしが……その司令官らを会して籠城の経過を報告せる際、口をきわめて同胞がよく難局にあたりて……公使館の守りを全くせる功の半は同胞にありといわれしときには思わず涙くだれりと。ふたたび涙を揮いつつ、柴中佐は義勇隊解散の日われらに告げられたり。

知らず、後年の日英同盟は、遠くこの籠城に源を発せるにはあらざるなきか（『北京籠城回顧録』）。

7月6日　義勇隊31名の隊長、安藤陸軍大尉が重傷を負い、同夜死亡。

10日　今日、柴は病気だ。誰もが非常に心配して、彼のまわりに所狭しとつめかけた（モリソン日記）。

――戦略上の最重要地である王府では、日本兵が守備のバックボーンであり、頭脳であった……日本を指揮した柴中佐は、籠城中のどの仕官よりも有能で経験もゆたかであったばかりか、誰からも好かれ、尊敬された。当時、日本人とつきあう欧米人はほとんどいなかったが、この籠城をつうじて、それが変わった。

日本人の勇気、信頼性、そして明朗さは、籠城者一同の賞賛の的となった。

籠城に関する数多い記録の中で、直接的にも間接的にも、一言の非難を浴びていないのは、日本人だけである（『北京籠城』ピーター・フレミング）。

16日　——籠城中の不公平な責任分担のあり方を指摘したいのだ。不公平の中でも、日本人たちは全員四六時中前線につき、泣き言一ついわず、わが身にむち打って耐えていた（モリソン）。

8月14日　日本軍、各国連合軍とともに北京城内に侵入。

15日　日本の第五師団の各部隊が続々入城し、各国公使館の包囲が全く解けた。日本の婦女が、英国公使館から日本公使館へ帰った。日本義勇隊、その任務が終わり解散を命ぜられた。

9月9日　清朝、義和団鎮圧令。

10月29日　加藤外相、清国の門戸開放・領土保全に関する英独協定に加入を通告する。

1901（明治34）年——1月、政府、北清事変費などのため増税案提出。

9月7日、清朝、独・露・米・英・仏・日など11カ国と北京議定書（辛丑条約）調印。

11月6日、イギリス外相、日英同盟条約草案を林公使に提示（翌

35年1月、日英同盟協約ロンドンで調印)。

参考資料：『北京籠城　他』柴五郎・服部宇之吉著、東洋文庫1988／『北京燃ゆ―義和団事変とモリソン』ウッドハウス暎子著、東洋経済新報社1989／『東洋戦争実記・北清戦史』東京博文館1901／『増補明治の兄弟　柴太一郎・東海散士柴四朗・柴五郎』中井けやき著、文芸社2018

2021
4.10

うらのはたけでポチがなく、唱歌集・田村虎蔵

日曜日、社会人一年生の男孫が、初心者マークをつけた車でひょっこり。運転慣らしに来たようだが、学生時代より締まった顔つきに一安心。コロナ禍で就活も大変だったろう、無事に滑り出せてよかった。

お祝いの食事に行きたいが、玄関先でマスク顔を見合わせて我慢した。何はともあれ、明るい気分で過ごせそう。孫は音痴の私に似ず母親似で音感がよくピアノが弾ける。孫に限らず楽器が弾ける人がうらやましい。

いまは誰もが自分流に音楽を愉しむ時代になったが、明治の昔はそうはいかなかった。その明治期、音楽教育で指導的立場にあった作曲家、田村虎蔵をみてみる。

ちなみに、田村は鳥取県出身。同県人に岡野貞一という作曲家がいる。岡野は高野辰之とコンビで「春が来た」「紅葉」、また文部省唱歌「桃太郎」などを作曲している。その岡野と高野の物語が、『唱歌誕生　ふるさとを創った男』になっている。

田村虎蔵（たむら とらぞう）

1873（明治6）年──鳥取県岩美郡岩美町で生まれる。

？　　年―鳥取師範学校卒業。一時、小学校教諭をし、東京音楽学校本科に入学する。

在学中、放課後に国語研究のために当時、本郷にあった大八洲学校に通学し、さらに外国の歌曲研究のため夜間、神田の国民英学会にも通学した。

また、新唱歌の作曲以外に、短歌や長唄などの歌詞を作ったりもしている。

1888（明治21）年―帝国議会でも「言文一致会」が組織され、田村らは「言文一致唱歌」運動を実践し、口語体の読みやすい歌詞による唱歌集を発行する。

1895（明治28）年―東京音楽学校本科専修部を卒業。東京高等師範学校教授、附属小学校教諭を兼務する。

納所（のうしょ）弁次郎と知り合い協力して文部省唱歌よりも、子どもに理解しやすい口語体を用いた音楽表現で、わらべ歌や日本の伝承音楽に近い、いわゆるヨナ抜き旋法を使った童謡の作曲につとめた。

『幼年唱歌』、次いで『尋常小学唱歌』を編集（のちの文部省編集、国定教科書の『尋常小学唱歌』とは別もの）。題材を、子ども好みのものに選定したこともあって大いに人気を博した。［はなさかじじ］［一寸法師］［大こくさま］など、その後の唱歌の流れを決定づけた。

——一般の文章は言文一致ではなかったから口語体の「うらしまたろう」を公にすると非難され、辞表を出す騒ぎになったが、東京高等師範学校長・嘉納治五郎が田村を理解して扶(たす)けた（『師範出身の異彩ある人物』）。

1897（明治30）年——この頃、「国語」の成立とともに唱歌の変貌が顕在化する。教科統合の思潮とともに徳育が重視され、「鉄道唱歌」「文典唱歌」などの羅列的な唱歌が機能する。

——田村虎蔵は代表的な唱歌作曲家であるが、その多くはピョンコ節、ヨナヌキ調のものである。ここに七五調が合わさり唱歌が完成するのだが、内容の「親しみやすさ」という新たな要素が加わることにより装置の機能は一層強力となる……題材が「国語」と関係するならば、その効果は絶大……歌詞を暗記することにより、題材も暗記できるという二重の利点をもつ『幼年唱歌』は、口語をふんだんに取り入れたという点で、画期的な唱歌教科書であった（『唱歌と国語』）。

1899（明治32）年―7月、兵庫県師範学校から東京高等師範学校兼東京音楽学校に転任する。

1900（明治33）年―田村は納所弁次郎と組んで『教科適用　幼年唱歌』を刊行。「国語」が小学校教科として成立。なお、唱歌も高学年になると文語文になっていく。［牛若丸］［浦島太郎］［金太郎］などの作曲によって、昭和初期へかけ童謡流行の先駆的役割を果たした。

［うらしまたろう］［おおさむこさむ］『幼年唱歌（初ノ中）』石原和三郎・作詞、田村虎蔵・作曲。

1901（明治34）年―『近世　楽典教科書』田中正平・校閲、田村虎蔵・編纂。

『公徳唱歌』渋谷愛・作歌、田村虎蔵・納所弁次郎・作曲。作成の主旨を指導する教師宛の文面までやさしい口語に徹した。

［はなさかじじい］［おおえやま］［牛若丸］石原和三郎・作詞、田村虎蔵・作曲。［牛若丸］は少年たちに人気があった源義経の、幼時から平家追討までの華やかな生涯を『義経記』により叙している。こうした「お伽噺唱歌」は桃太郎と同じく人気を博した。

［世界一週唱歌］　池辺義象・作歌、田村虎蔵・作曲。

1902（明治35）年――［二宮尊徳］『幼年唱歌（四ノ下）』桑田春風・作詞、田村虎蔵・作曲。

小学校の校庭にあった石像・二宮尊徳が題材である。真面目で堅い歌詞、曲は三拍子になっているが、音階は幼年唱歌調になっている。

1903（明治36）年――［虫の楽隊］『少年唱歌（初）』桑田春風・作詞、田村虎蔵・作曲。

『少年唱歌』納所弁次郎・田村虎蔵の共編。半数ぐらいが外国曲で上級になるにつれ増えてゆき、残りは納所か田村の曲であった。

日清・日露戦争の頃から国家主義・軍国主義の波に流される中で、時代に即応した唱歌・音楽教科書が求められ、その指導力が重視されるようになる。

1905（明治38）年──［白虎隊］『国定小学読本唱歌（高等科二）』作詞未詳、田村虎蔵・作曲。

［一寸法師］『尋常小学唱歌（二ノ中）』巌谷小波・作詞、田村虎蔵・作曲。『尋常小学唱歌』佐々木吉三郎・納所弁次郎・田村虎蔵の共編。国定教科書協同販売所の刊行。第一～四学年まで（五年は高等科一年になる）。『尋常小学唱歌』［大こくさま］／［電車唱歌］石原和三郎・作詞、田村虎蔵・作曲。当時、山手線の電車は、新橋・上野間が切れていて東京駅はなかった。自動車・バスも通っていず、市電は文明の最先端をいく花形交通機関であった。「地理教育・鉄道唱歌」の好評にあやかったらしい。ちなみに、地理唱歌は明治期だけでも72曲も存在する。

1906（明治39）年──［敦盛と忠度］『尋常小学唱歌（四ノ上）』大和田建樹・作詞、田村虎蔵・作曲。

「青葉の笛」の題でよく知られる平敦盛・平忠度という、一ノ谷の戦いで命を落とした平家の公達を哀悼した曲。虎蔵の曲は、しっとりして歌の内容にぴったり。彼の作品の中では最も多くの人に愛された。

「妙義山」『高等小学唱歌（二ノ上）』大和田建樹・作詞、田村虎蔵・作曲。

上州の名山、妙義山が、天下に知られるのに役だった。七音階の曲。『高等小学唱歌』：大橋銅蔵・納所弁次郎・田村虎蔵の共編。

外国曲が半数を占め、作詞は大和田建樹・桑田春風・佐佐木信綱・芦田恵之助・大橋銅蔵などであるが、納所・田村時代が去りゆく感が否めない（『日本の唱歌』明治編）。

「名誉之日本」大和田建樹・作歌、田村虎蔵・作曲。

1908（明治41）年――全国工業学校長会選定　「工業唱歌」大和田建樹・作詞、田村虎蔵・作曲。

内容は一．技術の力、二．真の技術者、三．工業の花、四．文化の恩人の4曲からなる。

1908(明治42)年―『堺市水道唱歌』大和田建樹・作詞、田村虎蔵・作曲。

堺市の風物の紹介をしながら、水道建設の意義を説く唱歌。歌詞の最後に「付録」として堺上水道給水料、さらに「堺市上水道敷設費決算表」、「明治四三年六月十五日文部省検定済」まで掲載。「ニュース唱歌」すなわち「際物唱歌」の一種といえる。際物唱歌。曲の力で歌詞を暗記させる具体的には修身唱歌、軍歌、鉄道唱歌などをいう。

1909(明治43)年―田村虎蔵編『教科統合　女学唱歌』。

『尋常小学読本唱歌』官製、文部省編集の最初のもの。「文部省唱歌」として作詞者や作曲者を伏せた形で示されるが、作詞者が分かっているものが多い。『名古屋唱歌』大和田建樹・作歌、田村虎蔵・作曲。

1911(明治44)年―『国民教育　日本唱歌』芳賀矢一・作歌、田村虎蔵・末岡保・作曲。

――唱歌が純粋に音楽教育を目的にしたものではなく、他教科の補助科目という性格を強く示している。二十五番までである。

1913（大正2）年――田村虎蔵著『尋常小学唱歌教授書』第一～六学年用。

田村が十数年間、東京高等師範学校教授職にあって、付属小学校・中学校での唱歌授業も担当した経験が豊かに活かされた内容である。

1914（大正3）年――※34志賀潔著『肺と結核』に、日本結核予防協会が懸賞選定の「結核征伐の歌」（上田万年・校閲、遠山椿吉・作歌、田村虎蔵・作曲）掲載。

1915（大正4）年――「我が札幌」石森和男・作歌、田村虎蔵・作曲。

1926（大正15）年――4月、田村虎蔵編『検定唱歌集』尋常科用、10月、高等科用。

1932（昭和7）年――田村虎蔵編『最新オルガン教科書』。

1934（昭和9）年―『最新昭和小学唱歌』〔日本海海戦〕芦田恵之助・作詞、田村虎蔵・作曲。

日本の音楽教育の最前線を歩いていたが、同校勤務が長きにわたるうちに、晩年の大正以後、昭和の頃は、保守・反動の徒の待遇を受けていた。

1943（昭和18）年―死去。享年70歳。

参考資料：『日本の唱歌（上）明治編』金田一春彦・安西愛子編、講談社1977／『唱歌誕生 ふるさとを創った男』猪瀬直樹著、小学館2002／『唱歌と国語 明治近代化の装置』山東功著、講談社2008／『童謡唱歌でたどる音楽教科書のあゆみ 明治・大正・昭和初期中期』松村直行著、和泉書院2019／『師範出身の異彩ある人物』横山健堂著、南光社1933

※34 けやきのブログⅡ2013年3月16日 赤痢菌を発見した細菌学者・志賀潔〈宮城県〉

2021
4.17

岐阜県、伊吹山、『大菩薩峠』 膽吹の巻

【レトロの美】上麻生えん堤、岐阜県白川町〈谷底に威風堂々〉（毎日新聞２０２１年４月11日）

――岐阜県を流れる飛騨川の景勝地として知られる飛水峡に、まるで西洋の城郭のような「上麻生えん堤」が存在……２０１８年に土木学会選奨土木遺産に選ばれ、現在も建造当初の姿で再生可能エネルギーの水力発電に貢献している。

説明に加えて、「飛騨川の切り立った岩の上に建つ上麻生えん堤」「飛騨川の水位・水量を著説する上麻生えん堤のローリングゲート」の写真がかっこいい。

コロナ禍のさなかもあり見に行けないが、これも何かの縁、白川町を見てみた。

――飛騨川の上流、八百津町に隣接、町域の大部分は御岳山系の山地につづき、白川・黒川・赤川が流れ飛騨川にそそぎ……峡谷は飛水峡と呼ばれる魅惑的な渓谷である。この町は白川茶の名産地で、白川温泉は俗化しない閑寂な温泉郷として愛されている。

白川町を確認ついでに、日本の真ん中の岐阜県の地図を見る。県の形がユニーク、しかも7県（愛知・長野・富山・石川・福井・滋賀・三重）に隣接している。これほど多くの

県と隣接する県が他にもあるのかな。

そんなこと思いながら地図を眺めると、訪れたことがなくても歴史、産物、景色や風情までも思い浮かぶ名所旧跡がいくつもある。


まず、岐阜といえば織田信長・斎藤道三。岐阜公園に「城あとや古井の清水まずとはん」芭蕉の句碑がある。美濃に足跡を残した芭蕉の「奥の細道」むすびの地は大垣である。また、美濃には志士で漢詩人、梁川星巌（やながわせいがん）の漢詩結社、白鷗社があった。

関といえば刃物・刀剣、関ヶ原とくれば古戦場、不破は古代三関の一つで芭蕉の、「秋風や藪も畠も不破の関」は有名。

美濃から郡上、下呂、さらに山襞（ひだ）の飛騨には合掌造りで有名な白川郷がある。知ったかぶりでいろいろ並べたが、実際どこへも行ってない。思えば、岐阜県は新幹線で通り過ぎてばかり。ただ、伊吹山を滋賀県側から眺めたことがある。


一昨年、友人と琵琶湖周遊、紅葉の旅を楽しんだ。その節、バスの窓から息吹山を目の当たりにして、思わず「ああ、これが伊吹山」。

何度も読み返した大長編『大菩薩峠』（中里介山著、角川文庫・全22巻）、どこを読んでも面白いが終盤近くの〈膽吹（いぶき）の巻〉もお気に入り。その舞台でもある伊吹山を目にしたら山容が思い描いていた通りなのがうれしく、思わず声が出た。

『大菩薩峠』、幾度となく映画やテレビになっているから知る人は多いだろう。しかし、それらは本編のほんの一部でしかない。

大正2年『都新聞』に連載がはじまり、甲州裏街道、大菩薩峠からはじまった物語は巻を追うて生生、発展し、舞台はとほうもなく広がり、人間模様は複雑化していくのである。

主人公机龍之介はやがて盲目になってしまうのだが、それでも彼は血を求めてさ迷う。そんな龍之介を手助けしたかと思えば、次は閉じ込めようとする女性、お銀様が登場する。

〈膽吹の巻〉の主な登場人物。

盲目となった主人公机龍之介、二人のヒロインお銀様とお雪ちゃん、そこに毎度お馴染み米友や道庵、弁信らが現れる。

実際に息吹山に登って、物語シーンとつきあわせたら面白そうだが、現在は観光化されて賑わっているようなので、山道をゆっくり歩き物語をたどれるかは分からない。

『大菩薩峠』第二一巻「膽吹の巻」

――宇治山田の米友は、山形雄偉なる息吹山を後ろにして、頻りに木の根株を掘っています。その地点をみれば、正しく息吹山の南麓であって、その周囲を見れば荒野原……そのうちのある一部分に向かって鍬を打卸しつつ、米友が一人空々漠々として木の根を掘りつつあるのです……

……不破の関の関守氏の紹介によって、お銀様が西美濃の地に、可なり広大な地所を購入し……お銀様独流の我が儘な、自由な、圧制者と非圧制者のない、搾取者と非搾取者のない、しかしながら、統制と自給とのある新しき王国を作ろうと……ここへ来てみると、これは見る通り息吹山の南麓より山腹にかけて……彼女は王国の礎を置くことになったらしい……

「さあ、お雪さんお山へのぼりませう」

「まあ、この夜中に……」

「夜中なればこそです、息吹夜登りと言って……なに怖いことがあるものですか、見た目では恐ろしい山のようにみえますけれども、日本国中、こんな美しい山は無いとさえ言われているではありませんか」

「世間並みの萩や、すすきや、桔梗、女郎花(おみなえし)の秋草が一杯咲いているうえに、この山でなければ見られない花という花が沢山咲いています、息吹の百草と言いますけれども、百草どころではありません、五百草も、千草も、三千草も、花という花はみんなこの山にあるのです……ここのは本当に花野原……花という花がみんな、人間味を以て咲きそろっているのですから、同じ美しさにも温かみがありますのよ」……

「頂上へ行くと、とてもながめがまた日本一です、北小野法の高山という高山が、皆んな眼の中に落ちてくるとともに、南の平野も、西の京洛も、それにあの通り日本一の大琵琶の湖が、眼の下に控えている……文永の昔、息吹の彌三郎という山賊がこの山の頂上に腰掛けて琵琶湖の水で足を洗いました、その時に湖水を取り広げようとして土を運びましたが、その土の畚(もっこ)の中からの落ちこぼれが、あの竹生島や、沖の島……東の麓には俗に泉水といわれるところがあって、そこには千人の人を容れられる洞穴が……

伊吹山

岐阜県揖斐郡揖斐川町（旧春日村）と滋賀県米原市（旧坂田郡伊吹町）との境、伊吹山地の主峰。1377m。山麓は針葉樹・広葉樹林地帯。山頂に測候所。南西斜面はスキー場。琵琶湖国定公園に属する。

三合目以上は草地で、花の種類は約1700におよぶ。織田信長がポルトガル人宣教師に命じて薬草園を開き、江戸時代以来「伊吹もぐさ」で著名である。

西側以外は美しい斜面が残り、動植物・先史遺跡とともに学術上の価値が高い。

百人一首「かくとだにえやは伊吹のさしも草　さしも知らじな燃ゆる思ひを」（藤原実方）他多くの文学作品にあらわれる。

伊吹県立自然公園

岐阜県西端、息吹山を中心とする山岳公園。古生層の石灰岩からなる伊吹山は琵琶湖・北アルプス・濃尾平野の展望が雄大。三合目以上は草原帯、とくに薬草に特色。付近にはキャンプ・スキー場も多い。山麓に関ヶ原の古戦場。他に城跡・古墳が多い。

伊吹山地

岐阜・滋賀両県の境をなす山地。東・西側が断層崖、南側は関ヶ原の狭隘部をへて鈴鹿山脈に相対する。

花崗岩と古生層の砂岩・粘板岩などからなる。南端部の伊吹山付近は、上部に石灰岩が押しかぶさる。北西へは金糞岳・横山岳と連なり、福井県境に至る。

伊吹町

滋賀県坂田郡にあった、伊吹山南・西斜面と姉川の谷を占める農山村地域の町。現米原市伊吹。

伊吹山伝説・日本武尊(やまとたけるのみこと)

――伊吹山は美濃と近江の国境にあるさほど高い山ではない。しかし、気流の関係か、山頂には、濃霧のたちこめることが多く、何となく陰惨な感じを与える山であった。悪い神の息吹がいつでも漂っているのか。本当にそういった暗い、神秘な影の濃い山なのである。（『日本武尊』）

――日本武尊は東征の帰途、伊吹山に荒神ありと聞きて征伐に赴かれたるに、山神大蛇と化して路上に横たわる、武尊これを見て「是れ恐らく妖神の使臣であろう」と歯牙にもかけず、大股に跨いで過ぎ給うた、荒神たちまち雲を起こし氷を降らし、濃霧峰を覆い谷に噎びて咫尺を弁ずべからず、辛うじて之を突破して下山せられたが、毒気に中って昏睡状態となり、山下の醒ヶ井の水を飲んで漸く醒めたが、それより伊勢に出でて病を得、遂に能褒野に置いて卒然逝去せられた……記紀に載するところの伝説によって名高い山で、山頂に尊の石像が建っている。

然しその石像たるや、すこぶる非美術的な、むしろ滑稽味をすら感ずる抵のものである。

（『療養遊覧　山へ海へ温泉へ』）

――伊吹艾（もぐさ）は世人の夙に知る処、風露草もまた一般に重んぜらる。時今少し遅かりしならば、全山の薬草、花開きて、空中に一大百花園を現ぜしものを。

幸いにこの不足を補いてあまりあるもの、頂上に於ける夜明けの景たり。（岩野泡鳴）

参考資料：『新潮日本文学アルバム／中里介山』1994／『郷土史事典　岐阜県』昌平社1982／『岐阜県の歴史』光文書院1979／『日本地名辞典』三省堂1996／『日本武尊』鈴木啓介著、至文堂1944／『療養遊覧　山へ海へ温泉へ』松川二郎著、日本書院1923／『岩野泡鳴全集』（伊吹山上の記憶）国民図書1921／『岐阜県の歴史散歩』山川出版社2006／『岐阜県の歴史』山川出版社2000

〈厩舎全焼「相棒」を失った〉岐阜大馬術部

――創部70年以上の歴史をもち、1980年代前半に現キャンパス移転後、敷地内の一角にある厩舎や馬場で活動してきた。学内で馬を飼養する恵まれた環境で、獣医学などを学べる生物系学部もあり……火災後……3頭を譲り受け、再建へ支援励みに（大学スポーツ365日・毎日新聞2021年4月18日）。

2021
4.24

法を守り、道理に従い、人民を治めた漢学者、林鶴梁

春は風、そよぐ若葉に誘われ外へ出たくなる。しかしコロナ禍、窓から眺めているしかない。お家時間を有効にしたいが、「明るすぎる窓辺は読書に向かない」は言い訳、いつしか活字中毒が消えてあまり読まなくなった。

活字中毒の時は手当たり次第、洋の東西を問わず何でも読んだ。その名残が本棚にギュー詰めの文学全集、ろくに読んでない『三木清全集』、黄ばんで栞の紐も切れた文庫本いろいろ、『赤毛のアン』全9巻もある。断捨離したいが捨てられない。

『中国古典文学大系』全巻を一度手放したが再度購入、全60巻ずらーっと並んでいる。『史記』『三国志』はもちろん唐、宋・元・明の漢詩・通俗小説・戯曲・仏教・歴代の笑話まで幅広い。たまーに読み返す。

『清末明国初政治評論集』は、ヨーロッパ近代文明の波に洗われた旧い中国が、新しい中国に形成されていく時代の評論集で日本でも知られた学者が執筆している。この類は、正直少ししか読んでいないが、百数十年昔の日本と中国、学者・文人たちの交流や考え方を知る参考になりそう。

——洪秀全・張之洞・康有為・梁啓超・譚嗣洞・孫文・胡適・陳独秀・魯迅・毛沢東他

いろいろある。

ところで、令和3年の日本、社会と学者・権力と学問のありようが問われている。難しいことは分からないが、異説や好まない説をただ排除するのはどうか。相手が間違っていると思うなら拠り所を確かめ議論すればいいのに、問答無用で追い払うのは如何なものか。

幕末期、黒船来航に危機感を抱いた有志、学者は上を畏れず意見を述べた。林鶴梁（かくりょう）という漢学者もその一人であるが、考え方や経歴はかなり興味深く魅力がある。その生涯を見てみたい。

林（はやし）　鶴梁（かくりょう）

1806（文化3）年―8月13日、上野国群馬郡萩原村（現群馬県高崎市）で生まれる。

父・佐十郎はお箪笥同心。名は、長孺。通称は鉄蔵・伊太郎。

鶴梁は豪傑、物議をかもし人を驚かせる乱暴者であった。放蕩無頼の生活を送っていたが、鶴梁の文才に注目した藤田東湖に推され心を入れ替え、学問を志し昇進の道を得る。

1830（天保元）年――古文を長野豊山に学ぶとともに、経書を※35松崎慊堂について学び、文名をあげる。

1845（弘化2）年――甲府勤番の子弟の学問所である徽典館の学頭、教官となる。甲府では私財を出して貧しい学生を援助した。

1853（嘉永6）年――アメリカ東インド艦隊司令長官ペリー、軍艦4隻を率いて浦賀に来港する。

この年、鶴梁は遠江中泉（現静岡県磐田市）の代官に昇進した。鶴梁は任に当たり民財を費やさず、訴訟があれば無実の罪が無いように耳を傾け、請願を断り賄賂を禁じた。そこで当地の人びとは「参州遠州は福星を得たり」と歓迎した。

また、三河・遠江の詳細で正確な地図を作成し幕府の信を得る。

1854（嘉永7／安政元）年11月4日、駿河・遠江・伊豆・相模に大地震・津波。倒壊流出8300戸、死者1万人余。続いて伊勢湾から九州東部にかけて大地震。

鶴梁は官庫の米を被災者に供出する善政を行っただけでなく、私財130金を出して麦や稗を買い、永続して窮民を救済する「恵済倉」に蓄えた。さらに、富豪をつのって足らない分を補ったので、人びとは喜んだ。

さらに、※36社倉に基づき「称貸収息立本」の法を設けたが、成立しないうちに転勤になってしまった。

1858（安政5）年─出羽幸生（山形県寒河江市）の銅山奉行に任ぜられ、銅鉱採掘に実際的手腕を発揮。

幸生の銅坑は30ほどあったが、ほとんど銅がでなかった。そこで、鶴梁は従者十数人と、おのおの灯りを手に坑内に入って銅のある場所を捜索した。

──工に命じて布大小百数を裁ち、各々大直利の三字を染め成し、大なる者は赤布白文幟を山に立て、小なる者は白布青文手巾を製し額を抹し、酒を載せ肉を盛り、役

※35 松崎慊堂：儒学者。肥後国益城郡の出身。晩年、蛮社の獄では門人・渡辺崋山の赦免運動に尽力した。門人に安井息軒らがいる。

※36 社倉：備荒、貯蓄のための倉。領主の奨励金米あるいは農民が持ち高を出し合い飢饉などに備える。会津藩主・保科正之が始めたともいわれる。

夫を鼓舞し以て坑内に赴かしむ、旬日果たして銅三千斤を得、……大いに喜んで曰く官の賜なりと……　幕政孺を以て吏務に任ずるもの、岡本花亭、※37羽倉簡堂など数名に過ぎず、鶴梁これと誉れを均しくす……（『近世百傑伝・続』）。

1859（安政6）年―江戸に戻ると、外圧に対し藤森天山とともに鎖国論を唱えて水戸藩主・徳川斉昭に兵権をゆだねる謀議を企て、世に容れられず失敗する。

その後は、詩文に隠れて政治の表舞台から遠ざかり、屋敷に梅の木を百余本植え、花香月影の間に優游の日々を過ごす。

鶴梁の心にはただ徳川氏あるのみ。羽倉家の養子となった次男が戊辰の戦で戦死すると、骨を原野にさらし以て徳川氏に答えている。

1863（文久3）年―学問所世話頭取心得。

1864（元治元）年―7月、※38佐久間象山暗殺される。

――〈鶴梁、象山の良死を得ざるを予言す〉

ある人、鶴梁に問うて曰く、象山死すべきか、鶴梁の曰くこれ詩禍のみ憂ふるに足らず、その京都に上るや、天下の人皆な之を栄とす、鶴梁独り嘆じて曰く、象山果たして良死する能わずと、既にしてその言の如し、人其の知言に服す（『近世偉人百話［正編］』）。

1868（明治元）年―9月8日、明治と改元。

鶴梁は能吏で文名もあったが、維新後も幕臣であることを貫きとおして新政府に仕えなかった。そして、麻布谷町の屋敷、梅花深処で門生をとり教えた。

1878（明治11）年―1月16日、自邸、梅花深処で死去。享年73歳。

※37 羽倉簡堂：幕政家・儒学者。蛮社の獄を危うく逃れ、老中水野忠邦に用いられた。「海防秘策」を阿部正弘に上陳、藤田東湖らと時務を論じるなど見識・手腕に富む。

※38 佐久間象山：思想家・兵学者。1854（安政元）年、吉田松陰の事件に連座し江戸小伝馬町の牢に入り、松代に蟄居。1862（文久2）年、蟄居赦免となり長州・土佐藩の招聘を受ける。1864（元治元）年、幕命により上洛。京都三条木屋町で暗殺され、知行・屋敷地とも召し上げられる。

後年、1922(大正11)年7月、東京府・名所史跡保存会から赤坂区霊南坂町十番地、澄泉寺に、「史蹟、林鶴梁墓所、甲府に仕ヘテ、吏務ヲ兼ネタル名誉ノ儒者ナリ、東京府」の一札が建てられる。

――桜所子曰、鶴梁碩孺にして[※39]循吏なり、勤皇の志ありて、而して徳川氏に忠、その心情亦悲しむべきものあり(『続・近世百傑伝』)。

鶴梁はその卓越した学問と見識によって、水戸藩主・徳川斉昭、信州松代藩主・真田幸貫、福井藩主・松平慶永、佐賀藩主・鍋島直正など幕末の名君と親交があった。

鶴梁には二男三女あり。次男・鋼三郎は羽倉簡堂の養子となり、戊辰戦争の際に上野須賀川(福島県)で戦死し、長男・国太郎は既に亡く、孫の圭次があとを継いだ。

〈林鶴梁の著述〉

『鶴梁文鈔』正篇10巻・続篇2巻。とくに正篇巻末の「麻渓紀勝」は、麻布近辺の折々の風物を印象的に描いた名文として知られる。この漢文で著した『鶴梁文鈔』は夏目漱石、三田村鳶魚など明治時代のインテリ青年の愛読書として知られる。

『林鶴梁日記』6巻が刊行されているが、漢文なので筆者にはとても歯が立たない。

それはさておき、38歳から56歳まで19年間の日記は、当時の世相が分かる書物として高い評価を受けている。

参考資料：『近世偉人百話・正編』中川克一編、至誠堂1909〜1912／『続・近世百傑伝』干河岸貫一著、博文館1901／『墓碑史蹟研究』磯ケ谷紫江著、墓碑史蹟研究発行所1924

※39　循吏：法を守り道理に従って人民を治める役人。

夏の記

2021
5.1

東京墨田、明治の向島

新茶の季節。本店が東京上野のアメ横という近所のお茶屋さんの店先で、あれこれ話をするのが愉しい。先日は、「上野駅正面に都電がたくさん並んでいた」「乗車賃はたしか14円」と言ったら、若旦那は目をパチクリ。

上野の住民でも都電が走っていたのを知らない。親たちの思い出話にさえも登場しないのだ。明治・大正どころか昭和も遠くなった。

ちなみに、上野駅正面の線路が並んでいた広い通りは現在、高速道路下になっている。図書館で「都電」を検索すると、愛好家が多いらしく昔と今の沿線風景・路線・車輌・歴史など本がたくさんあった。

そのなかの「都電がいる光景」、たとえば有楽町の数寄屋橋、上野広小路を都電が行き交う写真など見つつ思い出に浸った。

東京の都電は荒川線を残すのみだが、全国には元気に活躍中の路面電車がある。消えた都電を惜しみつつ懐かしむのみだが、今尾恵介著『路面電車──未来型都市交通への提言』（ちくま新書）を読むと、懐かしむだけでいいのか考えさせられる。

それはさておき、都電のある風景写真を見ていると、上野、家族と出かけた浅草、勤め先があった日本橋、映画を見に行った銀座を思い出す。会社のお使いでうろうろした渋谷駅周辺、方向音痴の私は世田谷へ行く玉電に乗るのが大変だった。

よく利用したのは、都電30番【須田町⟷寺島二丁目】。

上野駅正面から乗った。仏壇通りの浅草田原町・雷門・浅草・吾妻橋一丁目・言問橋を過ぎて向島三丁目で降りる。通りの真ん中で降りたら車に注意して通りを突っ切り、商店街を駆けだせば目的の伯母さん家はすぐだ。

途中に鰻屋がある。店先の樽を覗くと、鰻がいっぱい上を下へと動き回っていて気持ち悪い。見なきゃいいのに、つい見てはウァー。そのせいで蒲焼きが食べられない。

夏休みとか長期休みはいつも向島へ泊まりに行った。宿題は家に置きっ放しで遊び放題、ときには隅田川の向こう浅草に連れて行ってもらった。面白くて楽しかった。

ちなみに、実家の本籍は浅草、しかし道楽者が家をつぶしたそうで今は何もない。

向島は自分にとって懐かしくて楽しい場所だが、それより江戸の昔から文人墨客が訪れる地であった。また向島を愛する著名人が多く住んだ地でもあり多くが詩文を残した。

国立国会図書館デジタルコレクションで閲覧できるものもある。それらを読めば、東京スカイツリーが建つ前の粋な向島が偲べるかもしれない。

――向島といふのは、徳川将軍家が隅田川の御殿から関屋川を隔てて、向ふにある関屋の御殿を向ふの島と呼んだところから……。(『聴雨窓俳話』角田真平著、博文館1912)

――(向島終点)この辺は江戸の近郊である。明治通りを左に行ったところに百花園があり、隅田川に沿って、長命寺や水神様の隅田川神社などがある。昔は船遊びで、「ちょっと向島の水神まで」といった具合で、粋人の寮もあった。(『続・都電百景百話』雪廼舎閑人著、大正出版1982)

――(向島百花園)春夏秋冬、都人士の足を絶たざるを向島百花園となす。中にも秋は此の園が生命とするところで、毎歳秋期には虫聴会などといふのが催ほされ、風流人士の杖を曳くものが少なくない。(『昭和人事総覧』聯合人事調査通信社1929)

――春の向島は雑踏するから俗だなどといふ人があるが、桜は陽気な花田から、賑やかな処に趣味がある。お多福の面を被って花の下をいく人、三味線を弾きながら堤の下を通る人、いづれも桜の花と相対して面白味をもつて居る。寂しい処に寂しく咲いた桜の花は却って俗である。(『小剣随筆　その日その日』上司小剣著、読売新聞社1905)

――木母寺。梅若丸の伝説で有名であり、その霊を祀る小堂が梅若堂と云つて所謂梅若塚の上にあり、堂前に多くの碑がたっている。榎本武揚氏の銅像、発起人に渋澤栄一・大隈重信・大倉喜八郎などの名が見える。川柳翁碑、震災追悼碑、日露戦役従軍記念碑、柳北成島先生碑、芭蕉涅槃碑などなど、佐久間象山碑も見える。（『大東京史蹟案内』一高史談会編、育英書院1932）

――明治年間、向島の地を愛してここに林泉を経営し邸宅を築造した者は少なくない。思出るがままにわたくしの知るものを挙れば、華族には榎本梁川（武揚）がある。学者には依田学海、成島柳北がある。詩人には伊藤聴秋、瓜生梅村、関根痴堂がある。書家には西川春堂、篆刻家には浜村大澥、画家には小林永濯がある。俳諧師には基角堂永機、小説家には饗庭篁村、幸田露伴、好事家には淡島観月がある。皆一時の名士である。

然し、明治四三年八月初旬の[※40]水害以後永く其の旧居に留まった幸田・淡島・基角堂の三家のみで、其の他は是より先、既に世を去ったものが多かった。

堤上の桜も亦水害の後は時勢の変遷するに従い、近郊の開拓せらるるにつれて次第に

※40　水害：1910（明治43）年8月8日東海・関東・東北地方一帯の豪雨、各地に大洪水。鉄道・通信不通、浸水44万3000戸。うち、東京府18万5000戸。

枯死し、大正の初に至っては三園堤のあたりには僅かに二三の病樹を留むるばかり……。
（『荷風随筆』永井荷風著、中央公論新社1996）

――（東京向島の景色） 川の向こう堤は有名な隅田堤でありまして鳥居の先に僅かに見えますのは※41三囲（みめぐり）稲荷の社で春の弥生はなかなかの賑わいであります。桜の花は八重が多くて余程見事であります。この堤（どて）は枕橋から千住大橋近くまでおよそ一里もありましょう。また三囲より隣りまして牛の御前の神社があり長命寺、木母寺、白鬚神社などありまして

……橋場の今戸、左手の高見にあります待乳山の聖天（しょうてん）から向島を見渡しますとどうも佳い景色であります。かの夕暮という謡、月の風情を待乳山と申すのはこのことであります。（『少年必携学術幻灯会』篠田正作著、中村鐘美堂1891）

――〈向島〉二業連合会支部・芸妓屋組合事務所
（料理之部）（待合之部）（芸妓屋之部）：屋号と人名は割愛。（『料理待合芸妓屋三業名鑑』附・貸座敷、公周旋著、日本実業社1923）

――紐育（ニューヨーク）のハドソンのリバーサイド又ポートランドのハイウエ或いは

ゼネバーの夕河岸の月、いづれも好風景であるが、我が隅田川は彼等に比して劣る眺めと云はれまい
……和田氏は一生ほとんど向島住居……然るに近年身分の向上は、社会の総問屋で我が家自ずと人の京(みやこ)で、居を中央に置くの必要からやむなく去年、麻布の大いなる邸宅に移ったのであったが、しかも小花の咲く向島の旧宅は如何に死にまで名残りであったろう。因みに、この旧宅は元、幕臣で明治の文豪・成島柳北の邸址であったとか。
(『※42和田豊治氏と其の言行』矢野滄浪著、時事評論社1924)

※41 三囲稲荷:「向島の風色(ふうしょく)」・三囲稲荷。向島の入り口なる小梅村の堤下にある小さな社で、(榎本/宝井)基角宗匠が、雨乞いに
夕立や　田もみめぐりの　神ならば
と詠んで雨を降らせたというはこの稲荷である(『日本の名勝』正木貞二郎著、科外教育叢書刊行会1918)。

※42 和田豊治:明治大正期の実業家。豊前中津藩(大分県)儒学者の長男。武藤山治とともに渡米。紡績業界の巨頭といわれる。

2021
5.8

〝医は仁術〟上は徳川将軍から庶民まで治療、浅田宗伯

〈黒船土産大コロリ〉

――イヤ恐ろしいの怖いのと言ってあんなのも珍しかったです。いま話していた仁が晩には斃れたという……もう焼き場へ持って行かれたという騒ぎなんです。実に義理も人情もなくなってしまって……まだ一人身だがトテモ神経がビクビクして今にも自分が伝染れそうですから、いっそこりゃア大阪でも高飛びした方がよかろうと、臑一本の身だけで出かけて行きました。汽車があるじゃアなし、東海道を品川大森川崎と往く、その路々だってアスコにもココにもなんです。

〈橋の水掃除〉

――両国橋は棺が百個通ると掃除をした。水で清めて洗ったもの、ソレが日に幾度もなんで、棺なんざ間に合わないで……御屋敷方では御作事でドシドシ棺桶を拵えていたというんですが、どうしたら宜いか分かりませんで、しまいには「どうともなりゃアがれ」と酒も呑めば食べたい物も食べるようになりましたが、いつか漸々と減くなりました。(『増補・幕末百話』篠田鉱藏著、岩波書店1996)

激変期の日本社会、幕末から明治にかけてコレラの話が各地に伝わっている。情報過多も困るが、マスコミ未発達、人から人への心配ニュースは不安を倍増させただろう。コロナ禍にさらされてみると、当時の人々の焦りや心配がよそ事とは思えない。困ったときの神頼みならぬ頼りにしたいお医者様である。

ところで、医者も人の子、いろいろである。自分を含め一般庶民は有名病院の高名な先生に治療を受け難い。それは医者のせいというより金の世の中、医療の仕組みもありそう。しかし、いつの時代にも身分や貧富で選別することなく治療する医師はいる。明治前期の大御所的漢方の名医、浅田飴の創立者・浅田宗伯もその一人である。

浅田(あさだ)　宗伯(そうはく)

1815（文化12）年―5月22日、信濃国筑摩郡栗林村（現長野県松本市）、漢方医・浅田済庵の長男に生まれる。名は直民、のち惟常。宗伯は通称。字は識此。号は栗園。

――余は生まれつき健康ではあったが、ただ性質が愚鈍の方で、幼少のときは、孝経、論語、詩書の句読を父に教わり、また左氏文選を木澤天倪に学んだが、どうしてもその義を解すことができなかった。師匠もこれには閉口して、見下げていたようである……また友達と一緒になって、戦国策を読んだことがあるが、これもまた解しがたく……読書はこんな具合であったが、士気の方は、一般の児童とは多少変わっていた。閑さえあれば、古の英雄豪傑の伝記を読んでその人物を慕い、同じ気持ちになって、今に見ろと常に心の中に絶叫したものである。祖母もまた常に余の側に来られて、厳しく監督をしてくれた（『漢方医学余談』中山忠直著、中西書房1929）。

?年──江戸の高遠藩医・中村仲倧に入門、漢医方学を学ぶ。

1832（天保3）年──京都に遊学する。生活は困窮したものの中西深斎や吉益の門生とともに『傷寒論』を研究した。

──性格は豪傑をもって自認「身は医家に生きたるを以て医学を修めたれば、大医は天下を療し、その次は人を療すといえる志ありて……天下の病夫の疾患を救済せん」……文学の才ありしを以て、医を学ぶの傍ら経（儒学）を猪飼敬所に、史学を頼山陽に学ぶ……皇朝名医伝は山陽の奨励を得、二十年を経て大成刊行するに至りたり（『浅田宗伯翁伝』赤沼金三郎著、寿盛堂1895）。

? 年―地元や京都で※43古医方を修め、一時帰郷して開業する。

1836（天保7）年―江戸に出て剃髪、宗伯と称し開業した。しかし、患者が集まらず生活は困窮。やがて、幕府の医官、本康宗円と出会い諸家に紹介される。

1839（天保10）年―この頃、本康宗円、多紀元堅ら江戸の有力な医師たちと親交を結び、また医業も進み広く知られるようになった。

1855（安政2）年―幕府の御目見得医師となり医学館に出仕、また『※44医心方（いしんほう）』復刻の校正に加わった。

※43 古医方：日本の漢方医学は、17世紀後半に興った医学革新（古医方）により中国とは違った展開を見せ、今日に至る。

※44 『医心方』：30巻。丹波康頼著。わが国現存最古の医書。

1857（安政4）年―8月、幕府の依頼により、フランス公使[※45]レオン・ロッシュの難病を治療。フランス皇帝から時計などを贈られ、医名は海外にまで届いた。

1858（安政5）年―この当時、年間の患者数が約3000人に達した。医学と医術が二途に分かれていることを批判し、病理治療法合一を説き、また西洋医学を烈しく論駁して門人を増やした。

1866（慶応2）年―将軍家茂が大阪で病を得たため大阪に赴く。家茂の脚気腫満を治療、奥医師に昇進。

江戸に帰ると天璋院（篤姫）など大奥の侍医となり、法眼に叙せられた。天下の時事を論じ、和宮の命を受け国事に奔走。

江戸漢方医界の大御所的な存在として多彩な学識と臨床手腕を発揮、密使の役も果たす。

1868（明治元）年―4月、江戸開城にあたり和宮と天璋院の命を奉じ、総督・有栖川宮に拝謁し、江戸城下の鎮静を願い出る。

——常に世を憂うる念にかられ、幕府末路の頃は執政の諸士とともに、時代の思潮を論じ、互いに腕を扼し卓を叩いたものである。殊に親交の深かったのは、厩橋公、川越侯、吉井侯、川路左衛門、水野筑後、小栗上野……この他に藤森天山、羽倉外記、林鶴梁……国家を憂うるの士とは、出家処士の別なく、親交を続けたのである（『漢方医学余談』中山忠直著、中西書房1929）

維新後、東京牛込に一時隠居するも、深い学殖と実地医療の手腕が評価され、西洋医学導入後も朝廷に召され、尚薬（薬司の長官）・東宮（大正天皇）の侍医をつとめる。漢方医では最後の侍医。

1871（明治4）年—牛込横寺町（新宿区横森町）に浅田学塾を創立。薬価を問わず、「医は仁術」を旨とし治療と、後進を指導。

1878（明治11）年—漢方医家を糾合、漢方医の結社「温知社」を組織。

※45 レオン・ロッシュ：幕府を師事して積極的な対日政策を推進、イギリス公使パークスと対立。

政府の医制改革に抗議、漢方存続運動を展開、漢方医界の復興に尽力する。

——明治維新後、明治政府の西洋医学採用路線によって、公認の医学は西洋医学一辺倒となり、免許医師は西洋医学を修めたものに限られ、従来の漢方医は一代限りで廃絶の運命にみまわれたため、漢方は衰弱せざるを得なくなった。

しかし、免許医師のあいだでの漢方研究の自由は認められていた。やがて、治療学として漢方の優位を論ずる在野の医師があらわれ……戦後は、近代医療に対する反省から、漢方医学の見直し論議が高まり、近年は西洋医学を補完する医学として世界的にも関心が高まり、新たにスポットがあてられている（『民間学事典』）。

1879（明治12）年—明宮（大正天皇）の危篤を救う。

『温知医談』を発行。

1881（明治14）年—二代目温知社社主に就任。

——人が痼疾で悩んでいるとさながら自身のことのように思われて、心を治を潜め考えを深くして、その治療に極力盡すことを欲し、日も夜も書物を手にして、今までに無い手当を知り、月々にその新しく知った手当を行った。これが余の志であった（『漢方医学余談』）。

1882（明治15）年—温知社全国大会を湯島で開き、和漢医学講習所（温知学校）の建設議案を可決。

1885（明治18）年—塾生は20名、患者数は一日300名以上に及ぶ。

晩年における患者の半数は施療患者であった。

1894（明治27）年—3月16日、この世における最後の呼吸をし多彩な人生を閉じた。享年80歳。

『皇国名医伝』『傷寒弁要』『脈法私言』『古呂利考』など80種200余巻に及ぶ膨大な著作を遺した。国立国会図書館デジタルコレクションで著述や伝記を閲覧できる。ただし、ほとんど漢文で筆者には難しい。

参考資料：『明治時代史大辞典』吉川弘文館２０１２／『民間学事典　人名編／事項編』三省堂１９９７／『日本人名事典』三省堂１９９３年

2021年5月9日　筆者も知りたかったロッシュの治療の経緯について、大変興味深いコメントをいただきました。どうぞ、記事と併せてけやきのブログⅡ・コメント画面からお楽しみください。

2021
5.15

速記者が眺めた名士の演説ぶり、小野田翠雨

以前、図書館で開催された「地場産業の古老による座談会」のテープ起こしを手伝った。録音を聞いて文字にするだけだと気軽に引き受けたのが大間違い。聞き取りにくかったり、難しい言葉がでてきたりしてもう大変だった。

テープを巻き戻しては耳を澄まし、難しい言葉・専門用語は辞書を引いたり、人に尋ねたりで何日もかかった。それでも、テープは何回でも巻き戻せるから何とか仕上げられた。

これが演説や講演を会場でそっくり速記して、後で普通文字で再現して文章にするとしたら容易ではない。しかし、保存再生の機器が未発達の時代でも、記録し文書を残さなければならない。それをしたのが速記者である。

速記者たちは「ことばの写真」をとり、普通文字にして文章に仕上げ世の中に送り出した。そのお陰で後世の私たちも国会、県会の議事録から産業組合などの会議録、さらに落語や講談を知り、いまでも楽しむことができる。

ところでいま、せっかくの記録、公文書が表に出ず大きな問題になっている。しかし、コロナ禍で忘れられそう。

——速記の利用分野は口述（矢野龍渓『経国美談』）、講演（外山正一「漢字廃すべき論」）、地方議会（埼玉県会）などに及んだが、とくに三遊亭円朝述「怪異牡丹灯籠」明治一七年に始まる講談速記は広く世人にしたしまれ、また言文一致運動の推進力となった……目標は帝国議会の速記であったが、金子堅太郎（初代貴族院書記官長）の英断によって第一議会から実現し、日本憲政史の大きな誇りとなった（『世界大百科事典』平凡社1972）。

※46田鎖綱紀とつながりがあるか不明だが速記者・小野田翠雨（すいう）に興味をもった。速記本を出し著述もあるのに生没年不詳なのが不思議で気になる。何か事情があるのだろうか。大学など大きな図書館で古い人名辞典や人事総覧などを見れば、載っているかもしれないが、コロナ禍、電車に乗りたくないので分かる範囲で記す。

小野田（おのだ）　翠雨（すいう）

本名は亮正。明治から昭和時代の速記者。日本速記協会所属。

1887（明治20）年——この頃、※47若林一門に入り、速記を学んだらしい。

1900〜01（明治33〜34）年
—千葉県会で速記を担当。明治30年代、秋田県会の速記も担当。

1912（明治45）年—[※48]やまと新聞社の[※49]電話速記記者。

1917（大正6）年—『家庭落語集』尚文館。
序文。巌谷小波——速記界の元勲と称し、落語速記に通じた人物として紹介。

1920（大正9）年—日本赤十字社に勤務。

※46　けやきのブログⅡ〈2016年1月23日　日本速記法の創始者、田鎖綱紀（岩手県）〉

※47　参考：日本最初の速記者、若林玵蔵伝『ことばの写真をとれ』藤倉明著、さきたま出版会1982。

※48　やまと新聞：条野伝平らによる「警察新報」を明治19年10月から改題して発行。社説欄の代わりに「雑説」欄を設けて軽く時事を論じた小新聞型であった。しかし、三遊亭円朝の落語、条野伝平の人情小説、南新二の劇評は、庶民の好尚にかない、発行部数は東京の諸新聞を圧倒し、「郵便報知新聞」につぐものであった。

※49　電話速記：若林玵蔵伝『ことばの写真をとれ』に詳しい記述がある。

1940（昭和15）年―『近世偉人秘話』文友堂書店。〈小野田翠雨編著〉国立国会図書館デジタルコレクション

1897（明治30）年―『高木折右衛門廻国日記』放牛舎桃湖講演［他］（両輪堂）。

1899（明治32）年―『梁川庄八義勇伝』放牛舎桃湖講演［他］（朗月堂）。

1908（明治41）年―速記者の見たる『現代名士の演説振』小野田亮正著（博文館）。

――社会的接触面の広い翠雨は、速記術の熟練に加えて、人間の観察がするどく、文才も豊かで後世のために得難い伝記資料を残しておいてくれたことを多としたい。文学者北村透谷が神奈川県議会の速記者を勤めていたというから、小野田翠雨も政治好きの文学青年だったのではあるまいか（神崎清『現代名士の演説振』解題）。

1909（明治42）年―『柳亭左楽滑稽落語集』小野田翠雨編（大学館）。

1910（明治43）年―「産業組合講習筆記」帆足準三述［他］（産業組合中央会千葉支会）。

1910（明治43）年—『三遊亭円遊滑稽落語集』帆足準三述［他］（産業組合中央会千葉支会）。

1910（明治43）年—『ポケット新落語大会』翠雨小史編（国華堂）。

『現代名士の演説振』は『明治文学全集96』（明治記録文学集）に収められている。本編の64人は肖像写真を見たことがあるような有名人ばかりで、それぞれのイメージに、演説のそぶりを重ねて読むと面白そう。内容を一部紹介。

〈速記者の見たる—『現代名士の演説振』〉

——（序）速記は演説の好伴侶なり、演者の声音は空間に消え去るも、速記の力によりて痕跡を紙上に留む、演者その声音、意義が聴者の耳に達して、如何の応効あるを験する能わざるも、その述を紙上に留むるの文字によりて……速記によりて言論の巧拙、飾り無く紙上に印せらるること、恰も写真術の面貌を印して、永く其の研醜を留むるが如し……（中略）……　小野田翠雨君は速記会の勇なり、速記の場数を経て、練達の技能を有す、耳聡くして腕敏し、各種の演説を速記して其人の能力を実験し（事実によって証拠立てる）、その弁舌、態度などを品評……演者これによりて、自己の短所を発見すべく、読者も又演説の修練に参考すべし……（島田沼南）

はしがき

——余嘗て揣(はか)らず、『名士の演説振』を草して、漫りに名家の演説振を評し、軽からざる罪を得たり。而もこれ余が二十年来の速記生活より得たる経験と、同業諸氏より与えられたる材料とに依り、公平に、率直な忌憚なく記述したるもののみ。僭越不遜の罪は、偏に宥恕せられんことを請ふ……

一、本書は読売新聞紙上に連載……今回同社の承諾を得、さらに増補訂正して刊行……

二、三、（略）

四、本書の起稿に当たりて、先輩速記者若林玵蔵、林茂淳、佃與次郎、荒浪市平、長谷川篤、山本新太郎及び森本大八郎の諸氏その他辱知諸氏より種々材料を供給せられ、また画家池上蓮斎氏は本書の為にその敏腕を振るわれ……著者誌す。

主な登場人物

一．島田三郎氏　六．伊藤博文　公（爵）　七．西園寺公望　侯（爵）
八．尾崎行雄氏　一一．山本権兵衛　男（爵）　一三．三宅雄二郎氏
一五．谷干城　子（爵）　一九．鳩山春子女史　二〇．田中正造氏
二一．渋澤栄一男（爵）　二七．竹越三叉氏　三〇．下田歌子女史
三一．釋宗演禅師　三二．芳賀矢一氏　三四．巖谷小波氏

三五．三輪田真佐子女史
三七．海老名弾正氏
三八．嘉納治五郎氏
四一．高田早苗氏
四二．北里柴三郎氏
四六．重野安繹氏
四七．徳富蘇峰氏
五二．木下尚江氏
五四．幸徳秋水氏
五五．安部磯雄氏
五九．山路愛山氏
六三．大町桂月氏
六四．[※50]新渡戸稲造氏

参考資料：『明治記録文学集（解題・神崎清）』横山源之助著者代表、筑摩書房１９８３／『明治時代史大辞典』吉川弘文館２０１２／『明治時代の新聞と雑誌』西田長寿著、至文堂１９６１

※50　けやきのブログⅡ〈２０１５年４月11日　札幌遠友夜学校（新渡戸稲造と有島武郎（北海道）〉

2021
5.22

幕臣の明治はジャーナリスト、栗本鋤雲

先日、浅田宗伯の記事に「フランス公使レオンと栗本鋤雲（じょうん）」に関するコメントが届き有難かった。投稿者のお名前を掲載したかったが、連絡できずコメント本文のみ掲載。

さて、栗本鋤雲、幕末の優れた人物と聞くが明治期のイメージが浮かばない。

しかし、時代が変わって埋もれてしまうような人物ではないはず、調べてびっくり、素敵な日本人がいた。幕臣として日本のために力を尽くし、学も文才も備えた人物、それが栗本鋤雲である。

ちなみに、鋤雲の著述は国立国会図書館デジタルコレクション、また『明治文学全集』などで読むことができる。

栗本（くりもと）　鋤雲（じょうん）

1822（文政5）年—3月、幕府医官・喜多村槐園の三男として江戸神田猿楽町で生まれる。

本名・喜多村哲三。名は鯤（こん）。通称・瑞見、瑞軒。別号は匏庵（ほうあん）。

1830（天保元）年―喀血を患ったため、父も兄もしいて就学をすすめなかった。

1838（天保9）年―健康になり[※51]安積艮斎の塾に入り儒学を修める。

1840（天保11）年―昌平黌に入り、佐藤一斎について『易経』『論語』などを学ぶ。

1843（天保14）年―昌平黌の登用試験、最優秀の成績（甲科）で合格、白銀十五錠を得た。

1845（弘化2）年―下谷六軒町立花家門前に住む。実家の援助もあったが貧しかった。

1846（弘化3）年―5月～7月、富士山に登頂。甲府を経て帰り『登嶽日記』を書く。


――江戸より甲斐に赴き。富士金峰諸山の登攀したつ記にして詳細なる紀行は一端回禄（火事）の災に罹りたるを、後日追記したる由なり。（『紀行文集・続』博文館1909）

※51　けやきのブログⅡ〈2015年1月31日　妻にふられたお陰で昌平黌教授、安積艮斎（福島県）〉

1848（嘉永元）年―幕府奥詰医・栗本瑞見の養子となり、六世瑞見を名乗る。栗本家は代々、製薬本草を以て名がある。

江戸城二の丸製薬局に勤務、本草学を研鑽。


1850（嘉永3）年―幕府内班侍医となる。製薬局務を担当した。


1858（安政5）年―オランダから蒸気船・観光丸（スンビン号）が献上され、試乗員に応募する。鋤雲は選考を通過したが、御匙法印（医官長）に「洋医の禁」を犯したと弾劾され蟄居、蝦夷地に左遷される。

夏、箱館に渡り在住諸士の取締となる。


1859（安政6）年―病院建設を計画し翌冬、落成式をあげる。

箱館滞在中の業績に七重村薬園開業、久根川運河の開鑿、養蚕振興などがある。

11月、箱館に渡来したフランス人宣教師メルメ・デ・カションと親交を結び、日本語を教授しつつフランス語や西洋知識を学んだ。

１８６１（文久元）年――カションとの一問一答を纏めた『鉛筆記聞』を纏める。

１８６２（文久２）年――医籍を改め士籍に列し、箱館奉行支配組頭に任ぜられる。

7月、カラフト巡察に出発、北上して北緯48度に近い多来湖、ついで久春古丹部落で越冬する。幕臣でカラフト越冬の嚆矢である。

――12月、北門防備ゆるがせにすべからざるを知り、孤剣短履、箱館を発してタライカ湖に至る。積雪の高さ屋上に達し寒気凛烈言語に絶す、鋤雲狗車の上に在り、御者アイヌに言って曰く「四肢将に亀裂せんとす。如何にして、暖をとるべき」と、アイヌ笑ふて曰く、「此の寒に耐ゆる能はずんば、安んぞ前程を踏査するを得ん。如かず是より帰途につかんには」と、鋤雲また寒を説かず、遂に露境に達す。（『名流百話』渡辺斬鬼著、文錦堂１９０９）

１８６３（文久３）年――4月、クナシリ島ついでエトロフ島に達し、巡検を終えて野付岬に帰着。

9月、箱館に帰る。『唐太小詩』『久那志利恵土呂布二島紀行』を記す。

10月、江戸に召還され昌平黌頭取を命ぜられる。上士に進み七百石を賜る。

1864（元治元）年─目付に就任し幕政に参画する。

5月──松平縫殿頭から栗本に「大小砲銃鋳造の義は、掛かり役人員のみ多く、却って無益の手数、捗り申さず、その方義取り扱い候よう……彼は早速意見を上陳し。諸種の改革案を進言したのである（陸海軍建設と鋤雲）。

7月、竹本淡路守とともに※52横浜鎖港談判の委員を命ぜられる。

12月、勘定奉行・※53小栗上野介らとともにフランス駐日公使レオン・ロッシュと同行、横須賀湾を調査、製鉄所建設用地を選定する。

1865（慶応元）年─3月、ロッシュと協議、横浜フランス語伝習所を開校した。

11月、外国奉行に任ぜられ、兵庫開港取消しを横浜在住の四国公使に通告する。

1866（慶応2）年─8月、鋤雲、※54下関事件賠償金支払い問題で渡仏、下関償還金支払い延期談判など難問にあたる。

1867（慶応3）年―4月〜11月、パリ万国博覧会。日本は、幕府・薩摩藩・鍋島藩がそれぞれ日本国を名乗って参加する。

当時、将軍慶喜の弟・徳川昭武がパリに留学していた。随行の渋沢栄一が、各国の近代的産業設備や経済制度を見聞、このとき得た知識が後年の活躍に役立ったのはよく知られる。勘雲は渡仏中の昭武の保傅（教育掛）を兼ねていた。

6月、勘定奉行格に進み箱館奉行を兼任する。蝦夷地の開発権を担保にフランス政府から借款導入の交渉のため、再度パリに派遣される。

※52 横浜鎖港問題：攘夷派に押された幕府が提案したが、新興の横浜商人・外国側が反発。攘夷派の脅迫で生糸貿易が不振となり、事実上「鎖港」状態。

※53 小栗上野介：忠順。勘定奉行としてフランスの援助による財政、軍政改革などに取り組む。新政府軍には強硬な主戦論を展開し、のち上州で新政府軍に捕らえられ殺される。

※54 下関賠償問題：長州藩の下関外国船砲撃の責任をとり、幕府が英・仏・米・蘭に賠償金300万ドルの支払いを約した事件。幕府崩壊後、残金を新政府が支払った。

8月、パリ到着。パリ駐在公使・向山黄村とともに交渉したが不調に終わる。

1868（慶応4／明治元）年

—1月2日、太平奉還の報知がパリに達し、3月末帰国と決定。渋沢とともに会計その他事後処理につとめた。

4月、倒幕軍江戸入城。慶喜、水戸へ退去する。

中旬、パリを離れ5月17日、横浜に帰港。鋤雲は家禄を返上して小石川に帰農。

——幕府の末世に当たり……（鋤雲）先生が如き実に徳川氏の文天祥を以て自ら居る……ただ先生自ら求めて之につき、敢然として前朝の遺臣を以て自ら居れり……学問の淵博なるに服し、其の本草薬物の学に精し……ちなみに木堂(犬飼)なる雅号は、鋤雲が老子にある、木強ければ共すの句から選むて呉れた。（『犬飼毅』清水仁三郎著、太閤堂1913）

1868（明治元）年—8ヶ月にわたるパリ見聞録[※55]『暁窻（窓）追録』著す。

1869（明治2）年――『匏菴十種鉛筆記聞』（日本栗本鯤化鵬著）他刊行。

1872（明治5）年――横浜毎日新聞入社、言論界へ入る。

1873（明治6）年――編集主任。以来10年余り同紙に執筆。

同紙を自由民権派系新聞の一方の雄に仕立て上げ、みずからもコラム「出鱈目」「五月雨」で洒脱な文筆を揮った。名記者として成島柳北・福地源一郎（桜痴）らともに知られる。

――栗本氏は報知に入社すると同時に、ただちに三田の福澤氏を訪問し、自分の意見を述べて助力をこい、門下の秀才に、報知にかかげる論文の投書方を依頼した……

※55 ――〈栗本鋤雲翁四十六回忌に、島崎藤村〉
大正三年、当時わたしはフランスの旅にゐて、巴里の客舎の方で栗本翁の巴里印象記ともいふべき『暁窓追録』を前に、自分の旅情に思ひ比べ……翁が巴里での見聞の記事は、大正年度にそれを開いて見ても古い感じを抱かせるどころではなく、尋常旅行者の想ひもおよばないやうな正しい観察の力がその中に溢れてゐるのにもひどく心をひかれた……もとより翁は壮年にして既に蔚然たる大家であり、その経学文章は一代の推重するところ……もし、著述に専念し得るやうであったら、もっとまとまったものを世に遺されたであろう［後略］
（『仏蘭西だより』）。

報知に入社した箕浦勝人・藤田茂吉等は、その中の最もすぐれたもので……、投書学生の原稿料は、学費のおぎないに……かくして報知の論文は、時勢に適したものとして、いたるところ好評を博した（『今日の新聞』報知新聞社編集局１９２５）。

１８７４（明治７）年——郵便報知新聞編集長となる。同僚の仮名垣魯文の推挙と伝わる。

１８７５（明治８）年——讒謗律（ざんぼうりつ）（言論弾圧法規）のため、編集長を藤田茂吉に譲る。

この頃、犬飼毅（木堂）、鋤雲の家に寄食——榊原氏の紹介で鋤雲の知遇を得、寄食して日夕鋤雲の英姿清節に接した。今日の彼の不撓不屈の気象も、礼に非ざれば取らずという節操も実は鋤雲の感化が多きに居って然るのである（『犬飼毅』）。

１８７７（明治10）年——８月、「郵便報知」紙上に「博覧会私評」、10月より漢詩欄を設ける。

１８７８（明治11）年——６月、甲折生の別号で「出鱈目草紙」を報知紙上に掲載し始める。

１８７９（明治12）年——１月、東京学士院会員。４月、本所区会の議長に選出される。５

月、清国の文人、王紫詮を招き、詩酒徴遂する。12月、王紫詮の『扶桑遊記』に訓点を付し出版する。

1880（明治13）年━交詢社常議員に選出される。

1883（明治16）年━矢野龍渓の『経国美談』に序文を寄せる。

1886（明治19）年━老いをもって退社。

1891（明治24）年━11月、『唐太小詩』栗本鋤雲（匏庵）。

1892（明治25）年━この年、島崎藤村が入門する。

報知入社から10余年間にわたり日々紙上を飾った文筆の成果、『匏庵十種』を報知社員・岡敬孝が編集、報知社から刊行する。

――幕府瓦解寸前ともいうべき時期の状況が、鋤雲のめざましい行動を通して、じつに活き活きと描かれている。幕末外交史、明治維新史の好資料であるばかりでなく、調子の高い記録文学というべきだ（『明治思想家集』稲垣達郎）。

1897（明治30）年——3月6日、本所北二葉町で気管支カタルを病み死去。享年75歳。小石川大塚善心寺に葬られる。

島崎藤村の歴史小説『夜明け前』に登場する喜多村瑞見のモデルは栗本鋤雲である。

1900（明治33）年——『匏菴遺稿』刊行。

——「幕末の形情」のなかには当面した国際情勢のなかでの日本の尖端よくあらわれ、経世の策が吐露されている（『明治思想家集』長谷川泉）。

参考資料：『近世日本国防論　下巻』足立栗園著、三教書院１９３９／『民間学事典』三省堂１９９７／『日本史事典』角川書店１９８１／日本現代文学集13『明治思想家集』前田愛（年譜）、講談社１９８０／『明治文学集４成島柳北・服部撫松・栗本鋤雲集』筑摩書房１９８３／『日本人名辞典』三省堂１９９３／国立国会図書館デジタルコレクション

2021
5.29

父ブラックは邦字新聞『日新真事誌』創刊、子は青い目の落語家快楽亭ブラック

ウン十年前、父の知人の紹介で会社員と待ち合わせ、JR秋葉原駅ホーム階段下、買ったばかりの井上ひさし『四千万歩の男』を読んでいた。どの位たっただろうか。人の気配で顔をあげると「もう居ないかと思った」と笑顔の彼がいた。美女でもない私、何がうれしいのかな？　聞けば何のことはない1時間待っていた。本さえあれば時間は気にならない。

その日、河豚をご馳走になったが個室は窮屈、味が分からなかった。結婚した彼は会社人間、深夜帰宅は当たり前だった。しかし、一度も喧嘩したことがない。こっちも好きなだけ本が読める。それでもたまには早く帰り、家族4人で食事に行った。

あるとき「ふぐ食べたい」というと、夫はニヤリ、私も笑った。すると子が何笑ってるの？「お父さんは釣った魚にふぐは食べさせないから」。子には何のことやら「変な親」。

コロナ禍、長～いステイホームのせいかなんでもない昔が思い浮かぶ。子らが高校生の頃、父親と顔を会わせると「お～久しぶり」とかね。それでも無事に育ってそれぞれ親になった。

さて話変わって、明治の人気落語家・快楽亭ブラックは父も母もイギリス人。明治の東

京で日本語新聞『日新真事誌』を創刊したJ・R・ブラックの息子である。開国間もない日本を啓蒙した父、庶民を愉しませた息子。異なる道を歩いた父と子を見てみよう。

ジョン・レディ・ブラック (John Rddie Black)

1827(文政9)年―12月11日、英国スコットランド・ファイフシャーで生まれる。家は資産家として知られ、イギリス海軍士官を輩出していた地域の名家。全寮制のロンドンのクライスツ・ホスピタルに入学、15歳で退学。

1851(嘉永4)年―ロンドン郊外グリニッジ・ウエストで仲買人・総合代行業を営む。

1853(嘉永6)年―エリザベスと結婚。アメリカ東インド艦隊長官ペリー来航。

1854(安政元)年―妻を伴い英領オーストラリア・アデレイドへ向かう。

当時、理想の植民地として喧伝されていた新天地に夢を求めたらしい。商業活動するも失敗、シドニーを拠点にコンサート歌手として活動。故郷のスコットランド民謡など叙情的な歌い手として高い評価を受ける。

1858（安政5）年―11月18日、31歳。長男・ヘンリー・ジェームス・ブラック（のちの快楽亭ブラック）生まれる。

1862（文久2）年―大英帝国植民地・インドに渡りイギリス人相手に歌手活動、帰国資金を得ようとしたもよう。

1863（文久3）年―妻子を英国に帰し、単身で来日。横浜で競売人として活動する。

1864（元治元）年―A・W・ハンサード（家は著名な印刷業者）と出会い、ハンサードから多く学ぶ。イギリス人同士、横浜の狭い居留地で出会って意気投合したらしい。まもなく、ハンサード刊行の『ジャパン・ヘラルド』共同編集人になる。

ちなみに、福澤諭吉は『ジャパン・ヘラルド』の記事を翻訳し、それを諸藩の江戸留守居役に売って報酬を得て中津藩子弟の学費にあてていた。

1865（慶応元）年—9月、妻エリザベスがヘンリーを連れて来日する。

ブラックは『ジャパン・ヘラルド』の経営権を売り、ヘラルド社を離れる。

1867（慶応3）年—9月、本格的な日刊新聞『ジャパン・ガゼット』発行。

——（ブラック）われわれはセンセーショナルなニュースの重要性を過大に評価しない。遅かれ早かれ、作り話は現実に場所を明け渡さなければならないことを知っている……こうした作り話が真実ではないと証明するために、この地で起こった出来事、あるいは前の週に知り得たこと、そして根拠の十分な事実と考えられるようになったことを、定期的に記事として掲載していくつもりである（『幕末明治新聞ことはじめ』）。

1870（明治3）年5月〜1875（明治8）年7月。

—横浜で写真入り英字誌『ファー・イースト』が刊行される。写真ジャーナリズムの魁となった『ファー・イースト』は、維新直後の日本の姿を克明にヨーロッパに紹介する。

1872（明治5）年─3月、邦字紙『日新真事誌』創刊。

ブラックに邦字紙（日本語新聞）発行を勧めたのは、日本語が堪能で政府高官ともつながりをもつダ・ローザで、彼は日本文も自在に綴ることができたという。ブラックは知識欲旺盛で潜在能力あふれる日本人に、いわば世界標準の新聞を提供したいと考えた。『日新真事誌』は現代的に整理された内容の紙面であった。

──既刊の『横浜毎日新聞』『新聞雑誌』『東京日日新聞』とともに大蔵省により購入され……ブラックは自ら論説の筆を執って、教育を論じ、議会制度の由来を説き、遣欧使節への批評を述べるなど、日本人の啓蒙のため大いに論陣を張った（浅岡邦雄）。

1874（明治7）年─板垣退助ら8名が〈民選議院設立建白書〉を左院に提出。

この建白書が『日新真事誌』に掲載されると、大きな反響を呼び議論沸騰、佐賀の乱などもあって政府は危機感を抱いた。しかし、治外法権に守られる外国人ブラックを処罰できない。そこで、ブラックをお雇い外国人にして商業活動を封じ、さらに新聞の所有者を日本人に譲渡するよう求めた。結局、ブラックは『日新真事誌』を去る。

1875（明治8）年―6月28日、新聞紙条例改正とともに讒謗律を発布、言論抑圧する。

1876（明治9）年―ブラックは無届けで築地・貎剌屈社から『万国新聞』発行したが1号のみである。

ブラックは治外法権を理由に抵抗し、パークス英国公使と寺島宗典外務卿の交渉となるが、結局、在留英人の日本語発行を禁じる特別布告が発せられる。失意のブラックは、妻ともに上海に赴いた。

7月、上海で『ファー・イースト』を新シリーズと銘打って再刊。

1879（明治12）年―英字紙『上海マーキュリー』を創刊。

上海でブラックは健康を害し、保養を目的として日本に戻って横浜居留地十六番地に住み、『ヤング・ジャパン』執筆にかかる。

その一方で、ゲーテ座で音楽会を開き、美声で在留外国人を大いに楽しませた。

1880（明治13）年―次は『ヤング・ジャパン』前書きより引用。

――この本は、現行の条約が一八五八年に締結されてから経過した二一年間に、外国人が多少とも興味を持ち、また多少とも関係した、この美しい「日出づる国」で起こった一番目立った事件を、簡単に物語ったものにすぎない……　昨年六月、健康を害し……　転地を望んでいたのだ。ところが、十日後には、著者は医療に身をゆだね（中略）……　著書を出版した他人の仕事から多く助けてもらった……　アーネスト・M・サトー氏（英国公使館書記官）の多くの問題に関する論文もまた……　たくさんの重要な情報を与えてくれた……　横浜にて、1880年1月8日　J・R・ブラック。

6月11日、脳卒中で急逝。享年53歳。

外人墓地に葬られる。英字・邦字の各新聞は死亡記事を掲載しブラックの死を惜しんだ。

『ヤング・ジャパン　横浜と江戸』１〜３巻

（J・R・ブラック著・ねずまさし、小池晴子著、東洋文庫１９８７）

１８５８（安政５）年から１８７７（明治10）年までの横浜居留地と江戸を中心にペリー来航後の日本を冷静な目で描いている。治外法権のある居留地の外国人の新聞は幕府や明治政府の干渉を受けなかった。その新聞を基礎に震天動地の乱世、次々にやってくる外国との応接・紛争・ミカドと将軍の関係・暗殺も客観的に記し、読み物としても文献としても貴重である。

ヘンリー・ジェームズ・ブラック（快楽亭ブラック）

１８７９（明治12）年——１月、ヘンリーは父とともに政談演説会場に出入りしていたが、講釈・松林白円に誘われて横浜・富竹亭で初高座、滑稽演説を披露する。

１８８０（明治13）年——４月末、横浜——小田原間の東海道本線沿いの駅で政談演説。政治に関心は薄いにもかかわらず、演説すると心が躍った。

６月、父ブラック死去。

22歳のヘンリーは経済的に困り、母や弟妹から借金をするようになる。それに加えて父の業績に誇りをもつ弟妹や親戚たちは、異色の道へ進んだヘンリーをよく思わない。また、日本の友人も偉大な新聞人の息子の芸人稼業を拒絶する。
ヘンリーは周囲の期待に応えるため英語学校の教師をし周囲は喜んだが辞めてしまう。

1880（明治13）年──軍談（講談）仲間へ身を投じ、英国小説翻案物「二人孤児」などをかける。

1884（明治17）年──東京軽犯罪裁判所へ傍聴に通い、新講談の創作の参考にした。
──市中の寄席に英人ブラックの講談が毎夜聴衆をよろこばせた（永井荷風「仮寝の夢」）。

1885（明治18）年──宮武外骨が頓知協会設立。会には仮名垣魯文、落語家・三遊亭円朝、快楽亭ブラックなどが在籍した。

1890（明治23）年――本格的に英人ブラックとして寄席に出演する。

1891（明治24）年――3月、快楽亭ブラックと名乗り落語三遊派に仲間入りする。口演速記が『やまと新聞』に連載され単行本になる。速記本は他にもあり、ベストセラーになった。この頃から明治32年迄、「鹿（釈師）芝居」に出演する。

中村座・茨木童子、春木座・幡随院長兵衛、横浜勇座（新演劇白虎隊一座）松王丸などを演じ、役者稼業でも人気を得た。

1893（明治26）年――5月、浅草の菓子商・石井アカと結婚、石井姓を名乗る。日本名を石井貌刺屈（ぶらっく）とし、日本に帰化した。

この頃、広告のコピーライターを開業する。

1897（明治30）年――この年代以降、催眠術や奇術などの余興を売り物にする。浪花節の浪速亭愛造と一座を組み、落語界に波紋を投じたこともある。高座では、西洋の探偵小説を素材にした人情噺で客を楽しませ、

　ときに奇術や催眠術を披露した。

――「エエ、ロンドンから一里ばかりはなれたところに、小さな村がございやす、そこに年古く住んでおります……」というふうに話し始め……あたまの禿げた、目玉のぐるぐると大きい赤ら顔のでっぷりしたおじいさんで、いつもフロックコートを着て、流暢な江戸言葉……（『むかしの寄席』平山蘆江）。

1904（明治37）年―日露戦争下、寄席の休場が相次ぐ。

　この頃、ロンドン・グラモホン会社の代表者が来日、ブラックは顧問、調整役に選ばれるなど仕事があった。日本で初めてレコード吹き込みに通訳として間に立ち、多くの芸能人の吹き込みの世話をした。

　ブラック自身も『蕎麦屋の笑』『江戸東京時代の咄』など吹き込み録音した。

1908（明治41）年―9月23日、しばらく前から人気が無くなり、巡業先の西宮恵比寿座で、亜ヒ酸を飲んで自殺をはかった。しかし、未遂に終わる。

——養子のホスク（のち松旭斎天左）らとともに上海を巡業したりしながら、主に関西方面の高座を根城とする。

1912（大正元）年―この頃、主として西日本の地方回り旅興行に明け暮れていたようす。

1916～17（大正5～6）年

—上海・香港の協業に松旭斎天左と改名した養子・ホスコとその妻フランス人・ローザの一行に加わる。

1918（大正7）年―東京にカムバックしたものの、もう東京では忘れられた存在になっていた。

1920（大正9）年―この頃まで寄席出演を続け引退する。

——内弟子に身辺の世話をさせながら朝湯を楽しみにしていたブラックは、それほど落胆の晩年とはおもわれない（『快楽亭ブラックの「ニッポン」』）。

１９２３（大正12）年―９月１日関東大震災。

９月19日、東京目黒区中丸の自宅で死去。享年66歳。

横浜外人墓地に父・母・妹とともに葬られる。ブラックの死は、大震災直後の大混乱で落語界では気付かれなかった。

参考資料：『「日新真事誌」の創刊者ジョン・レディ・ブラック』浅岡邦雄著、国立国会図書館１９９０／『近代日本新聞小史』岡満男著、ミネルヴァ書房１９６９／『幕末明治新聞ことはじめ―ジャーナリズムをつくった人びと』奥武則著、朝日新聞出版２０１６／『快楽亭ブラックのニッポン』佐々木みよこ・森岡ハインツ著、ＰＨＰ研究所１９８６／『名人名演　落語全集・明治編』立風書房１９８２

2021
6.5

日本学術会議　初の女性会員は地球科学者、猿橋勝子

コロナ禍でずっと家に居る。テレビをつけるとコロナ情報があふれ返って不安になる。しかし学者の解説は聞き流しがちで深く考えない。それは科学に無知なだけでなく、諦め半分もあるかもしれない。

しかし、科学者は疑問を疎かにせず追求する。一生の大仕事になって報われないかもしれなくても邁進する。業績を誇るためでなく人の役に立ち、応援したいからだと思う。ところで、そうした才能に男女に差は無いはず、でも女性科学者は少ない。

長〜い男女不平等の歴史が女性の活躍の場を奪ってきたのだ。しかし、その状況をただ嘆くだけでなく、自ら道を開き、後進を育て、学問を世の中に役立てるため真摯に研究に励む女性科学者たちがいる。

【2020年度ニュートリノ研究で猿橋賞：京大准教授・市川温子さん（毎日新聞2020年8月6日）】

この記事で猿橋賞を知り、『猿橋勝子という生き方』（米沢登美子著、岩波書店2009）を借りて読んでみた。すると重いテーマ、難しい理解できない事例があるにも

かかわらず引き込まれた。
おそらく物理学者である著者が、「地球科学者・猿橋勝子」の学問と人となりを深く理解、科学知識がなく難しい理論や実験を理解できない者でも読めるように書いてあるのだ。その『猿橋勝子という生き方』を主な参考にその生涯をみてみる。

猿橋（さるはし）　勝子（かつこ）

1920（大正9）年─3月22日、東京の芝区（港区）白金三光町で生まれる。
父は電気技師。神応小学校入学。

1937（昭和12）年─3月、東京府立第六高等女学校（現東京都立三田高校）卒業。
4月、大学進学を望むも親の思いを受け生命保険会社入社する。

1941（昭和16）年─4月、進学を諦められず、帝国女子理学専門学校（現東邦大学理学部）物理学科入学。

クラス担任から三宅泰雄・中央気象台研究部長を紹介され三宅研究室に通う。地球化学研究のパイオニア三宅との出会いが、科学者としての猿橋の将来を決定する。

1942（昭和17）年―2月、シンガポール占領。6月、ミッドウェー海戦敗北。

1943（昭和18）年―9月、戦局が厳しいなか国の方針で半年繰り上げ卒業。
12月、第一回学徒兵出陣。
中央気象台研究部（大手町）嘱託として働き出す。

1945（昭和20）年―8月、広島と長崎に原爆が投下される。
猿橋は科学が諸刃の剣であることを知り大きな衝撃を受ける。

1947（昭和22）年―4月、気象研究所気象化学研究室・研究官となる。

1954（昭和29）年―3月1日、アメリカのビキニ水爆実験で第五福竜丸被爆。

――第五福竜丸「白い灰」を持ち帰る。微量分析の達人・猿橋の分析により、白い灰の正体は、サンゴ（珊瑚）の粉末であると判明……分析の結果、水爆は、ビキニのサンゴ礁をなぎ倒し、硬いサンゴを芥子粒大の粉末にまで破壊し尽くし、富士山の十倍の高さに巻き上げた……まさしく想像を超えた破壊力だ。

――放射能を含んだ死の灰は気流に乗って遠くまで運ばれ、雨とともに降り注いだ。猿橋らは、日本に降った雨から高い放射能を観測……この事実を、猿橋ら科学者は一般の人たちに伝え続けた。安全な生活を取り戻したいという母親たちの思いが、原水爆反対の機運として日本中に広がり、「原水爆禁止署名運動」が始まる。翌年の第一回原水禁世界大会までに、3000万を超す署名があつまった。

――三度の原水爆被害を受けた日本人は、核兵器廃絶の思想を骨の髄まで染みこませなければならない、と猿橋は考え、それに沿って行動した。「科学者は、同時に哲学者でなければならない」猿橋はこの言葉を、後進の女性科学者たちに伝え続けた。

――「第五福竜丸」と「むつ」、「ふね遺産」に認定：日本船舶海洋工学会に認定された……反戦反核運動の象徴にもなった2隻だが、今回は技術的側面からの評価となった……「善しあしは別として、原子力がいまのAI（人工知能）のように最先端技術として捉えられていた時代があった。さまざまな議論がなされた船だが、（認定が）歴史として冷静に立ち返るきっかけとなれば（毎日新聞2020年9月3日）。

1957（昭和32）年――4月、東京大学から理学博士の学位を授与される。論文は「天然水中の炭酸物質の挙動」。

1958（昭和33）年―2月、平塚らいてうから、「世界婦人集会」に日本代表として出席して、科学者の立場から核兵器の恐ろしさ、非人道的な残虐性を世界の婦人に伝えるよう求められる。
4月26日、「日本婦人科学者の会」創立総会が学士会本館で行われる。
5月、「世界婦人集会」開催地ウィーンで行った英語の演説は大成功であった。

1962（昭和37）年5月～63（昭和38）年1月、渡米。

カリフォルニア大学スクリプス海洋研究所に招聘され、海洋放射能に関する日米共同研究に励む。日米の国力の違いが大きい中で、女性が単身アメリカに行き、しっかりしたデータを出して、気難しいフォルサム博士を納得させたことは絶賛に値する。

〈希望をもたらした科学者　猿橋勝子博士と微量測定〉

――1960年代に、放射線微量測定法を樹立し、ビキニ核実験後に海水セシウムが百倍になったことを発見。アメリカの指導的研究者だったスクリプス研究所のフォルサム教授から、当初、疑念をもたれたが１９６２年渡米し、六ヶ月の公開実験により、線量測定法の正しさをフォルサム博士も確認した。これらの結果から、核実験による環境汚染が広く認められるようになり、１９６３年８月、アメリカ、イギリス、ソビエトによって部分的核実験禁止条約が締結された……「世の中をかえる研究というのは純粋な心から生まれるものなのです」（第５回浪江町復興検討委員会・浪江町２０１２年１月26日）。

１９６４（昭和39）年―６月、ニューヨーク、第一回国際婦人科学者会議に出席。

１９６５（昭和40）年―１月、気象研究所地球化学研究部・主任研究官となる。

１９６７（昭和42）年―第11回太平洋学術会議組織委員会委員（日本学術会議）。

――１９６５年、日本の科学の自主的・民主的・総合的発展を求める科学者の横断的組織である「日本科学者会議」が発足。私（安齋育郎）も請われるままに参加していった。原子力工学を専門とする科学者が数少ない中で、政府の原子力政策を検討する重要な役割を負うことになり、政策批判の活動に徐々に傾斜していった。

その頃，アメリカの原子力潜水艦の寄港地の放射能汚染が社会的な関心を集め、三宅泰雄、檜山義夫、猿橋勝子ら放射線研究分野の著名な科学者が、当時まだ上野にあった日本学術会議を舞台に論争を繰り広げるようになった。自己の学術的主張に徹底的にこだわって一歩も譲らない専門家同士の火の噴くような論争を目の当たりにして、専門的職業人としての科学研究者の生半可ではない姿に触れて感動したことも、社会問題に原子力の専門家として目を向けることの重要性を認識する上で少なからぬ影響を受けた（『立命館国際研究』安齋育郎２００６）。

１９６６（昭和41）年―5月、モスクワ、第二回海洋学会議出席。

１９６７（昭和42）年―6～7月、ケンブリッジ、第二回国際婦人科学者会議出席。
原子力施設視察：イギリス・オランダ・フランス・スイス・イタリア・ギリシャ。

１９７３（昭和48）年―東海大学海洋学部非常勤講師。
～１９９１（平成３）年―東邦大学理事、客員教授。
～１９７０～１９７２（昭和45～47）年
水地球化学・生物地球化学国際会議組織委員会（日本学術会議）。

日本学術会議海洋学特別委員会委員。

1973(昭和48)年―5月、国際原子力機関(IAEA)主催・放射能生態学に関する会議(エクサンプロバンス)に出席。

1974(昭和49)年―11月、気象研究所地球化学研究部・第二研究室長。

1975(昭和50)年―7月、シアトル、第五回国際放射線会議。

1976(昭和51)年―9月、エディンバラ国際潰瘍学会。

1978(昭和53)年―4月、ヒューストン、第三回天然放射能緩急会議。

11月、パリ経済開発協力機構原子力機関(OECD・NEA)の放射性廃棄物に関する会議。

～1979(昭和54)年―第六回国際放射線会議(日本学術会議主催)組織委員会委員。

1979(昭和54)年―4月、気象研究所地球化学研究部長。運輸省原子力連絡会議委員。6月、海洋開発審議会専門委員（総理府）。
12月、キャンベラ地球物理学連合会（ＩＵＧＧ）総会。

１９８０（昭和55）年―4月、気象研究所退官。
10月、「女性科学者に明るい未来をの会」創立。会の事業として、自然科学の分野で優れた研究業績を上げた五十歳未満の女性科学者を顕彰する「猿橋賞」の授与が決められた。

――猿橋先生は地球化学者・三宅泰雄先生のもとで、研究を続けました。その結果、１００篇近い科学論文……多くの著書を出版しています……猿橋先生は、研究も生活についても厳しい先生で、現役時代、地球化学・海洋化学の分野の皆には有名でした（『天気』廣瀬勝己著、気象研究所地球化学研究部２００７）。

１９８１（昭和56）年―1月、日本学術会議第十二期会員[※56]（～１９８４［昭和59］年）。
１９８５（昭和60）年―三宅賞（学術賞）地球化学研究会、放射性および親生元素の海洋化学的研究で受賞。

1990（平成2）年―3月、公益信託「女性自然科学者研究支援基金」認可される。

1992（平成4）年―9月、北京にて第一回日中女性科学者開催。2年後、大連にて第二回が開催される。

1993（平成5）年―田中賞（功労賞）日本海水学会――長年の海水化学の進歩への貢献である。

2007（平成19）年―9月29日、東京にて死去。享年87歳。

※56　従来の日本学士院等に代わって設立。有権者登録をしてある22万人の郵便投票によって選出。設立から30年余の間、女性が立候補したことは一度もなかった。猿橋は1025票、第6位で当選、初の女性会員である。エイボン女性大賞受賞。自らの研究を進めながら、女性の地位向上や世界平和のために国際的に活躍として受賞。

2021
6.12

杉浦誠、将軍に従い動乱の京へ・最後の箱館奉行・明治の東京で漢詩

例年なら今頃は友人と旅の空なのにコロナ禍で遠出叶わず、観光写真さえ恨めしい。しかし、オリンピック開催を危ぶみながらも練習に励むスポーツ選手を思えば、不満を引っ込めるしかない。それにしても、オリンピック開催大丈夫なの？

何はともあれ、梅雨が無いという北海道へまた行きたい。もう一度、「函館」の夕焼けと夜景、そして「箱館」の歴史、再建された箱館五稜郭を見学、五稜郭の主だった箱館奉行・杉浦兵庫守を偲びたい。

杉浦誠を知ったのは『明治の一郎・山東直砥』を書くなかで、箱館奉行所改め箱館裁判所（新政府の行政府）役人となった山東一郎との出会いがきっかけである。

杉浦は仕事ぶりも人柄も申し分なく、実績もあるのに広く知られず惜しい。ちなみに、杉浦に次いで箱館奉行となったのは[※57]栗本鯤である。

杉浦(すぎうら)　誠(まこと)（梅潭(ばいたん)）

1826（文政9）年―1月9日、江戸牛込田町で生まれる。名は誠。号は梅潭。
　父・久須美祐義、母・小林真木、祖父は大坂町奉行・勘定奉行を

歴任。

1843（天保14）年―祖父・久須美祐明が大坂西町奉行に異動、父とともに大坂へ。ここで祖父の仕事ぶりを見学し、武術の稽古を付けてもらった。また人一倍勉学に励んだ。

1848（嘉永元）年―幕臣杉浦家の養子となり家督を継ぐ。叔父の飛騨郡代・豊田友直の長女・喜多と結婚。

1851（嘉永4）年―25歳。大番衛士。妻の喜多が死去。

1855（安政2）年―4月、喜多の妹、多嘉と結婚。この頃、自宅を足場に読書会を開いて新しい知識の吸収に励んだ。

1858（安政5）年―8月3日の日記。「暴瀉病（コレラ）甚ダ流行シ、死人山ノ如シ」。

※57〈けやきのブログⅡ2021年5月22日　幕臣の明治はジャーナリスト、栗本鋤雲〉

1860（万延元）年—鉄砲玉薬奉行を命ぜられる。


1862（文久2）年—5月、洋書調所頭取、将軍に拝謁する。

8月、老中板倉勝静に抜擢され目付に登用された（今の省庁次官のポストに昇進）。

12月、浪士組掛に任命。尊皇攘夷運動が盛んなときであった。


1863（文久3）年—1月、政事総裁職・松平春嶽に随行して京へ赴き、幕府に攘夷実行を迫る朝廷への上奏文の草案作成を担当する。2月、妻の多嘉死去。

7月、長崎奉行、目付に再任される。林鶴梁の養女・喜美と結婚。

10月、諸大夫に叙任、兵庫頭を名乗る。

12月、将軍家茂に随行、翔鶴丸に乗り京へ。浪士掛に任命される。将軍上洛後も京の町なかでは斬り合いが行われていた。浪士組、清河八郎暗殺事件にかかわったともいう。


1864（文久4）年—1月、杉浦は将軍の供をして京に赴く。

1864（元治元）年――2月、宮廷工作情報、伝達など政務のため か強行軍の江戸往復。22日京を出発、早駕籠にて28日江戸着。3月7日江戸出発、13日京都着。

5月、朝廷に横浜鎖港を約束した将軍家茂に随行して江戸に帰還。

6月、過激攘夷派の政事総裁職・松平直克による政変で、穏健政策の板倉派、杉浦は目付を罷免され非職となる。1年半の間、自宅謹慎の生活を送る。


1866（慶応2）年――1月、箱館奉行[※58]を拝命する。同役は小出秀実。

3月、江戸を出発。奥州街道を行き、箱館丸に乗船、4月21日箱館港着。


――多忙な箱館生活。五稜郭を出て、弁天台場や医学所を巡見、さらに小出秀実同道で各国領事館を廻った。

杉浦が会ったのは、アメリカ領事ライス、プロイセン領事ガルトネル、ロシア領事

※58　箱館奉行：幕府直轄の要地に配置された遠国奉行の一。老中に属し、定員2～3名。

ビューツォフ、イギリス領事（兼オランダ領事）ガワー…… ポルトガル、フランス領事は不在…… 杉浦はビューツォフとカラフト問題を中心に深いつきあいを重ねる。他の外国のように横浜または江戸に公使を置かないロシアは箱館駐箚領事が唯一の外交窓口だった……

——アイヌ人骨盗掘事件。イギリス人がアイヌ墓地を盗掘し、持ち去ったアイヌ人骨の返還をイギリス公使パークスを通じて返還を求めた事件。翌年、返還され解決する（『最後の箱館奉行』）。

日露和親条約で日本とロシアの雑居地と決められた樺太の内、日本人居住地の南にロシア人が住居を建設する問題が発生、その交渉にあたるなどした。

1867（慶応3）年——9月、勘定奉行兼帯となる。

10月、大政奉還。幕府倒壊の動きが加速するなか箱館には1ヶ月遅れで伝わった。

1868（慶応4）年——閏3月、江戸から朝廷に奉行所を明け渡すよう指令があった。

五稜郭奉行所を新政府の箱館裁判所（地方行政機関）清水谷総督に引き渡すことに

なった。

4月、箱館裁判所権判事・山東一郎と小野淳輔（坂本龍馬の甥）は、杉浦兵庫守と面会、五稜郭の引き継ぎの話し合いを行う。杉浦は情勢をよくのみこんで準備をしていたから引き継ぎは滞りなく行われた。清水谷総督は杉浦を五稜郭に呼び出して会見、杉浦は部下の行く末を保証した安堵状を受け取って五稜郭を去った。

5月1日、箱館府、五稜郭に開庁し正式に政権交代となる。幕府役人は残留する者もあれば江戸へ去る者もあった。

6月、杉浦はすべてを見届け、家族とともにイギリス船フィルヘートル号で箱館を発ち、江戸大川端の自宅へ引き揚げた。

12月15日、榎本武揚ら蝦夷地を占領、五稜郭を本営とする。

12月、[※59]駿府藩公議人を拝命、静岡に赴く。

1869（明治2）年─箱館を函館と改称。

5月、新政府軍函館総攻撃。榎本ら降伏。戊辰戦争終わる。

※59　駿府藩：江戸開城と共に所領を削られ、謹慎を命じられた徳川慶喜にかわり徳川宗家をついだ家達に与えられた駿河・遠江・三河の70万石。駿府を静岡と改称、廃藩置県に至る。

8月、新政府外務省出仕を命ぜられ、開拓使権判官に任命された。11月、東京を出発。厳冬の奥州路を北上し、12月箱館に着任。

1872（明治5）年―開拓使判官に任命される。

1876（明治9）年―7月16日、明治天皇の函館行幸の先導を務める。

1877（明治10）年―1月、開拓使（黒田清隆長官）を退官、東京に帰る。

1878（明治11）年―9月、向山黄村、稲津南洋らと漢詩吟詠の「晩翠吟社」をおこし、詩作に打込む。当時、詩といえば漢詩のこと。杉浦の号は梅潭。

晩翠吟社は毎月一回、不忍の湖心亭に詩会を開き、大沼沈山に詩の刪正（さんせい）（文章の字句をけずり正す）を乞い、沈山没後は杉浦梅譚がこれにあたる。社中の詩を集めたものは334輯になるという。

1900（明治33）年―5月30日、死去。長延寺に葬られる。享年74歳。

江村春日　　　**杉浦梅潭**

※60纓（えい）を洗うは何（いず）れの処か妙なる
渺渺（びょうびょう）たり　大江の東
水を隔てて残雲白く
山を銜（ふく）みて夕日紅し
自ら辞す　干禄（かんろく）の士
宜しく学ぶべし　釣魚の翁
一綫（いっせん）　垂楊の畔
前村　路有って通ず

参考資料：『最後の箱館奉行の日記』田口英爾著、新潮選書1995／『明治漢詩文集』（明治文学全集62）筑摩書房1983／『中国名言集』河出書房新社1963／『日本史辞典』角川書店1981

※60　纓：冠のひも。干禄：仕官を望む。綫：線。
「滄浪の水清（す）まば以て吾が纓を濯（あら）うべし」。中国、楚の憂国詩人屈原は、孤高と清廉故にかえって衆人にうとまれ、讒言にあい追放の憂き目を見る。落胆し揚子江の岸までやってきた屈原に、漁夫が「滄浪の水が澄んだなら、私は冠の紐を洗おうよ。滄浪の水がにごったらば、こんどは足でも洗おうか」、何事もなりゆきに任せるべきだと諷刺。

2021
6.19

柴五三郎編「辰のまぼろし」、会津女子戊辰を越えて

幼稚園児とママの手つなぎを見ると自然に笑顔になる。よく見かける母子がいて、その子の空いてる手を繋ぎたくなる。でもまあ、さすがにそれはしない。

母子の後ろ姿を目で追いつつ子育てしていた昔を思い出すと、娘と息子の小さな掌の感触が蘇ったりする。子が大人になっても、母にとっては幼い頃が愛おしい。

話変わって、150年余り昔に大きな内戦・戊辰戦争があった。戦争となれば母の思いは二の次、子を手放さなければ生き難い事もあった。

戦に敗れた東北諸藩と会津藩士は賊軍の汚名をきせられ、明治の世を困難と闘いつつ生きねばならなかった。そのうえ、賊軍側には差別と困難が待ち構えていた。家禄を失い、一家を養わなければならない男子の辛苦は察してあまりある。

そしてそれは、妻や娘たち女子の困難だって変わらない。次第によっては女子の方がよほど辛かっただろうに、史実に挙げられることは少ない。どうしても、戦の勝敗や状況、死傷者に目がいってしまいがちである。そのことを、読者のお便りで気付かされた。

便箋10枚に溢れる思いを綴ったのは、柴五郎の母・日向氏の先夫の娘、つまり五郎の異父姉（つる）の曾孫・関口和子さん。文字も内容もしっかり、聞き伝えた貴重な話が多々あり、引用して紹介したい。

併せて、前後するかもしれないが柴五三郎編「辰のまぼろし」も引用してみた。

ちなみに、手元の「辰のまぼろし」は生原稿のコピー。以前、会津図書館が親切に送ってくれたものであるが、いまは書籍になっていると思う。

その内容は、戦闘の状況、命がけの極限状態のなかの人間模様、立派で勇ましい武士もいれば戦費を盗む悪人、そうかと思えば、自害した家族の名や人数など切ない記録もある。当事者でなければ判らない話は興味深く、会津ファンにお薦めしたい。

柴五三郎はご存じの通り柴五郎の三兄である。

「辰のまぼろし」のエピソードから、五三郎は槍が得意、武芸に優れたサッパリした気性、男気のある人物と知れる。また、危険を懼れず立ち向かう一方、部下や婦女子など弱者への優しさが垣間見える。

ネットで、『明治の兄弟　柴太一郎・東海散士柴四朗・柴五郎』本編に、五三郎の登場を喜ぶコメントを見つけたときは嬉しかった。

柴兄弟が国内外で思い思いに活躍できたのも、五三郎が会津に帰郷し、戦のさなか妻と娘の５人をも喪って寂しい父を見守り、柴家を守っていたからこそと思う。

？　年―夫と死別した日向与三右衛門の二女・ふじ子は、娘のつる（関口和子曾祖母）を連れて実家に戻る。

１８５２（嘉永５）年―12月２日、柴四朗、父が勤務する会津藩の富津（千葉県）陣屋で生まれる。母は日野氏。

？　年―日向ふじ子、柴佐多蔵と再婚。男女７人の子の母となる。ふじ子はよくできた婦人であったという。

１８５９（安政６）年―７月25日、会津若松城下の郭内三ノ丁で柴五郎生まれる。３歳まで乳母の家で育てられる。

１８６２（文久２）年―将軍家茂と和宮結婚。この年、伏見・寺田屋騒動、生麦事件。

12月、京都守護職・松平容保は藩士1000人を率いて上洛。

1863（文久3）年―会津藩槍指南・西村久右ヱ門も京都詰となったが死去。京の会津墓地に葬られる。

長男、西村久之助はつると結婚。父についで京都詰となる。

1864（元治元）年―禁門の変（蛤御門の変とも）。

会津・薩摩を中心とする公武合体派と長州が衝突。新婚の西村久之助は戦没。会津19名の戦死者とともに京の会津墓地に葬られる。

――蛤門外に砲声殷々として洛陽の天地為に震う　余はすぐに槍を提げ（ときに槍の捌きを自由になさんと葦或いは綿布を需め柄に片布をまきたり）……戦いを挑む我が槍隊大いに苦しみ……砲声九重に轟き硝煙彼我の陣地を包みて天日為に闇し（辰のまぼろし）。

おそらく、つるの夫西村も五三郎とともに戦うなかで命を落としたのだ。

この年、西村家にふさが生まれる。夫を喪ったつるはふさを連れ、肝入旧家・佐瀬家に身を寄せる。

――元治の戦ニハ士卒より人夫ヲ併セテ三一人の死者而ルヲ慶応に於テハ正月三日ヨリ函館其他を挙レハ一三六　伏見鳥羽淀橋本一　甲信五九　両野二　両総五　江戸一　羽二一八二　陸一六〇　越九　蝦三……

自裁（自決）の婦女ノ姓氏に分ケテいろは順ニ記セハ左ノ如ク……井上丘隅夫婦二名　石川やえ……（辰のまぼろし）。

原稿用紙2枚にわたり自決者、西郷家や己の身内の姓名人数が書かれているが、涙なしには書けなかっただろう。後の方には柴家五人、その他3枚余りに記されている。なんとも無残で痛ましい。

1867（慶応3）年――10月、徳川慶喜、大政奉還。

1868（慶応4）年――1月、鳥羽伏見の戦い。戊辰戦争の発端となった内戦である。

9月8日、明治と改元。

9月14日、西軍、鶴ヶ城総攻撃。22日、会津鶴ヶ城、開城となる。

――原田勝吉妻辰野氏が破裂弾の側近く落ちたるに感動せられ男子を分娩せるを奥女房が蚊帳を以て囲いなどして児を世話せり……籠城中、産児も四、五に止まらざり（辰のまぼろし）。

1869（明治2）年─会津藩は領地を没収され陸奥三郡、斗南藩になり廃藩置県まで存続。

──つるは、ある人の世話により戦争で妻を亡くした人と結婚。その節、佐瀬家のたっての頼みで、やむなく娘ふさを佐瀬家に残して北海道へ向かう。そこは下北に勝るとも劣らぬ苦難の生活だった。

つるはその地で、夜になると読書その他を教えていた。ところが〇年、夫が亡くなり、明治10年頃、北海道から会津に帰る（関口）。

〈2017年12月16日けやきのブログⅡ「殿もお覚悟なさってください」直言する宗川茂弘と一族（福島県）〉

1879（明治12）年─日本でコレラが流行。

コレラは安政の流行以来、間欠的に流行を繰り返していたが、この年は約10万5000人もが死亡、一揆の原因にもなった。

──若松でもコレラが流行。つるは、瓜生岩子と思われる人の元で看護婦のように病人を看護中にコレラに罹患し亡くなりました……　つるは、弟である五郎氏の存在を知っていたと思われます。一度も会えないまま、明治15年のことです（関口）。

1887（明治20）年——この頃、つるの娘・ふさは会津若松の鈴木清一郎と結婚する。

1891（明治24）年——鈴木家に娘、清野が生まれる。

ふさは、やがて清野の他に、せつ、こう、久野（渡部・関口和子母）、四姉妹の母となる。

？年——清野結婚。夫は黒田克巳といい、五郎の長兄・太一郎の妻、八十子の先夫の息子である。夫婦とも身体があまり丈夫ではなかったようだという。その克巳は後年、清野のすぐ下の妹、松本せつの二男を養子に迎える。

お便りにはさまざまな人物が登場、その再婚話なども次々とあって人間関係が分かりにくい。そしてその原因は、戦やコレラその他の病気のせいもあると思われる。夫婦そろって長寿、無事に生涯を送ることは現代よりずっと大変であった。

？　年―清野は結核になり、会津の実家鈴木家に戻って療養する。

――五郎氏も会津の連隊に関係していたので清水屋旅館から近いこともあり、目立たぬようよく見舞ってくださったそうで、その頃はお偉くなっておられたので、大変恐縮してお迎えしましたが、まことに普通のおじいさんのようだったと母は申しておりました。克巳の悲しみは深く、その後、独身で太一郎氏・八十子とともに上野毛の五郎氏の離れに住んでおりました（関口）。

1921（大正10）年―清野死去。

1940（昭和15）年―戦争で東京オリンピック中止。

――家に時々かかる掛け軸があり、それが母に揮毫してくださった柴五郎氏のお軸でした。そのお軸を戴きに仙台から上野毛のお屋敷に伺ったことはよく覚えております。オリンピックが中止になったのに、胸に五輪マークのワンピースを着た当時の写真があります（関口）。

――克巳は、最晩年の五郎氏が毎日のようにお庭で書類のような物を焼いていた……食料が乏しくなった頃、邸内で家庭菜園を始められ、克巳が手伝おうとすると体力の無い克巳を気遣ってさせなかった……敗戦の報から間もなく邸内の祠の前でお腹を召したが失敗、家人に口止めをして医療をこばみ天に召されたそうです。この話は、克巳が養子の松本家に引き取られ亡くなる前によく涙ながらに話した事実です（関口）。

1945（昭和20）年――12月13日、柴五郎死去。享年87歳。

2021
6.26

漢学者・井口嘉一郎、新聞投書家・井口無加之、機械工学者・井口在屋

井口無加之（むかし）と井口在屋（ありや）は兄弟、父は加賀藩（金沢藩・前田藩）経世的漢学者・井口嘉一郎である。

その嘉一郎を勤皇的儒家と記したものを見たが、幕末の動静を知る資料は得られなかった。そこで加賀藩の動向を県史でみると、「ご一新に日和みた百万石」の項があった。

――財政整理を行い、海防のために西洋砲術を取り入れて軍備を充実するなどの政策を行った。最も、重職は依然として門閥守旧層が占めており……藩論の大勢は幕府順応、攘夷も消極的であった……政治情勢が緊迫し、歴史的変革へむけて激しく動き出すと、藩内は混乱……戊辰戦争がおこると、徳川への援軍を進発させた。そのすぐあとに徳川は朝敵であるという知らせが入り、あわてて兵をもどし、朝廷への忠誠を誓うという変身……このため、北越の戦いでは莫大な軍費や物資を官軍に献納し、100名をこえる戦死者を出して戦ってみせねばならなかった（『郷土史事典　石川県』）。

幕末維新期は大転換期、朝廷・幕府どちらについても戦は避けられず、藩士も住民も困難に遭った混沌とした時代だった。

しかし、地方では情報は少なかったろうし、選択の善し悪しを後世があれこれ言えない。ただ、結果的に残念な選択をした藩の出身者に、新時代の風は冷たかったかもしれない。でも、井口兄弟はそんなことを気にかけるより己の信ずる道を進んだよう。

ともあれ、混乱に輪をかけたアメリカ東インド艦隊司令長官ペリーの黒船来港の前年に無加之が生まれ、その4年後、初代アメリカ駐日公使ハリスが下田着任の年に在屋が生まれた。

このような時代に生まれ育った井口兄弟、2人はどう育ち何を為したのか。父子3人の幕末・明治・大正を見てみたい。

井口　嘉一郎

1812（文化9）年―生まれる。名は済、字は孟篤、号は犀川・孜々堂。
幼い時から学問を好み、江戸に出て安井息軒、塩谷宕陰などに学ぶ。

？　年―学問成って、浜松藩校の教官に招かれる。

？　年―浜松藩校を罷め、金沢に帰る。藩老横山氏の儒員となる。

1868（慶応4）年―8月25日～明治元年11月9日、金沢藩の※61貢士をつとめる。

1869（明治2）年―※62徴士となり権弁事となる。

1871（明治4）年―廃藩置県。石川県専門学校教諭兼師範学校教諭となる。

1884（明治17）年―5月、死去。享年73歳。


金沢立図書館に蔵書が寄贈されている。「井口犀川文庫」に郷土資料・宗教・哲学・教育・理学・兵書・芸術・歴史地理など60冊余りが収められている（『金沢市立図書館蔵書目録：大礼記念』1933）。

井口（いのくち）　無加之（むかし）

1852（嘉永5）年―加賀国金沢城下に加賀藩士・井口家三男二女の長男として生まれ

※61　貢士：明治維新当初の議事官。各藩から選抜された。
※62　徴士：諸藩士や一般人の有能な者を選任。官吏の称が用いられたが、藩主とは君臣関係。

る。号は柿園。
無加之は父の教えを受け漢学に長じ能く文を作り、博識の文章家
であった。

?　年—石川県の中学教師となる。かたわら、文章家・新聞投書家として
名を馳せる。

1875（明治8）年—讒謗律・新聞紙条例。言論弾圧法が規制定される。

1876（明治9）年—24歳。『[※63]朝野新聞』に「祭[※64]木内宗五郎」を投稿。これが新聞投
書の始まりで、1879年7月まで3年間、100以上投書した。
中には、「読馬格那加達（マグナカータ）」など民権論的色彩の濃い文章もあるという。
なお、無加之の投書は『朝野新聞』復刻版（ぺりかん社）で読めそう。大学の図書
館で確かめたいが、いまはコロナ禍で足が向かない。

1880（明治13）年—28歳。『[※65]石川新聞』主筆記者となり漢文で論陣を張る。

その論説の多くは行文流暢意義詳明。しかも筆を下すこと敏捷なりと、書も一流であった。しかし、胸膜炎にかかる。

1881（明治14）年―10月1日、急死。享年29歳。

才能ある若い死は惜しんでもあまりある。父母、兄弟姉妹の嘆きはいかばかりか。そのとき、弟の在屋は東京の工部大学校で学んでいた。

井口（いのくち）　在屋（ありや）

1856（安政3）年―10月30日、井口嘉一郎の三男に生まれる。旧名・窓助。

※63 朝野新聞：明治5年創刊の『公文通誌』を改題。社長は成島柳北。末広鉄腸・高橋基一・馬場辰猪ら自由民権派を支持。明治14～16年が全盛。

※64 木内宗五郎：佐倉宗吾。本名、木内惣五郎。江戸前期の百姓一揆の指導者。出身については諸説あり。宗吾伝説は百姓一揆の高まりの中、民権論で再び脚光をあびた。

※65 石川新聞：石川県で最初の新聞は、明治4年『開化新聞』。1873（明治6）年31号から「石川新聞」と改題。さらに『加越新報』『加越能新聞』『北陸新報』と改題、1895（明治28）年廃刊となる。

父の嘉一郎が屋根の修理をしていたときに生まれたので「在屋」と命名したという。

1882（明治15）年──※66工部大学校卒業。
工部省に入り、工部七等技手兼工部大学校教授補となる。

1883（明治16）年──海軍十一等出仕。

1886（明治19）年──帝国大学工科大学助教授。蒸気機関の研究を行う。

1888（明治21）年──※67工手学校の設立に参加、教鞭をとる。

時代の要請にマッチした工手学校設立は、民間企業人にとって大歓迎であった。支援を惜しまなかった「工手学校賛助員」は、岩崎弥之助・古河市兵衛・高島嘉右衛門・渋沢栄一ら錚々たるメンバーで、開校にあたり多くの寄付が集まった。

のち第三十五回卒業式の祝辞で在屋は、「エンジニアの本分は、その使用によっては、破壊的にもなる自然の力をいかに有効な目的のために活用するかにある」と述べた。

1894（明治27）年―海軍大学校教授嘱託。イギリス・ロンドンへ留学し、機械工学を研究する。ロンドンで執筆した論文が工学誌『エンジニア』に掲載された。

1896（明治29）年―帰国。教授に昇任。

1897（明治30）年―機械学会の発起人となり、幹事長として学会の運営に携わる。また、同学会の機械術語選定委員会委員長を務めた。

1899（明治32）年―工学博士。

※66 工部大学校：東大工学部の前身。工部省の工学寮が官制改革で工部大学校となる。工作局所属。土木など7科、履修年限は6ヶ年。

※67 工手学校：即実践力となるエンジニアを養成する工業学校。学校の形態は夜間教育、速成をもっぱらとし修業年限は1年半。発起人は、東京駅を設計した辰野金吾（造家）・井口在屋（機械）・石橋絢彦（土木）・古市公威（土木）・杉村次郎（鉱山）など14人。

1905（明治38）年―回転式羽根車を用いた渦巻きポンプに関する300頁にわたる論文を発表、『エンジニア』誌より激賞される。

井口の理論に基づき、芝浦製作所はタービンポンプを製作、ポンプの効率を飛躍的に高めた。

?年―井口の指導学生の畠山一清は、ゐのくち式機械事務所を設立して井口式ポンプを製作、のちの荏原製作所の基礎を築いた。

1909（明治42）年―帝国学士院会員。

1920（大正9）年―学術研究会議会員。

在屋は儒者の家柄に育ったこともあって、暇さえあれば、四書五経のたぐいを読んでいて漢学者の風格があったという。

1923（大正12）年―3月25日、死去。享年67歳。

論文、著書が国立国会図書館デジタルコレクションで読める。

参考資料：『明治時代史大辞典』吉川弘文館２０１２／『郷土史事典　石川県』昌平社１９８２／『近現代史用語辞典』安岡昭男編、新人物往来社１９９２／『工手学校　旧幕臣達の技術者教育』茅原健著、中公新書２００７／『日本史辞典』角川書店１９８１

2021
7.3

紀行文も秀でている小説家、田山花袋

「人流」などという言葉、昔からあったのかな。コロナ禍さなかの休日明け、テレビは繁華街の人出と感染者数を映して人流がどうのこうの。また、無症状の患者から伝染して入院した話を聞くと我慢するしかないと思うが、一方で遠出したい気持ちが募る。

いまは紀行文で旅を味わうことにしよう。とりあえず、コロナ禍が終わったらすぐ行ける近場、昔の風情を伝えてくれる紀行文を探すと、田山花袋の『東京近郊　一日の行楽』があった。

東京近郊を淡々と描いているが読むほどに光景が思い浮かぶ。その中に東京都北区、JR赤羽駅の先に、かつてあった桜草の名所がでている。

赤羽駅から新宿まで14分、上野まで20分足らずである。乗降客、買い物客で賑わう駅の近くにサクラソウの名所があったとは、時は移ろう。

ちなみに、花袋が降りた赤羽駅は、京浜東北線・埼京線が停車する電車の駅ではなく、明治時代の汽車の時代の駅である。

〈浮間が原〉（『東京近郊　一日の行楽』（田山花袋）より）

浮間が原は桜草の名所だ。

そこに行くには、赤羽で下りて、工兵大隊の坂を上がって、大袋村から、浮間の橋をわたる。

停車場から十八町。

丁度中山道の戸田の渡しと汽車の通る鉄橋との間にある渡しで、その荒川の岸に出ると、あたりがぱつとひらけて、水の溶々として碧を湛えて流れてゐるさまや、地平線がひろく見渡されてゐるさまや、田や畠の遠く連なてゐるさまなどが人の目を惹く。やがて、渡頭（わたしば）の舟は静かに出て行く。暖かで春の日が水に映つてキラキラ砕ける。

向うからくる舟には、都会の娘の派手なパラソルなどが絵か何かのやうにあたりに鮮やかに見えてゐた。

川を渡ると、浮間が原である。一面、桜草で、丁度毛氈でも敷いたやうである。頗る見事である。

で、日曜、土曜などには、東京から女学生たちが沢山やつてくる。女学校で、運動会に生徒を連れてきたりするので、桜草は採られ、束にされ、弄ばれて、娘たちの美しい無邪気な心を飾る。花の中にゐる大勢の娘たち——実際絵に描いた美しいシーンである。

……戸田橋を渡つて、その向こうにある戸田ヶ原にも八張、沢山桜草がある。ここまでは都の人は滅多に出かけて行かないけれども、のどかな春の日に、ぶらりぶらりとこころを子供でも連れて歩いて見ると、都会の煩労をすっかり忘れて了ったような心持がする。

戸田橋をわたつて、昔の中仙道を蕨の宿あたりまで行って見ても好い。

『東京百年散歩　田山花袋と「東京とその近郊」編』歴史町歩き同好会編、辰巳出版2011：田山花袋が歩いた、粗削りにして素朴な東京の郊外が愉しめる。地図付。

花袋と言えば『蒲団』が有名だが読んだことない。実は、『蒲団』の解説や講評を読んだだけで好みではないと、食わず嫌いしていた。それが、『明治の一郎・山東直砥』を書くため、明治の熱海を描いたものを探すうち、花袋の紀行文が気に入り参照した。

田山（たやま）　花袋（かたい）

1871（明治4）年―12月13日、栃木県邑楽郡館林町一四六二番邸に生まれる。外伴木と俗称された生地はのち群馬県に編入される。

田山家は代々秋元藩士であった。父・鋿十郎、母・てつの次男。本名・録弥。

1876（明治9）年—3月、母と上京。警視庁第五区[※68]邏卒の父の元にいく。

1877（明治10）年—西南戦争。父は警視庁別働隊員として出征、熊本県益城郡で戦死した。
8月、母と帰郷。同年、館林東校に入学する。

1881（明治14）年—2月、上京。10歳で京橋の書肆・有隣堂の丁稚となる。
——大きな風呂敷に本を包んで背中に背負い、主人の後についていく。丁稚は弟子の転語。花袋の例でいえば、商家に住み込みで雑役などする少年。朝、家人（雇い主）が起きないうちに起きて働く。家人が寝静まるのを待って床につく生活であった（『工手学校』）。

※68　邏卒：巡邏兵卒の意で、明治初年の警察官。

1882(明治15)年―丁稚奉公をやめて帰郷。館林東校中等に復学する。

1883(明治16)年―漢学を藩儒・吉田陋軒に学ぶ。小説の習作を始める。

1886(明治19)年―15歳。一家で上京。『穎才新誌』(青少年投書雑誌)に漢詩文を投稿する。

1888(明治21)年―神田猿楽町の日本英学館で英語を学ぶ。修史局(のち東大資料編纂所)書記の兄が結婚する。

1889(明治22)年―和歌を桂園派の松浦辰男に学んだ。

1890(明治23)年―日本法律学校(のち日本大学)に入学するも数ヶ月で退学し、上野図書館に通い濫読にふけった。

1891(明治24)年―尾崎紅葉、江見水蔭(すいいん)を訪ねる。以後、水蔭の指導を受ける。

1893（明治26）年——トルストイのコサックを翻訳出版、『コサアク兵』博文館。

1894（明治27）年——日清戦争。

短歌「透谷君を悼みて」一首を『文学界』に投稿、それを機に『文学界』とも関係ができる。

1895（明治28）年——江見水蔭の紹介で中央新聞社に入社したが4ヶ月で退社する。

1896（明治29）年——島崎藤村、国木田独歩と相知る。

1897（明治30）年——独歩・太田玉茗らと宮崎湖処子編『叙情詩』に詩集「わが影」37編を発表。

4月、独歩と日光の照尊院に行き、以後約2ヶ月共同生活をする。

9月、『南船北馬』著す。

——花袋の紀行文集の中では『南船北馬』が最も優れている。「多摩の上流」や「日光山の奥」の如き名編が、その中に収められている（小島烏水）。

1899（明治32）年――太田玉茗の妹・伊藤リサと結婚。博文館編集部に入る。

1901（明治34）年――この頃から、蒲原有明・柳田国男・川上眉山、兄の官吏仲間などとともに、柳田邸で定期的に文学の会合をもった。

1902（明治35）年――「重右衛門の最後」を発表。文壇の注目を集め、自然主義的傾向を示す。

1904（明治37）年――日露戦争。第二軍私設写真版の一員として博文館から派遣され、従軍する。

花袋が半年間に亘って連載した「第二軍従征日記」に、第二軍軍医部長・森鷗外に世話になったことなども記している。国立国会図書館デジタルコレクションで読める。

1906（明治39）年――東京市外代々木山谷一三二に新築移転。文芸誌『文章世界』創刊、主筆となる。のちの自然主義運動の牙城となる。

――新文章を指導した点で田山花袋の名は忘れられぬ……『文章世界』に文章講話という欄が設けられていたが、これは新文章の先覚者田山花袋の講壇であって、そこから、自然とか、センチメンタリズム破壊とか、傍観的態度とか、地方色とか、平面描写とか云ふ種々な標語が……　花袋はこれからの文章の要素として「知識、観察、自然に近い主観の情」の三をあげた（徳田秋声）。

1907（明治40）年―短編小説「蒲団」を『新小説』に発表。

――よかれあしかれ、この小説は自然主義文学の代表的作品といわれ、島村抱月・生田長江らの系列はこの作品の歴史的意義を認めている。これに対する夏目漱石・中村光夫らの系列は「蒲団」の客観性欠如を云々……　漱石の[※69]「田山花袋君に答ふ」の中で、〈拵へものを苦にせらるるよりも活きて居るとしか思へぬ人間や、自然としか思へぬ脚色を拵える方を苦心したらどうだらう（後略）〉……「蒲団」が部分的にでも道徳や慣習の仮面を剥いで事実ありのままのすがたを示してくれる作用をしたことは、大きな歴史的功績であったのである（『現代日本文学大事典』）。

※69　ちなみに、「田山花袋君に答ふ」は漱石全集に収められている。

1909（明治42）年―長編『田舎教師』・『妻』、感想集『インキ壺』。『生』『妻』『縁』の三部作を出して自然主義作者として確固たる地位を獲得する。

1913（大正2）年―博文館退社。その後、博文館から紀行集を出版した。41歳。

1914（大正3）年―「一握の藁」を中央公論に発表。スランプを自覚、精神的動揺が現れだした。

1916（大正5）年―『時は過ぎゆく』新潮社より出版。信州富士見の山荘に数ヶ月、全く孤独の生活を送る。

1917（大正6）年―「ある僧の奇蹟」を『太陽』に発表。作者の芸術上の一転機を画すもの。晩年は宗教への強い関心を示した。

――明らかに自然主義を逸脱して宗教的な境地に入っている……理知と情意と融をねらって象徴風に（小保方守治）。『東京の三十年』博文館。「明治天皇崩御」「神の大火事」「市区改正」など。

1918（大正7）年――「残雪」を頂点として、再び芸術の世界に落ち着き始める。

1919（大正8）年――1月『再び野の草に』出版。48歳。

1920（大正9）年――『水郷めぐり』博文館。その他の紀行集、『旅から』『山水處々』『一日の行楽』『温泉めぐり』『日本一周』『旅』。

1923～24（大正12～13）年　『花袋全集』全16巻。『花袋紀行集』第一～三輯刊行。

次は第二輯「草枕」中の〈最上川〉の評。

――文語体の紀行文としてすぐれたものである。些かの佶屈なく、暢達平易の筆の跡を見るべきである。この作者は自然主義的傾向をもつた人であつた。しかし、小説の外に紀行文作家として最もすぐれた手腕を有してゐる。範となすべきである（『女子国文選教授資料』）。

1924（大正13）年──『源義朝』。15年、『通盛の妻』。

──歴史小説を展開するに及んでは心境愈々清澄を加へ、主観と客観との渾一を思わせるものが多くある。かくの如く花袋翁は晩年に至るまで、常に育ちつつあった作家である（小保方守治）。

1927（昭和2）年──『百夜』福岡新聞に連載。昭和10年、中央公論社から刊行。

1928（昭和3）年──10月、満州・蒙古を旅行。12月、脳出血で倒れる。

1929（昭和4）年──全快したものの、喉頭癌に侵される。

1930（昭和5）年──5月13日、代々木の自宅にて死去。享年59歳。

没後『決定版・花袋全集』刊行される。

参考資料：『館林郷土叢書』館林郷土史談館編、館林図書館１９３８／『現代日本文学大事典』明治書院１９６５／『女子国文選教授資料巻９』明治書院１９２８／『日本文章史１徳田秋声』松陽堂１９２５／『アルピニストの手記』小島烏水著、書物展望社１９３６／『工手学校』茅原健著、中公新書２００７／『日本人名辞典』三省堂１９９３／『田山花袋集　日本近代文学大系19巻』角川書店１９７２／国立国会図書館デジタルコレクション

2021
7.10

明治の評論家・紀行文の名手、大町桂月とゆかりの人物

コロナ禍。ステイホームも2年、諦めつつも旅が恋しい。交互に行く先を決めている旅友から「コロナ収束したら、まずは温泉だよ」と電話があった。私はどこに行っても図書館・資料館に入りこむから、それらがなさそうなところを提案された。

その友と土佐の桂浜で坂本龍馬の銅像を見たことがある。そこは大町桂月の故郷でもあり、桂月の号はその浦戸湾口、月の名所でもある桂浜に由来するという。

さて、桂月を知ったのは与謝野晶子〝君死に給ふこと勿れ〟の一件で、桂月を快く思わなかったが、『明治の一郎・山東直砥』で桂月著『後藤象二郎伝』を参照、桂月に興味をもった。

その大町桂月は多方面と交際があり著書もきわめて多い。桂月が書いた同時代の文学者評なども引用しつつ見てみた。

大町（おおまち）　桂月（けいげつ）

1869（明治2）年――1月24日、土佐の高知で生まれる。
父は通、母は多賀氏、その三男。本名は芳衛。

1880（明治13）年―父が他界し母と上京。大叔父の家に寄寓し番町小学校に通う。

1883（明治16）年―千頭清臣の紹介で明治義塾の学僕となり、英学を学ぶも漢書と詩文に耽る。

1884（明治17）年―原要義塾に入りドイツ学を学び、翌年2月、独逸協会学校入学。

1886（明治19）年―9月、第一高等中学校に入学する。

1888（明治21）年―杉浦重剛の門生となり称好塾で学ぶ。

1893（明治26）年―帝国大学国文科入学、29年卒業。『帝国文学』編集委員。美文・評論など発表。落合直文「浅香社」で塩井雨江を知る。

1896（明治29）年―『（美文韻文）花紅葉』を雨江・竹島羽衣とともに編集刊行。

詩のアンソロジーとして注目され、美文は対象に寄せる愛情の深さと国民精神の高揚に特色がある。

――漢文を作り絢爛の文章を作ったが、その後、平淡となり、なるべく古い漢語をさけて、耳に聞いて解るような文章に……文字に拘束せられずに、自分の思想をありのままに表現するように努められた（鳥谷部陽太郎）。

1897（明治30）年――『契沖阿闍梨』刊行。国学者としての契沖の業績を評した。

この頃から、全国をめぐって数々の紀行文を書いて次第に第一人者となる。また、初期には国粋的傾向を有して文壇を軟弱と批判する硬派評論家としても活躍する。

1898（明治31）年――『（美文韻文）黄菊白菊』を刊行。

雨江・羽衣らと大学派と呼ばれ、ますます名声を高めた。

1899（明治32）年――家庭の事情などから島根県嵌川中学校教員となる。

1900（明治33）年――帰京し博文館に入社する。

『太陽』『文芸倶楽部』などに文芸評論・随筆・紀行文など次々に発表。本来の旅行好きもますます嵩じて全国を旅する。酒と旅を愛する東洋的文人の一典型ともいわれる。
田山花袋は桂月を、「いかにも天真流露。文語調で自然で闊達、洒脱、素朴な人間性を感じさせる紀行文に独特の味を見せた」と評した。

1901（明治34）年──福澤諭吉死去。

〈福澤翁を弔ふ〉
──翁は君子に非ず、豪傑に非ず、されど、一種の偉人也。教育家として、明治の先覚者として、社会の指導者として、西洋文明輸入者として、一種の事業家として、また操觚者（文筆に従事）として、明治年間、最も大なるものの一人也（『一枝の筆』）。

1902（明治35）年──9月、正岡子規死去。

鎌倉や畑の中に月一つ
さすがに俳句の大家、正岡子規なり。国破れて山河あり、邸閣の跡は、今、畑となる。天辺一輪の月、曾て昔の繁華を照らし、今の寂寥を照らす……千古の絶唱。子規の傑作。芭蕉の「夏草やつはものどもの夢の跡」にまさりこと万々なり（桂月）。

1902（明治35）年―12月、高山樗牛死去。

――死生、命あり。樗牛の如く、多く活動したらむには、三十年の生涯も短しとはせず。花々しきかな、樗牛の一生。明治の世、才人多し。されど樗牛の如く、花々しきもの、果たして幾人かある。われ等凡人の一生は、牛の重荷を負うて、のそのそ歩むが如し。樗牛の一生は、駿馬の名人を乗せて走れるなり。電気の空にきらめけるなり（桂月）。

1903（明治36）年―〈幸田露伴の近業〉

――嗚呼、昨今の文壇は、露伴の文壇乎、抑も文壇の露伴か、多謝す、この大家、旧によりて好在也……久しく沈黙せし露伴、昨年九月より、読売新聞に「天うつ浪」といふ大小説を出しはじめたり……中略……今の多数の小説家は、ただ漸く情の人を描き得るも、智の人、意の人を描く能わざるに……この点に於いて、露伴はまず当代唯一の大家なり……中略……軍人に広瀬中佐を出したるを以て、国家も、国民も、国の宝とし、栄誉とすべき也……（桂月）。

1904（明治37）年―日露戦争。

〈旅順閉塞船〉

――記せよ、明治三十七年二月九日の日を。ああこれ仁川に、旅順口に、日本の海軍が、露国に向つて、初めて、砲火を開きたるの日也。露国が初めて我北辺に冠してより、茲に幾ほとんど百年……露国の陸兵は、既に満州の野に充てり。旅順港に浦塩港に、彼の艦隊はあつまれり……我兵が海を渡りては、満州に往かむには、彼の艦隊に邪魔せられむこと必せり。我国は、まず海上権を我手に収めざるべからず……中略……旅順口閉塞に際して、広瀬中佐、杉野兵曹長以下二名戦死し……嗚呼中佐年三十七、久しく露国にありて、敵の事情に通ぜり。温厚にして学すぐれ、智すぐれ、情誼にあつくして、勇気世に絶ず。まことにこれ軍人の好模型にして、国家の亀鑑也……死して軍神と仰がるる……花は桜木、人は武士……（桂月）。

9月、与謝野晶子、雑誌『明星』に〈君死にたまふこと勿れ〉を載せる。

――旅順の総攻撃で多くの戦死者がでた直後、与謝野晶子は旅順口包囲軍中にある弟を思い、「君死にたまうことなかれ、旅順の城はおつるとも、おちざるとてもなにごとも」を発表したが、弟を思う気持ちが戦争反対だけでなく、天皇批判にまで及んだため、大町桂月は雑誌「太陽」で「日本国民として許すべからざる悪口なり。国家の刑罰を加うべき罪人なり」と罵倒した。これにたいし、上田敏、馬場孤蝶および与謝野鉄幹らは「君死にたまうことなかれ弁護の演説会」を計画し新聞「日本」に予告する（『明治の兄弟　柴太一郎・東海散士柴四朗・柴五郎』）。

1905（明治38）年—夏目漱石『ホトトギス』に「吾輩は猫である」を掲載し始める。

――（桂月の夏目漱石論）　絶代の奇才といふべき哉……『吾輩は猫である』を著すに至りて、夏目漱石の奇才、ここに始めて穎脱せり。啻に其作が奇抜なるのみならず、大学教員にして、而も四十歳近くになりて、始めて小説を草し、而も其小説が文壇を風靡するといふ事実が奇抜也……漱石は、滑稽をも兼ねたり。「かみなりのづに乗りすぎて落ちにけり」はまだ月並の痕跡もあれど「某は雀にて候案山子殿」などに至りては、滑稽の妙をきはめて、よく漱石一家の特色を発揮せるものなり……中略……

苦沙彌先生、二杯の晩酌の處を四杯まで飲み過す。細君苦々しき顔をます。先生曰く「桂月が飲めと勧めたり」「桂月とは何ぞ」「さすがの桂月も、細君に逢っては、一文の価値もなし。桂月は現今一流の批評家なり」……「酒のみならず、交際をなして、道楽をして、旅行をしろとすすめたり」細君柳眉をさかだつる……漱石の作、冷かなるやうなれども、真に冷かなるに非ず。腹には、万斛の涙ある人なり。されど、自ら修養するところ深く、理性も発達せり。生死得葬の上に超脱す……。

1906（明治39）年―博文館退社。

以後、貧しい生活の中で自由な文人生活を楽しみ、各地を旅行する。

1907（明治40）年―『日本文章史』。桂月は教科書・学生訓・文章史・規範小説など多くの著作があるが、人格に結びつく文章を説く文章論の影響は大きい。

1908（明治41）年―〈奥羽一周記〉発表。鳥谷部春汀・平福百穂らと十和田湖を訪ね、その風景美を一般に知らしめた。わけても十和田湖に近い蔦温泉を愛し、その地で没する。

1909（明治42）年――『関東の山水』『鎌倉武士』『源氏と平氏』など刊行。

1911（明治44）年――〈当代の芸術〉

――独創の域に至れるものは、まだ、之あらず。（明治30）年代までの日本の文学・文化を過渡期のそれと見なし、的確に、ときには辛辣に状況に即した批評（桂月）。

1925（大正14）年――6月10日、青森県上北郡奥沢村（現十和田市）にて死去。享年56歳。

――（桂月、我が子に）この父は短所は多いが男らしいといふ気象は大いに持つて居るつもりである……文章は自他ともに許したところである。自由な筆法実に縦横無碍である。

――彼は大の吃音なり、而も、その演説が常に学生間に受けられて、三宅雪嶺とともに訥弁の雄弁を以て称せらるる亦珍ならずや（『近代土佐人』）。

桂月はまた偉人の評伝を数多く残した。ジャンルにとらわれず、幅広い視野からさまざまな文章を発表、後代に与えた影響力は大きい。発表された紀行文は500編を越す。

参考資料：『十人十色名物男』大町桂月著、実業之日本社1916／『中学新国文備考　巻9』金港堂1926／『大正畸人伝』鳥谷部陽太郎著、三土社1925／『一枝の筆』大町桂月著、今古堂1907／『近代土佐人』片岡仁泉著、土陽週報社1914／『我が半生の筆』広文堂書店1915／『現代日本文学大事典』明治書院1965／『明治時代史大辞典』吉川弘文館2021／国立国会図書館デジタルコレクション

2021
7.17

信州白樺教育・代用教員は謄写版印刷の名手、赤羽王郎

ウン十年前、卒論のため国立国会図書館に通った。当時、立ったままひたすらカードをめくって資料探し、これで時間をとられるからその日は閲覧カードに記入してお終い。翌日再訪してカウンターに前日の閲覧カードを提出し、希望の書籍が出てくるのを待つのだ。運が悪いと、やっと手にしたものに目的の事項が無いこともあった。ともあれ、目的事項が見つかれば複写申請する。次第によってコピーは後日郵送になることもあった。

しかし現在は、「国立国会図書館デジタルコレクション」がある。著作権が切れたものなど居ながらにして検索、ダウンロードもできる。

古書店で2万円した東海散士『東洋之佳人』が、いまはタダで読める。こういうのはちょっと惜しい気もするが、膨大な書籍、資料を見たり読んだりできてありがたい。感謝して利用している。

ところが、そうなると古書店は商売あがったりである。店終いした店があるのは、なんとも寂しい。古書店のカタログを愉しみにしていたが、廃業したのか来なくなった。

便利で無料、利用者は嬉しいが、生活がかかる向きには災難である。それはまた、暮らしばかりか文化も痩せ細りそう。こういう事例、古書店ばかりとは限らなそう。

それにしても、古本カタログをとっておけばよかった。まあ、少しはとってあり、その一冊「古本倶楽部別冊・お喋りカタログⅡ２００８．09」に出ていた「赤羽王郎」が気になった。

『虚実論』中川一政著、教養文庫刊行会（赤羽王郎）初版　孔版刷　昭和22年6月21日

——戦後に旧作の詩を編纂したものですが、一政の著作の中では比較的珍しい一冊。さらには刊行者の赤羽王郎にご注目。

自由主義的な白樺派教育の実践者として知られる赤羽は反発や排斥にあいながらも、日本各地を転々とし、さらに朝鮮、中国へも渡り、生涯を流浪の代用教員として過ごした。また、赤羽は謄写版印刷の名手でもあり、これは彼が戦後に1年ほど滞在していた岩手・花巻での刊行である。

赤羽（あかばね）　王郎（おうろう）

１８８６（明治19）年——4月17日、長野県上伊那郡東春近村（伊那市）で生まれる。本名、赤羽一雄。

１８９４（明治27）年——日清戦争。

1904（明治37）年―日露戦争。

？ 年―旧制飯田中学校（長野県飯田高等学校）卒業。

？ 年―下伊那郡下の小学校で2年間、代用教員をする。

？ 年―東京美術学校図案課を卒業。

1910（明治43）年―自殺未遂。

武者小路実篤・志賀直哉・有島武郎らが創刊した文学雑誌『白樺』を購読した若い教員たちは、個人主義の立場から「自己を生かす」ことを第一に掲げ、個人が人類の意志と結びつくとする人生観、トルストイズムやキリスト教的ヒューマニズムにたつ教育を実践した。

1911（明治44）年―更級郡中津尋常高等小学校の代用教員になる。

？　年―諏訪郡玉川小学校に転任する。

この頃、来県した武者小路実篤に出会い、白樺派同人と交流を深め、以後長野県における白樺派教育の先導者となり、人道主義の思潮と芸術運動を盛り上げた。武者小路は赤羽王郎から依頼を受け、「かちかち山」「花咲爺」を子供向け戯曲として『白樺』に発表する。

1915（大正4）年―本科正教員となる。

子どもを中心にして型をぶち破っていくような教育を展開する。

1917（大正6）年―岸田劉生〈「カチカチ山」表紙案〉（笠間日動美術館蔵）。

1918（大正7）年―4月、埴科郡戸倉尋常小学校訓導となる。

同僚の訓導・代用教員らと行った教育が村民と衝突する。

1919（大正8）年―〈戸倉事件〉。県当局から、9人が退職・休職・譴責などの処分を受けた。

〈戸倉事件〉

一切の教育差別を否定しようとしたり、児童読物購入のため学校備品の古書を売却したことが長野県議会で問題視。赤羽一雄（王郎）と滝沢万治郎は退職、羽田邦夫は休職を命ぜられ、中谷勲など数人は転任させられる。

白樺派の自由主義教育は、長野県教育会の主流からはずれており、戸倉事件などへの支持者は少なかったのである。

〈南箕輪事件〉

笠井三郎が南箕輪尋常高等小学校に転任。柳宗悦の講演会やウイリアム・ブレイク展を七ヶ村で開催。赤羽とともに、柳宗悦の講演会、泰西絵画展・ロダン展を県内各所で開催する。しかし、不快に感じ排撃するものがあり笠井は転出せざるを得なくなる。

？年―長野を追われた赤羽は、東筑摩郡塩尻小学校、和田小学校、埴科郡戸倉小学校に赴任する。その後、柳宗悦の元に寄寓した。

1921（大正10）年―柳の勧めで京城の中央高等普通学校に赴任する。

1922（大正11）年——1月14日、——あんなに準備した「ブレークの絵画」と題する講演会は2時～3時半まで。ブレークの複製画は20余点。来場者は50人余。ブレークも知らない大半の朝鮮人、在住日本人に一生懸命知らせたい。良いものは知らせたいという思いが強い。このとき、柳宗悦は33歳。巧は31歳、赤羽王郎は1886年4月生まれで36歳独身（山梨民藝協会HP『浅川巧日記』を読み解く1922（大正11）年8月15日より）。

1923（大正12）年——鹿児島県で教職。妻の実家がある鹿児島県下の離島や辺地で代用教員をつとめる。

1935（昭和10）年——松本で、雑誌「地上」を創刊したり謄写版印刷に従事した（松本市教育会HP・人物小史）。

1939（昭和14）年——周作人（中国文学者・魯迅の弟）の知遇を得て中国大陸に渡って日本語を指導しようとしたが、中国語ができない王郎を雇う学校はなかった。

1944（昭和19）年―この頃、帰国。各地を転々とする。

1945（昭和20）年―太平洋戦争敗戦。

1953（昭和28）年―停年後は、鹿児島県教育委員会事務局嘱託、県教職員組合教育研究会講師などを兼務、教育活動家として終生つらぬいた。

1964（昭和39）年―再び妻の故郷である鹿児島に移住する。

1981（昭和56）年―5月21日、鹿児島で死去。享年95歳。

正確な来歴については、正否の判定が難しい部分が多い。履歴書が流浪先で適当に書かれたものであり、来歴に関する具体的な口述が少ないこと、晩年は事実と本人の願望が錯綜したことを述べていたためのようである。

参考資料：『長野県の百年』山川出版社１９８３／国会図書館デジタルコレクション

2021
7.24

ジャーナリスト松本英子（永井ゑい子）、みどり子

本は山ほどあって贅沢いわなきゃ読み放題。子どもの頃、周囲の大人が次々に本を持ってきてくれたから読み物に不自由しなかった。

ところで、読書には勉強のイメージがあるらしく「将来、何になるの？」とよく聞かれたが、「ただ読んでるだけ」と言っては拍子抜けされた。ぼーっとしたまま大人になって結婚した。夫は私の両親と気が合い、顔をだすと喜ばれた。

お陰で、子育ては気兼ねなく実家を頼って楽をした。そんな風だから、「〇〇ちゃんのお母さん」と呼ばれても抵抗はなかった。

ところが、「△△の奥さん、〇〇のお母さんじゃなく、名前で呼ばれたい」という人がいた。はじめ、なんでなの？　と思ったが、考えてみれば、なるほど納得だった。「名前で呼ばれたい」という彼女は幾つかのボランティアをしていたが、気負いもなくサッパリしている。自立した彼女と話をすると何がなし前向きになる。ただ、付け焼き刃ですぐ忘れてしまうが、それでも自分なりに女子の活躍を応援したいと思っている。そして、『海を越えた日本人名事典』で見た松本英子に惹きつけられた。

松本英子は幕末生まれの明治・大正期のジャーナリストである。知識教養ばかりでなく、困難にある人々の力になろうとする行動がまた凄い女子である。

ところでこの松本英子、筆者も知らなかったが、広く知られていないのがちょっと不思議である。手元の人名事典にも見当たらず、資料も少ない。江刺昭子著『女のくせに』があってよかった。

事績があるのに埋もれているのは女子だから？　それとも足尾鉱毒事件を精しく記事にしたから？　それとも渡米したまま生涯を終えたから？　ともあれ、生涯を辿ってみよう。

松本（まつもと）　英子（えいこ）

本名・永井ゑい子。別名・松本栄子、家永ゑい子。筆名・みどり子。

1866（慶応2）年3月18日、上総国望陀郡茅野村（千葉県木更津市）で生まれる。父の松本貞樹は農家の出身だが学問を好み、和漢学を研究し学塾を開く。貞樹は二女・英子に英才教育を施した。英子は7歳の頃には村の道標や神社の幟など大人も及ばない達筆で書いて神童ぶりを示した。貞樹の英子に対する教育ぶりや思いは、『女のくせに』（鉱毒と闘った社会派――松本英子）に精しい。

1874（明治7）年―英子8歳。

噂を伝え聞いた県令から呼び出され、和歌を詠み、見事な書を書き県令を驚かせた。その後、父に連れられて上京、※70津田仙の家に世話になる。

1883（明治16）年―津田が設立した三田救世学校の生徒兼教師になる。一方で、熱心なクリスチャンとして伝道にも従事する。

1884（明治17）年―自身も学びつつ英語の訳読とバイブルを講義する。

1886（明治19）年―女子高等師範学校入学。ここでも助教師の資格で在学中、米人教師の通訳をつとめた。

※70 津田仙：農学者・教育家。旧佐倉藩士。幕臣津田家の養子となり外国奉行の通訳、福澤諭吉らと渡米。明治以降は在野で活躍。農業雑誌を刊行、熱心なキリスト教徒として複数のミッションスクールの創立に協力。津田塾を創設した津田梅子は仙の次女。

1890（明治23）年―卒業。

1891（明治24）年―10月、濃尾大地震。岐阜・愛知県一帯に発生した。マグニチュード8・0の巨大地震で、死者7273人、負傷者1万7000余、全壊家屋14万余、半壊8万余、道路破壊2万余、山崩れ1万余という大災害。これをきっかけに翌年、震災予防調査会が設立される。

英子はバイブルウーマンとしての経験を活かし先頭に立って救済活動を展開。慈善バザーや演芸会を催し多額の現金を被災地に送った。

1892（明治25）年―この頃、外務省翻訳官・家永豊吉と結婚。

1895（明治28）年―長男・勝之助を出産。この年、父・貞樹を喪う。

？　年―家の破産により一家離散に見舞われ、結婚生活は長く続かず、松本姓にかえる。

1898（明治31）年―下田歌子の華族女学校へ奉職、英語と家政を教える。

1900（明治33）年―末に同じく教鞭をとっていた津田梅子に次いで、英子も辞職。

この頃、英子はワーズワース、テニソン、スペンサーなどの詩を翻訳し出版を予定していたが、実現しなかった。

1901（明治34）年―わが国最初の日刊新聞『横浜毎日新聞』後身の毎日新聞に入社する。この新聞社は社長の島田三郎が、足尾鉱毒問題・婦人問題・廃娼問題に熱心であった。

――当時、足尾銅山鉱毒事件が大きな問題となって世間の耳目を集めていた。島田三郎、木下尚江らのいる毎日新聞社は、被害農民の側に立って論陣を張り世論を高めていたが、そうした状況下……英子も鉱毒地を視察、その悲惨さを目のあたりにし、真正面から取り組むことになる。「みどり子」のペンネームでルポルタージュを連載した。

11月25日から翌35年2月まで59回にわたって続いたこのルポルタージュ記事は大き

な反響を呼び、被害農民支援活動の推進力の一つともなる。田中正造の天皇直訴事件などもあり運動は勢いを増していったが、それと同時に政府の弾圧も厳しくなり、彼女も取調を受ける（『海を越えた日本人名事典』）。

1902（明治35）年―秋、37歳。連載記事を本にまとめた後、新聞社を辞めて渡米。

――英子はなぜ突然渡米したのだろう。府馬清氏の『松本英子の生涯』には、渡米前の英子が内村鑑三に何かの相談を持ちかけたらしい……　この一件は何なのか。英子と[※71]左部彦次郎の恋愛問題をさしているのだろうか。左部は東京専門学校卒業後、田中正造に信頼され、早くからその片腕となって苦しい闘いをしてきた人である。英子より一歳年下だが、二人の親密さは運動関係者の周知の事実だったと、萩原進著『足尾鉱毒事件』にある。英子渡米より少し後だが……左部も謎の転身をとげている（中略）……　37歳の英子をして唐突に海を渡らせたものの正体ははっきりしない（『女のくせに』）。

アメリカの英子は、シアトル・シカゴ・ニューヨーク、やがて世界大博覧会が開催されていたセントルイスへ赴いた。当地では看護婦や通訳、あるときは翻訳と寸暇を惜しんで学び働いた。やがて、サンフランシスコに移る。

1905（明治38）年—サンフランシスコで保険代理業をしている永井元と結婚する。

永井は群馬県人で渡米前、廃娼運動をリードしていた。渡米後、『金門日報』を創刊したジャーナリストで、英子にとって終生の好伴侶であった。

4月、サンフランシスコ大地震。英子は元の協力を得て被災者の救援を行った。

7月、カリフォルニア大学の夏期講習会に夫婦で参加し、英子はそのまま、バークレイにとどまり勉学を続けた。

1912（明治45）年—4月、カレッジ・オブ・パセフィック大学を卒業する。

以後、それまで経済的に支えてくれた夫の保険の仕事を手伝い、業績をあげる。その仕事のかたわら『在米婦人新報』など日刊新聞、週刊誌、雑誌などに寄稿を続けた。日系の新聞雑誌に発表した散文や和歌に、非戦を主張したものがかなりみられる。

※71　左部彦次郎：けやきのブログⅡ２０１０年７月13日〈足尾鉱毒事件　左部彦次郎のなぜ〉・「足尾鉱毒事件と左部彦次郎」桑原英眞著、２０１９「群馬文化」３３８号／『左部彦次郎の生涯』安在邦夫著、随想舎２０２０

人と人の　その真心よ　通えかし
国と国との　境なきまで
託す。

1914（大正3）年―第一次世界大戦。英子は戦争を否定、平和を望む強い思いを詩に

――人類愛を目指し、その思想に生きた彼女の姿勢が詩の一編一編から読み取れる。卵巣癌のため臥床しながらも日記を書き続けた（『女のくせに』）。

1928（昭和3）年4月23日―死去。享年63歳。

――ガンに力尽きた英子は、愛する夫に抱かれて、天上の館に還った。永遠に眼を閉じる2週間前に詠んだ辞世の歌。

下界には　あまりに清し　天つ代を
夢みて月の　かく照らすらん

一周忌。愛を確かめ合った元によって『永井ゑい子詩文』が自費出版される。

参考資料：『新訂増補　海を越えた日本人名事典』日外アソシエーツ２００５／『女のくせに—草分けの女性新聞記者たち』江刺昭子著、インパクト出版会１９９７／『日本史年表』岩波書店１９９０

2021
7.31

『明治大正人物列伝52』

『明治大正人物列伝52』中井けやき著　￥１３００＋税

内容は、２０１５年１月３日〈見よ、飛行機の高く飛べるを！明治の飛行家たち〉から２０１５年12月26日〈長崎海軍伝習所・宮古海戦・中央気象台長、荒井郁之助〉まで52項にわたる。

――明治から大正という近代日本の黎明期に、さまざまな方面で力を発揮した特異な人物たち、歴史的な意味のある場所や、希有な出来事が纏められ、万華鏡のような世界を現出させている。耳慣れない人名や出来事と出会わせてくれる作品は、まさに中国史の「列伝」と呼ぶに相応しい。歴史は権力者や戦争、大事件だけで構成されるものではなく、底辺たる群像と、全分野が総合され創り上げられてきた。

ブログという私的な日記形式で執筆され、常に著者の「今」と不可分な内面から掘り起こされている。郷土史を彩るのは、決して立身出世、忍耐努力の人だけではない。著者はより幅広い人物に目を向け、明治大正の多彩さを語る……「女性の活躍」などが期待されなかった時代に、自ら道を拓いた「花巻出身の明治女学生、佐藤輔子と山室機恵子」「ルビ付き記者の活躍、磯村春子」は、大山捨松や津田梅子らとは異なる場所で、存在感を放っている。

人物列伝とともに、視点を場所や出来事に移した、テーマ別の記事も面白い。「陸奥のいろいろ、大名・藩校・御用商人・産物」などがそれである……戊辰戦争から日本国憲法施行までを辿る8月15日の「明治・大正・昭和の戦争」は、終戦70年に平和を祈念する思いが籠められている（出版社講評より）。

『明治大正人物列伝52』を読む（玉木研二）

徳川大尉の代々木原頭の飛行は、当時の記事（東京日日新聞）の調子が印象的で、現場にも行ったことがあります。今は翼を模した碑が林の中にひっそりと影を落としています。

高島炭鉱には、１９８０年代半ばですが、炭鉱閉山をめぐるルポを書くため一週間泊まったことがあります。

まだ町役場もあり、町長（なかなか好人物でした）や労働組合幹部、鉱員、会社側のエリートエンジニア、寿司屋、菓子職人らいろんな人々と語り合ったことが懐かしく思い出されます。戦後四十年を経た頃ですが、まだ、戦争体験を生々しく語れる人が大勢いた時代です。

例えば、島の寿司屋さんは満州で店を開いて、日本軍人がよく出入りしていたが、ソ連侵攻で関東軍は居留民らを守ってくれず、姿を消すように撤退（逃亡）しました。命からがら引き揚げて開いた高島の店は、炭鉱景気を背景に繁盛しました。

どこの炭鉱もそうでしたが、戦後復興のエネルギー資源として政府が資材、資金を傾斜配分、全国から職を求めて人が集まりました。人気芸能人もよく興行に訪れました。やがて石油に資源のチャンピオンの座を奪われ、次第に衰退します。

私が訪れた当時、既に寿司屋には往年のにぎわいはありませんでしたが、二階に隠し部屋のようなものがありました。炭鉱の争議で組合側と会社側の裏折衝、いうなれば「ボス交」がときに応じて行われた部屋だと聞いて、こりゃ文化財（いまでいえば歴史遺産）として残しておきたいもんだと思ったものです。

広島県産業奨励館（原爆ドーム）には第一次世界大戦にもまつわるエピソードがあります。大戦終了後、このときは戦勝国であった日本に青島で戦ったドイツ将兵の捕虜が移送され、広島湾沖合の似島（にのしま）にも収容所が設けられました。

ドイツ人と日本人との間にはわだかまりもなかったようです。料理をふるまったり、サッカーを楽しんだりしました。

捕虜の一人に菓子職人がいて、産業奨励館の展示会に出品販売しました。日本人が初めて目にする菓子で、その形、味はとても人気となりました。バームクーヘンです。

やがて捕虜たちは故国ドイツに帰る段になりましたが、この職人は帰らず、首都圏に拠点を移し、関東大震災で被災したものの、神戸で再起、「ユーハイム」として続いています。

余談ながら、広島の学生らに初めて高度なサッカーの技を教えたのも似島の捕虜たちで、心酔した学生の中には舟を漕いで島に通い、教えを乞うた者もいたそうです。

似島は後年、原爆被災者が続々と運び込まれ、地獄の様相を呈することになります。

魯迅の「藤野先生」はぜひいまの中学、高校生にも読んでほしい短編です。国語だけでなく、歴史学習に用いてみてはいかがでしょうか。

ちなみに、太宰治の小説「惜別」は、戦争中（それも相当末期）の作品ですが、仙台医専で魯迅と同期だったという老医師を太宰が造形して書いています。

杉亨二（こうじ）は豊島区の染井霊園に墓があります。数年前、政府統計の中にインチキがあるという問題が起きたとき、ここに参り、「わが国統計学の父」が何思うや、と考えをめぐらせたことがあります。ひたむきに生きてきた人だと思います。

少年時に両親をなくし、以来、自分のなすべきことは何か、に徹する生き方を通してきたのではないかと思います。

〈玉木研二先生コラム講座〉

以前、毎日文化センター「コラムを書いてみよう」講座に通っていた。

講師は玉木研二先生（当時、毎日新聞客員編集委員）。月2回、テーマを決めて1000字を原稿用紙に手書きして提出すると、次回返却される。

自分の書いたものを読んでもらえ、丁寧な講評つきで愉しかった。

知人に「三行あったら読まない」と言われたこともあり、読んでもらえるだけで充分うれしく、受講してすぐ嵌まった。

ところで、書くのは好きでも文章修行をしたことがない。

たまたまコラム講座の広告をみて、年々長くなるブログ記事を短くするには、「コラム＝短い」のイメージから受講を思い立った。

さて受講してみると、どうもコラムと自分のブログ記事は別物みたい。でも、講座は面白い。何より、講評によって自分の書いたものがよく見え何度も木に上った。講師は褒めて育てる先生だった。

ただ、自分はおっちょこちょい、とくに漢字の間違いは恥ずかしいのに反省が足りず、何度も失敗している。

興味のある新聞記事をよく切り抜くが、その当時は毎日新聞「火論　ka-ron」をスクラップしていた。それなのに、迂闊にもコラムの講師と〝火論〟の筆者が同じと気づくのが遅れた。大抵のことを「ま、いいか」とやり過ごすが、読むのも大雑把な自分に「ア～」。でも、玉木研二先生に出会えて良かった。そして、もっと嬉しかったのは、20歳代に雑読濫読していたものを先生も読まれていたこと。

全体への講評中にそれらの作家や書名が挙がるたび、大きく頷かずにはいられなかった。それにしても半世紀を隔て、歳月を超えて共感できるってすごい。また『その時、名画があった』（玉木研二著）を開くと、それを一緒に観た友人、その時々が彷彿して懐かしい。まさか、年金世代になって若い日が蘇り、潜んでいた孤独感が癒やされるとは思いもしなかった。

何よりも玉木先生の新聞記者としての経験、社会への鋭い観察眼、多方面にわたる話題は興味津々。初めて聞く話も多く、いつまでも聴いていたかった。

ところが、コロナ禍！

２０２０東京オリンピックは開催されたが、いろいろなものがストップしてしまった。

玉木研二先生、コラム講座の皆さん、どうかコロナにも猛暑にも負けずお元気で！

2021
8.7

スポーツの話あれこれ

２０２１年7月23日、夜。日本も世界もパンデミック、コロナ禍さなか、開催反対もあるなか「２０２０東京オリンピック」が1年遅れで開催された。

そうした日々にテレビや新聞が報道するのは、様々な競技で活躍する選手と増え続ける感染者数である。感動するそばから不安がよぎり、落ち着かない。

〈返上された東京大会〉

——１９４０（昭和15）年の第十八回大会は、ベルリン大会の直前、ヘルシンキと争う、36票対27票で東京と決まった……アジアで初めてのオリンピックだったので世界各国とも大いに期待……しかし、戦火はますます広まっていき……１９３８（昭和13）年、7月16日、大会を返上することに（『オリンピックの歴史』）。

１９６４（昭和39）年、第十八回東京オリンピック大会。57年前の開会式は青空、カラーテレビに映える華やかな行進が印象的だった。

しかし今回、２０２０東京大会はコロナ禍さなか、夜間の開会式、無観客。それでなくても物寂しいのに不祥事続き、当事者でなくとも不安がよぎる。先の戦争ではないが始めたら最後、止まるも引き返すも無いもののようだ。

それでも競技が始まれば見てしまう。初めて見るスポーツは物珍しく、お馴染みの水泳や体操に見入り、下手の横好きの卓球、侍ジャパンの野球は応援にも力が入る。

いずれにしても、どの競技にも語り継ぐべき物語があり、それを辿れば一巻の物語となるはず。しかし、筆者の手に余る。そこで、けやき流に〝スポーツ〟を見てみた。

〈明治期のスポーツの翻訳語：遊戯と競力〉

1870（明治3）年、福澤諭吉は『西洋事情』でイギリスの学校に設置されていた運動場設置とそこで実施されていたスポーツ（遊戯）を最初に日本語で紹介した。

〈東京大学の体操とベースボール〉

東京大学の前身・工部大学校は、学生の日課表に「体操」を設けていた。徒競走・ウォーキング・障害走・幅跳び・走り高跳び・棒高跳び・ハンマー投げ・石投げ・フットボールのドロップキック・三段跳び・水泳など。

「遊戯」として、フットボール・シンティ・ラウンダース・輪投げ・馬跳び・陣取り遊び・ベースボール・クリケット・ローンテニス・ローンボーリング（芝生でのボーリング）・イブス（イギリスの伝統的遊戯）・ゴルフなど実に多彩であった（『スポーツの歴史と文化』）。

〈人生になぞらえるスポーツでの試練〉

日々の生活において、試練に向き合い、克服しなければならない面に遭遇することがあります。スポーツを通じて試練を克服してきた経験は、そうした困難に立ち向かう勇気と自信になります。スポーツでは、まわりで支え応援してくれる監督やコーチ、仲間、サポーターなどの存在があるように、人生においても周囲の人々に支えられて試練を克服していきます（『「ひと・もの・こと・ば」から読み解くスポーツ文化論』）。

〈高齢女性がスポーツに参加するメリット〉

癌リスクの軽減と心臓の健康増進以上に、女性は身体運動を行うことによって身体的メリットを得る。

適度な運動により、メンタルヘルスの維持、骨粗しょう症予防、認知症の緩和、体重やバランス・動作に影響を及ぼす体幹の筋力を維持できる……

認知機能（記憶力、記憶保持能力）、体重、柔軟性、体力、心理的な見方、社会とのつながりなど、健康とウェルビーイングを示す様々な指標を考慮すれば、活動的であればあるほど女性は寿命が延び、ＱＯＬ（生活の質）も向上する傾向にある。

〈スポーツを続けて上手に歳をとる〉

歳をとっても競技を続けるアスリートは、上手に歳をとる確率が高いと言われている。

この「上手に年を取る」という言葉は、生活満足度や心身のウェルビーイング、安定したＱＯＬ（生活の質）に良い影響を及ぼす運動機能と認知機能を保ちながら、有意義に活動している高齢者の成果を言及する数多くの研究者が使っている……定期的にトレーニングを行っている女性も、加齢に関する慢性的な健康障害や病気を経験することが少ない（『女性・スポーツ大辞典』）。

〈スポーツ観戦で健康に〉

賛否両論ある中で東京オリンピックが始まった。悔しさや、けがや障害などの苦難を乗り越え、５年もの歳月を練習に明け暮れ、自分やライバルと戦い抜いた選手たちが活躍している。混合ダブルス決勝で中国を破り、日本卓球界初の金メダルを決めた瞬間のテレビ視聴率は40％を超えたという。数千万人の国民が観戦し、思わず「ガンバレ」とか「ヤッター」とか叫びながら、ガッツポーズをしていた計算になる。

――スポーツ観戦だけでも人は元気になるのか……中略……月一回～年数回、現地で観戦、あるいは毎週テレビ・インターネットで観戦している人は、全く観戦していない人に比べ、鬱リスクが3割低かった。みるだけでも健康にいいのだ……中略……今回のメダルラッシュのように、勝つほど治療効果は大きそうだ。選手たちだって、観客の声援で、より大きな力が出るという。やはり人は、共感する社会的動物なのだ（暮らしの明日・近藤克則）。

〈スポGOMI甲子園2021〉

高校生がごみ拾いをスポーツとして競う大会「スポGOMI甲子園2021」（実行委員会主催日本財団「海と日本プロジェクト」共催）が10月、東京都内で開かれる。前年全国を制した埼玉県立川口工業高校掃除部からは七チームが出場する（毎日新聞2021年8月6日）。

〈「東京水」うまみない五輪「厳戒下の祭典で」〉

コロナ禍になる前、都内の大きな体育館で卓球の試合があった。

そのときは競技場入り口に「東京の水道水」が入ったウォーターサーバーが置かれていた。その日、対戦相手の上級に歯が立たず、やたらと喉が渇き水筒がすぐ空になった。さっそく「東京の水」を飲んだら、冷たくて美味しかった。

東京オリンピック会場にも同じものが選手村や競技会場に置かれていたはず、飲んだ人はきっと喜んだでしょうに「うまみない」って何？

次の記事を読んで訳がわかったが、都水道局でなくても残念でならない。

――開催都市・東京都は今回の大会を通して自慢の水道水「東京水」をPRしようとしたものの、五輪スポンサーへの配慮で愛称が使えず、新型コロナウィルス感染拡大のために宣伝の機会も限られてしまった……

「スポンサーへの配慮　PR機会少なく」

東京都は高度経済成長期に河川の汚れが進み、水道水の臭さが問題化した。一九八九年以降、浄水場に「高度浄水処理」などの導入などを進め、いまでは目隠しで飲み比べをしても四割の人がミネラルウォーターよりおいしいと……東京の浄水技術を途上国に売り込むきっかけにしたかった（毎日新聞２０２１年８月６日）。

参考資料：『オリンピックの歴史』鈴木良徳著、ポプラ社１９８２／『スポーツの歴史と文化　スポーツ史を学ぶ』新井博・榊原浩晃、道和書院２０１２／『「ひと・もの・こと・ば」から読み解くスポーツ文化論』田里千代・渡邊昌史、大修館書店２０１９／『女性・スポーツ大辞典・子どもから大人まで課題解決に役立つ』エレン・スタウロウスキー編著、西村書店２０１９／毎日新聞２０２１年８月５日「くらしの明日―私の社会保障論」近藤克則

2021
8.14

江戸生まれの水道工学者、川上新太郎

２０２０東京オリンピック閉幕、空港は帰国する選手で混雑しているという。次いで、パラリンピックが開催される。両大会とも国内外の選手は、競技はむろんコロナにも負けられない。海外と往来が簡便なのはいいが、新型コロナウイルスのように怖いものも簡単に国境を越えてくる。

コロナ禍、感染者が増え続けているため、帰省や旅行を控えてと国や自治体が呼びかけるが、出入国せざるを得ない人もいるだろう。

ところで、現今の海外渡航者数は一体どれくらい？　見当もつかない。

これがペリーの黒船来航から明治期の海外渡航は一大事業で人数が限られる。「海外渡航者総覧」などで、有名無名を問わず渡航目的、職業、事績、略歴を知ることができる。それらを見ていると、世に役立つ仕事をし、成果をあげているにも拘わらず、無名人物が少なくない。

とくに土木施工、技術畑など実務に長けた人物が埋もれている気がする。各々の専門に特化した事典で紹介されている人物もいるが、世に知られていないのは惜しい。

そうした人物はおそらく、名が知られることよりも学問仕事が世に役立つことを喜びとしていそう。水道工学者、川上新太郎もその一人と思われる。

川上新太郎に感心するのは、すぐれた技術と実行力はもちろん、多額の公費を無駄にしない設計をし、常に工費節約をも考え実行していた点である。世のため人のため智恵を絞っていたようだ。技術ばかりでなく、こうした人智も受け継がれているといい。

川上　新太郎（かわかみ　しんたろう）

1858（安政5）年―6月27日、江戸に生まれる。
　6月19日、日米修好条約締結。下田奉行・井上清直（川路聖謨の弟）、神奈川でハリスと結ぶ。

1868（明治元）年―1月、鳥羽伏見の戦い（戊辰戦争始まる）。
　9月8日、明治と改元。新太郎10歳。

1883（明治16）年―東京大学理学部機械科を卒業。

1884～1889（明治17～22）年

――東京職工学校（東京工業大学の前身）教員を勤める。[※72]
教授嘱託・川上新太郎。応用重学、発動機、機械学大意（「東京職工学校一覧」）。

1889（明治22）年――東京職工学校辞任。アメリカに私費渡航し機械製造業を視察。

1882（明治15）年――文部省より東京市浅草区蔵前東片町に浅草文庫の建屋を交付され校舎新築。

明治初期の工業教育機関は、工部大学校（東京大学工学部の前身）と東京職工学校の2校だけであった。前者がイギリス人をスタッフに迎え、鉱山・土木・電信など国土経営に関する指導者養成を目指したのに対し、後者は英独仏の大陸欧州諸国の技術教育に関する調査に基づき、製造現場および工業教育の指導者養成を目的として、化学工芸科および機械工芸科の二科で発足。その後、学科課程の分化拡充を経て、東京高等工業学校となり、その所在地から長く「蔵前」と称された。

※72　1881（明治14）年創設。

1923（大正12）年―関東大震災により壊滅的被害を受けたのを機に市外の東京府荏原郡大岡山に移転。戦後も拡充を続け、2018年には指定国立大学法人となる。

1891（明治24）年―帰国。東京石油に入り、再び渡米。

1892（明治25）年―帰国。東京市水道技師となり、淀橋浄水場の設計を担当。日本初の直送式喞筒（ポンプ）を採用し水塔の建設費を節約した。

1894（明治27）年―日清戦争。

1896（明治29）年―第五区土木監督署勤務、直轄工事部勤務。

1896～98（明治29～31）年
―土木監督署技師に就任。上水道関係機械の設計などで活躍する。

1899（明治32）年―工学博士の学位を受ける。

？　年―大久保に農具などの機械製造所を開設する。

？　年―新潟・神戸・佐賀・横須賀などの上水道関係機械の設計。各市の水道工事に有利な設計を施し、200t以上の大型浚渫船その他※73内務省土木用機械は、当時みな輸入品だったがわが国で建設する案を立てる。

――「発明に見る日本の生活文化史」農具3シリーズ 第2巻 踏車・水車。特許番号 第四二四二号 踏機 日付なし、川上新太郎（国立国会図書館リサーチナビ）。

1903（明治36）年―岐阜県海津郡石津村に日本初の水田排水工事を完成させ、模範となるなど土木工学の分野で業績をあげる。

1904（明治37）年―日露戦争。

※73　内務省：大久保利通により大蔵・司法・工部など各省と警保寮から勧業行政と治安維持の関係部局を引き継いで設置。

1906（明治39）年―大宝排水機場。

愛知県海部郡飛島村、大宝家十代目の大宝陣が、各地の状況をつぶさに視察、当時の最先端をいく排水機場（ドイツ製大型渦巻ポンプを輸入設置）の建設を企図。基礎工事は工学士・青木良三郎、機関部は工学博士・川上新太郎が担当し完成させた。

〈湛水から村民の命を守った2台のポンプ〉

飛島村の大宝新田は、江戸時代に開拓されましたが、土地が低いため、開拓しても排水ができず、長い間湛水（水がたまること）被害に苦しんできました。そこで明治39年に大地主で貴族院議員だった大宝陣氏が私財を投じて最新鋭のドイツ製ポンプ2台を設置。飛島村の人々の命と暮らしを守った大宝排水機場を保存館として大切にしています。

〈日本最古の大型渦巻ポンプが見られる！〉

展示されている大型渦巻ポンプは、現存するポンプとしては日本最古のもの。保存館ではこの貴重なポンプを内部のインペラが見えるように外側をカットして展示しているので、どのように動いたのかがよくわかる仕組みになっています。普段は施錠されているため、見学は教育委員会生涯教育課まで電話で申し込みが必要（飛島村大宝排水機場保存館）。

1911（明治44）年―11月、正七位工学博士。

〈大阪市の上水道〉

近隣町村の編入により拡張工事が必要となり、第一回の拡張工事、88万余円を投じて鉄管35里余を延長する。

1901（明治34）年―12月、竣工。

1908（明治41）年―大阪水道拡張工事設計にあたり川上は、水源地を柴島に選定し、直接に市街鉄管へ送水せしめ、吹田在高地に貯水池設置の原案よりも多額な工費を節約した。

1909（明治42）年―80万人に給水可能となったが、急激な人口増で水不足。

1914（大正3）年―3月、大阪府西成郡中島柴島（東淀川区柴島町外五ヶ町）に一大水源地を設け、従来の自然流下式と異なる喞筒（ポンプ）直送式によって市内に配水。

1919（大正8）年―人口増加で需要が増し第三回拡張工事。大正11年、竣工。

1922（大正11）年―公益に尽くした功により紺綬褒章。

1929（昭和4）年―6月19日、死去。享年72歳。

参考資料：新訂増補『海を越えた日本人名事典』日外アソシエーツ2005／『日本人名大事典』（新撰大人名辞典）平凡社1937／『20世紀日本人名辞典』日外アソシエーツ2004／国立国会図書館デジタルコレクション

2021
8.21

誰でもスポーツ、支援のため力を尽くした中村裕

連日、九州をはじめ広島から東日本まで豪雨が止まず、災害を引き起こしている。被災地の映像の上に何ヶ所もの市町村名が記され、避難が呼びかけられている。九州の知人、自分は無事と言いつつ捜索隊の消防団員を案じていた。災害の怖ろしさと同時に助け合う地域のつながりを尊く思った。どうか、無事でありますように。

今年の終戦の日は、止まない豪雨、蔓延するコロナ禍でさらに重苦しい。次はたった一頁ながら令和の日本と昭和が並ぶ紙面。

――〈七六回目終戦の日〉写真（全国戦没追悼者式に臨まれる天皇、皇后両陛下）・惨禍の記憶継承誓う・高齢遺族　風化を懸念・「天皇陛下おことば　全文」・「菅首相式辞　全文」。

――〈恋も日常も奪われた〉写真（『戦争と私』著者・貝谷アキ子さん）・名古屋の95歳「戦争と私」出版。

――〈寄付されたグラブ原点〉写真（福島大会決勝で力投する日大東北・吉田投手）・第１０３回全国高校野球・原発事故で古里（大熊町）追われ。

――〈卓球Tリーグとパートナー契約・毎日新聞社〉〈王将戦リーグ　藤井王位復帰〉

〈金メダルかじり給与三ヶ月返上〉〈お盆の国内線利用　コロナ前の四割〉〈王位戦第四局、豪雨で対局場変更〉〈NIE、札幌で全国大会〉〈福島第一原発正門周辺の空間放射線量率〉（毎日新聞朝刊・25面令和3年8月17日）。

さて、２０２１年8月24日、２０２０東京パラリンピック開催！
――１９６４年東京パラリンピックの正式名称は第十三回国際ストーク・マンデビル競技大会だった。

パラリンピックの起源となった英国の病院名が冠せられている本来は下半身麻痺の人のための大会で、「パラリンピック」は下半身麻痺を意味する「パラプレジア」にちなみ、東京大会の際に日本で命名された愛称だ……大会開催に尽力したのは「日本パラリンピックの父」と呼ばれる故中村裕さん（毎日新聞２０２１年8月14日）。

中村（なかむら）　裕（ゆたか）

『東京パラリンピックをつくった男』参照

１９２７（昭和2）年―大分県別府市で生まれる。父・中村亀市、母・ヤエ（八重）の長男に生まれる。

1939（昭和14）年―福岡県立福岡中学入学。翌年、大分県立大分中学に転校。

1945（昭和20）年―太平洋戦争敗戦。大分中学を卒業。

1946（昭和21）年―九州大学付属医学専門部に入学。

1950（昭和25）年―23歳。九州大学付属医学専門部特待生。

1952（昭和27）年―九州大学医学部整形外科医局に入局。医師免許を取得。

1957（昭和32）年―30歳。「手指運動の筋電図学的研究」により医学博士。文部教官に採用、九州大学医学部整形外科リハビリテーション係となる。

1960（昭和35）年―33歳。リハビリテーション研究のため欧米に出張する。まずはアメリカに行き、リハビリテーション設備を視察。次にイギリスに渡り、ストーク・マンデビル病院の脊髄損傷センターで、※74ルートヴィヒ・グットマン博士と出会う。

――病院に隣接するグラウンドでは、理学療法士に付き添われた車いすに乗った患者が汗を流しながら走行。体育館ではバスケットボールや卓球などに興じていた。それを見舞いに来た親族や知人だけでなく、ボランティアで来院した地元住民も温かい目で見守っていた。スポーツをする患者を眺めながら、中村裕を傍らにグットマンは……ここでは「六ヶ月間の治療と訓練で脊髄損傷患者の85%は何らかの形で社会復帰させる」……「失ったものを数えることなく、残されたものを最大限に生かす」

――ストーク・マンデビル病院に滞在中の中村裕は……誰もが厭がる夜勤を自ら申し出るだけでなく、回診の際はノートとペンを手にグットマンに密着してメモをとった……帰国するや中村裕は、部下の医師や若い看護師の他、職員までも回診のメンバーに加えた……障がい者にスポーツを推奨するために大分県内を奔走……

1961（昭和36）年――大分県身体障害者体育協会を設立。第一回大分県身体障害者体育大会を開催。

1962（昭和37）年―国際ストーク・マンデビル競技大会（ISMG）。選手2人を連れて参加する。

1963（昭和38）年―第一回 国際身障者競技大会（オーストリア）、国際ストーク・マンデビル競技大会に日本選手団団長として参加した。

1964（昭和39）年―第四回大分県身障者大会にグットマン博士を招いた。
11月、東京パラリンピック（国際ストーク・マンデビル競技大会）日本選手団団長。

1965（昭和40）年―日本身体障害者スポーツ協会評議委員。「太陽の家」開所。

1966（昭和41）年―※75水上勉の支援により「太陽の家」東京事務所を開く。

※74 グットマン博士：ストーク・マンデビル病院長。ドイツから亡命したユダヤ人医師。脊髄損傷センターを設置し戦傷者の脊髄損傷患者の治療にあたる。リハビリテーションの一環として手術よりスポーツの効用を唱えた。

※75 水上勉：社会派作家。代表作に女性の悲しさや宿命を描いた『五番町夕霧楼』など。

大分中村病院を開院。

1968（昭和43）年—第三回パラリンピック（イスラエル）日本選手団団長。

1969（昭和44）年—日本パラプレジア医学会にて「重度障害者のドライバーテスト」「重度身体障害者の労働医学的研究」他を発表。身体障害者スポーツ振興に寄与「高木賞」を受賞。

1972（昭和47）年—45歳。身体障害者福祉工場並びに「オムロン太陽電機」創業。パラリンピック（ハイデルベルグ）の日本選手団団長。アフリカ諸国を旅行した。

1974（昭和49）年—中国スポーツ視察団が来訪。国際リハビリテーション協会の身障者技術援助委員会（リスボン）に出席する。

1975（昭和50）年—身体障害者の社会復帰に貢献した功績により「吉川英治文化賞」を受賞。

太陽の家十周年。第一回フェスピック（極東・南太平洋身体障害者スポーツ大会）事務局長となる。

1978（昭和53）年―「太陽の家」精機科創業（本田技研工業と日本精機の協力によりオートバイ用スピードメーターとタコメーターを製造）。

1983（昭和58）年―第三回大分国際車いすマラソン大会を開催。

1984（昭和59）年―1月、永年にわたり身体障害者福祉に貢献、「朝日社会福祉賞」受賞。

第一回国際障害者レジャー・リクレーション・スポーツ大会（RESPO）開催・中国にスポーツタイプ車いす66台寄贈・国際パラプレジア医学会よりシルバー・メダル授与。

7月23日、死去。享年57歳。

――医師・中村裕は世間の物差しでは測れない希有な人間である……類まれな行動力、これこそが中村裕の真骨頂であろう。努力してもなかなか酬われない、弱者である身障者に光を与え続け、彼ら彼女らの人生の羅針盤となったのだ。

参考資料：『中村裕　東京パラリンピックをつくった男』岡邦行著、ゆいぽうと２０１９

ゴールボール

パラリンピックのいろいろな競技が紹介されているが、全員が視界完全遮断というゴールボールを見てみたい。

だいぶ前、点訳ボランティアの会に入っていた。会では最終校正を盲人の女性にお願いしていた。よく見直したつもりでも必ず間違いをチェックされ、その知識と注意力に感心するばかりだった。「目明きは文を丸ごと読んでしまう」ためらしい。

その人は働いていてボランティアで会に参加し会員の皆に頼りにされていた。

又あるとき、盲導犬とくる人と雑談中。スカート丈の話になり、「今は短めが流行」といったら「裾上げしなくちゃ」。もちろん、自分でするのだ。おそらく、ゴールボールの選手たちもハンデ以上の活躍をするに違いない。

けやきのブログⅡ〈２０１４年８月９日　障害者スポーツ&金メダリスト成田真由美（神奈川県）〉

2021
8.28

西洋楽器製造元祖の一人、松本ピアノの松本新吉

千葉県富津市在住の尾棹進さんからメールを頂いた。

――山東直祇の長男・宗の弟（隆）のお嫁さんが、松本新吉の長女「ゑい」とは思いもよりませんでした。松本ピアノは私が勤務していた「君津市消防本部」庁舎から車で3～4分のところにありました。地元でも有名な事業所で、松本新吉は立志伝中の人物です。松本ピアノは消防法上の「工場・作業所」に分類され予防査察の対象になり、昔、査察に行ったことがあります。

工場というよりピアノ工房と言った方がふさわしい趣のある工場で、熟練の職人が丁寧に作り上げている。そのような感じでした。

私の在職中に工場は取り壊され、いまは、漬物工場になっております（後略）。

ちなみに、山東宗の長女・初は現参議院議員議長・山東昭子氏の母。宗の姉・田鶴は青山学院長・石坂正信と、妹のコズエは和歌山出身衆議院議員・児玉亮太郎と結婚している。

取材で山東家にお伺いしたおり、銀座にあったピアノ店の話を伺った気もするが、山東直祇と会話したかもしれないのに深く考えず、そのときは気にとめなかった。

改めて調べてみると、子孫の手になる『明治の楽器製造者物語』があった。
今回は引用しなかったが、『日本のピアノ100年』（前間孝則・岩野裕一著、草思社2019）が、ピアノづくりに賭けた人々をよく伝えて興味深い。

松本新吉

1865（慶応元）年―2月23日、千葉県君津郡周南村常代で生まれる。父・松本治良吉、母・みや。

1883（明治16）年―5月、近所の山田家の長女（西川虎吉の姪）るゐと結婚。

?年―日本西洋楽器製造の鼻祖といわれる西川楽器創立者・西川虎吉の実家（伊藤徳松）と松本新吉の生家は隣同士であった。

1880（明治13）年―音楽取調掛としてアメリカ人ルーサー・W・メーソンがオルガン（風琴）をもってくる。

日本楽器製造のパイオニア、西川虎吉・山葉寅楠・松本新吉がよく知られるが、3

人ともはじめオルガンを手がける。

1887（明治20）年──新吉は妻のるゐとともに横浜日の出町の西川虎吉の楽器工場の見習いとして6年ほど修行。

見習いは、古くから伝わる職人の育て方、文字通り見て習う「理屈わけはあとから汽車でくる」。給金はもらえず、一人前の手間（給料）をもらうため難行苦行。しかし、兄弟子より早く仕あげるとそれも問題であった。のち新吉は解雇されるが、理由はその辺にもあったらしい。

1893（明治26）年──6月、上京。妻と長男・広、長女・ゑいの4人で住み、楽器の修理と販売をする。ゑいはのちに山東直砥の次男・隆と結婚する。

1894（明治27）年──1月25日、『音楽雑誌』に西川虎吉による松本新吉の解雇広告がでる。

解雇の理由は、新吉が西川虎吉の調律を盗聴したことらしい。防音室が無い時代で明瞭に聞こえたらしい。調律ができなければピアノ製造技術者になれない。

新吉は、日本橋区下槇町に住み、6年間の経験を生かし「楽器修理販売業」を営む。

1896（明治29）年─京橋区築地新湊町に楽器製造所を興し、「紙巧琴（しこうきん）」とオルガンを売り出す。年末、『音楽雑誌』に広告を掲載。

小型楽器「紙巧琴」の製造人、ピヤ（ア）ノ・ヲ（オ）ルガン調律師松本新吉という広告を出す。発売元は銀座の尾張屋（山口幸次郎）である。「銀座尾張屋」は洋品四品小物を扱う大店で2つの「※76勧工場」を持っていた。

〈紙腔（巧）琴〉

紙腔琴、発売は十字屋音楽部が元祖で製造は横浜西川楽器製造所。西洋のストリートオルガンのようなものらしい。音源はオルガン用リードを使用した。

新吉は無断で拝借、「紙巧琴」として製造したので、十字屋から「まぎらわしいものに御注意」の広告が出された。紙腔（巧）琴はどちらも学校音楽教育のため爆発的に売れた。

まもなく、蓄音機・マンドリン・オルガン・ピアノが普及し紙巧琴は姿を消すが、この築地新港（湊）時代の4年間は工場を建て、全部で6人の子を育てながら、新規事業のオルガン製造と販売に努力する。

霊南坂教会で作曲家・教会音楽家の大中寅二が演奏する松本オルガンの写真が残る。

1899（明治32）年━ヤマハ創業者・※77山葉寅楠（とらくす）が文部省の嘱託として楽器事情視察に渡米。

1900（明治33）年━西川寅吉の養子安蔵、松本新吉もピアノ製造技術習得のため自費で渡米。

この頃、のちに新吉長女の婿となる山東隆の兄（宗）が正金銀行ニューヨーク支店勤務で在米していたが、新吉と交流があったか定かでない。新吉のニューヨークの生活は貧乏だったが、故国日本でも新吉の妻るゐが6人の子を抱え苦労をしていた。

7月18日、シカゴに10日ほど滞在、キンボール会社など見学し日本人キリスト教信

※76　勧工場：第一回内国勧業博覧会の売れ残り品処分のため物品陳列所を設置したのが始まり。全国各地に民営の勧工場も開設される。デパートの先駆。

※77　山葉寅楠：紀州藩士の子。山葉風琴製造所（のち日本楽器製造株式会社）設立。

者に見送られてニューヨークに向かう。新吉はクリスチャンであった。

7月28日、ニューヨーク着。ジャパニーズ・ミッションに滞在。滞米中の動静は新吉の日誌が残されており『明治の楽器製造者物語』に精しく紹介されている。ニューヨークでは困難な日々であったが、「ブラッドベリーピアノ製造会社」社長F・G・スミスと出会い、運命が開ける。

スミスの好意によって、ピアノ製作の全課程、ピアノの調律まで専門職の技術者から教わり、ノウハウを理解することができたのである。〈日本人ピアノ製造者＝日出づる国の進歩的市民第一歩を踏み出す〉『ミュージックトレード誌』のインタビュー記事の見出しである。

10月26日、帰国のためニューヨークを出発、11月22日、横浜入港。

12月25日、妻・るゐ没。新吉はいったん家族を連れて帰郷し、まもなく築地に戻る。

1901（明治34）年──5月、新製品デスク型オルガンを発表。

9月、辻田つねと再婚。やがて娘2人が生まれ、子は八男五女となる。

1902（明治35）年──念願のピアノ製造、ベビピアノ2種を製造販売。

1903（明治36）年―4月、小型ピアノ発売。第五回内国勧業博覧会に出品、二等賞。

1904（明治37）年―日露戦争。
10月21日、松本楽器合資会社とする。

1906（明治39）年―2月28日、木材乾燥場から出火、全焼してしまった。

1907（明治40）年―春、東京市月島西仲通りに月島工場を建てる。

農商務省山林局調査書――ピアノの製作は複雑至難の業なるも是また完全の域に達し……本品の主なる製造者は日本楽器製造会社（浜松）、西川虎吉（横浜）、鈴木政吉（名古屋）、松本新吉（東京）にして……以上四カ所の製造高は……外貨獲得に貢献している。

1911（明治44）年―販売が伸びる。銀座、教文館2階のレコードコンサートは本邦初という。

1914（大正3）年―第一次世界大戦始まる。
12月29日、オルガン工場より出火、工場4棟、隣接の月島第二小学校も全焼した。

1915（大正4）年―5月、株主総会で山野支配人が社長就任。松本楽器店から山野楽器店とする。
8月、銀座を奪われた新吉は、松本楽器合資会社の本店を東京市四谷区忍町二十番地に変更。月島工場の再建にあたる。

1918（大正7）年―第一次世界大戦終わる。

1923（大正12）年―9月1日、関東大震災。
その翌日、月島工場、柳町店ともに類焼。
松本ピアノ製造株式会社設立、商業登記。工場を二分し、月島工場は長男・広に任せる。

ちなみに、広もまた渡米してシカゴでピアノ製造を学んでいる。

『全国工場通覧』（商工省大臣官房統計課編、日刊工業新聞社1931）に、京橋区月島仲通、松本廣とある。

新吉は千葉県君津に帰郷。隠居所のそばに工場を作り、七男の新治（18歳）とピアノを作り続ける。

内房線、君津駅の昔の名は「周西(すさい)」、そこから4㎞東、君津郡八重原村字箕輪の一角に「松本ピアノ第二工場」を新設。地元の人は「ピアノ屋」と呼んだ。


1924（大正13）年―1月、工場完成。

世にいう「S松本」（千葉松）第一号ピアノを出荷する。千葉県内の学校の多くに、「S松本ピアノ、オルガン」が置かれている。

6月、広の「H松本」（東京松）、復興記念ピアノ第1号を完成、出荷する。


1932（昭和7）年―7月版『全国工場通覧』に、松本楽器工場、千葉県君津郡八重原村　ピアノ　松本新治とある。

1938（昭和13）年―国家総動員法が出、「平和産業自粛の通達」で楽器製造業は壊滅的打撃を受ける。近世音楽史にいう暗黒の昭和10年代に入る。

1941（昭和16）年―5月3日、松本家の菩提寺光聚院の和尚が新吉の隠居所を訪ねて来て歓談中、新吉は発作を起こし、そのまま死去。享年77歳。

参考資料：『明治の楽器製造者物語　西川虎吉　松本新吉』松本雄二郎著、三省堂1997

秋冬の記

2021
9.4

伊勢原市のいろいろ

9月1日は防災の日。孫が小学生のとき、働くママに代わり学校へ引き取りに行った。その孫もいまは大学生、友人その他と交流が広がるときなのにリモート授業の日々、対話も限られなんとも気の毒である。

そうして今年もどこかで行われるだろう避難訓練、どこもコロナ禍でままならないでしょう。考えれば考えるほど気が滅入る。

さて、下手な考え休むに似たり、まあお茶でも飲もうと立ち上がったら、♪ピンポーン「お届け物です」。添え状があった。

――勤め先が地元興しで企画・制作した「柿の種」……神奈川県伊勢原市の限定品。自動車会社らしく車のドリンクホルダーに収まる形で製品化しており、地元大山の形と二十三種の車の形をした柿の種です。味もなかなかの物だと感じましたのでご賞味くださいませ……。

ご馳走になる前に、「柿の種」が入った缶状の容器を並べて神奈川県の地図を見た。伊勢原市はほぼ県の中央に位置し、丹沢や大山がある。そのどちらへも行ったことがある。

丹沢で沢登りをしたときは膝が笑ってしまい泣きたかった。でも、職場の仲間が嗤うので我慢した記憶がある。

別の日、小学校の同級生と大山で豆腐料理を食べたが美味しかった。そんなこんなで訪れたことがあるのに、そこが伊勢原市という意識がなかった。

思えば、神奈川県は東京湾と相模湾に面し、川崎・横浜・横須賀・逗子・鎌倉・茅ヶ崎・平塚・小田原など知っている「市」が多い。また、東京の手前には川崎・相模原がある。

県中央部の伊勢原市は、平塚市・秦野市・厚木市に囲まれているが、その三市の方が知られている気がする。

そもそも神奈川県はペリーの黒船来航以来様々な歴史的事件が起き、近代日本の誕生地ともいえる。ところが、伊勢原市は地理的な関係もあってか劇的な事件はあまり見られない。こうしてみると、伊勢原市は目立ちにくいのかもしれない。

しかし、どこも歴史はある。伊勢原市を見てみよう。

1486（文明18）年―江戸・川越の両城の築城主として知られる室町後期の武将・太田道灌が讒訴（ざんそ）により糟屋（かすや）の館で暗殺された。伊勢原市内や伊豆、都内にも太田道灌の墓がある。

1620（元和6）年──「伊勢」の地名は、伊勢神宮に由来する。

──伊勢出身の山田曾右衛門と鎌倉の湯浅清左衛門が大山参詣の途中、千手ヶ原という松原に一夜の宿を求めたところ、水音を耳にしてここが開墾可能な地であるとわかり、開墾に着手。現在の伊勢原市街の基礎ができ……曾右衛門は故郷の伊勢神宮から神様を勧請し祭る。これが伊勢原大神宮の起源で、当地は「伊勢原」と称されるように（『神奈川県民も知らない地名の謎』）。

1631（天保2）年──大山参りの全盛期は宝暦年間（1751〜64）といわれるが、100年以上経た天保の夏も10万人に及ぶ盛況であった。

相模国にそびえる大山は「雨降り山」ともいわれ、大山寺と阿夫利神社があり、相模国真言密教の中心として、また庶民信仰の霊場として栄えた。

大山阿夫利神社：崇神天皇（紀元前97年頃）創建という古社。大山は標高1252m、遠い海上からも見えるので、海人たちの守り神として祀られた。不浄を理由として原則として女人登山が禁止されていたことも男性が大山詣参加する理由の一つだったらしい。

1873（明治6）年──大山不動を分離して県社とする。

1905（明治38）年──日本山岳会設立。

初代会長・小島烏水（うすい）は宇和島（愛媛）藩士の子で、横浜正金銀行に勤務、近代日本人登山者としては初の槍ヶ岳をきわめる。それ以前は山仲間と近郊の山、丹沢にも親しんだ。

1933（昭和8）年──八幡台（はちまんたい）石器時代住居跡発見。

市街地南方の台地、東大竹宮ノ前に縄文時代の敷石住居群を発見。発掘調査して保存したが、太平洋戦争中、食糧確保のため遺跡を覆土、農耕地にした。現在は国指定史跡。

1954（昭和29）年──伊勢原町[※78]・大山町[※79]・高部屋村・比々多村・成瀬村・大田村が合併して伊勢原町になる。

※78 伊勢原：市場町から発達した商業集落で、東海道筋の大磯とならび称される商業中心地であった。伊勢原内陸の工業団地。

※79 大山町：大山川沿いの狭い渓谷中には、古くから修験のメッカとして門前町が発達。

1956（昭和31）年―岡崎村大字大句馬渡を伊勢原町に編入。

1960（昭和35）年―大山神奈川県立丹沢大山自然公園に指定。

丹沢山地の西部と東部山麓をふくむ山岳公園[※80]。のち、公園の中心部が国定公園に指定、周辺部の西と東が県立自然公園として残った。

1965（昭和40）年―3月、丹沢・大山国定公園に指定。

丹沢山地の大部分を占める伊勢原・厚木・秦野の三市、津久井・愛甲・足柄上の三郡。――神奈川県では平野部八カ所で毎年酸性雨の観測が行われ……丹沢大山では丹沢のブナ林調査、酸性雨、酸性霧の調査……檜洞丸山頂付近のブナ林が南東斜面を中心に枯死しており、北側斜面では枯死が少ないことが調査で明らかに……酸性雨を引き起こす大気汚染物質の丹沢への移動は、交通量が多く、工場が多い京浜工業地帯から到達する場合や、夜間に陸風で相模湾上まで移動した大気汚染物質が海風で丹沢に……いずれにしても、工場や自動車からの大気汚染物質の放出を減少させることが重要である（『神奈川県の不思議事典』）。

1971（昭和46）年―3月1日、伊勢原市となる。

〈伊勢原上手いものセレクト〉

日本遺産[※81]のまち伊勢原で生まれた選りすぐりの特産・みやげ・伝統工芸をPRし、まちの活性化を目指すための認定ブランド。

伊勢原市公式イメージキャラクター：クルリン。

参考資料：『郷土資料事典　神奈川県』人文社1997／『日本地名辞典』三省堂1996／『神奈川県の歴史』山川出版社1996／『神奈川県の百年』山川出版社1984／『神奈川県』昌平社1982／『神奈川県の不思議事典』新人物往来社2001／『明治・大正・昭和の神奈川県』昌平社1982／『神奈川　県民も知らない地名の謎』PHP文庫2013

※80　丹沢：「丹沢」の呼び名、かつては徳川幕府が天領として支配した一帯を指していたらしい。どの山頂に立っても眺望は雄大で、富士の姿がすばらしい。山麓には温泉がある。

※81　日本遺産：文化庁が認定。地域の歴史的魅力、特色を通じ日本の文化・伝統を語るストーリー。各地の魅力ある有形・無形の文化財群を地域が主体となって整備活用、国内外へ発信し地域活性化を図ることを目的とした日本の文化遺産保護制度の一つ。

2021
9.11

明治の煙草王、岩谷天狗こと岩谷松平

新型コロナウイルス感染が収まらない。人と会うとマスク越しに短い挨拶、そそくさ立ち去る。でも外の空気を胸一杯吸いたい。一人キャンプが流行っているらしい。

しかし、そうそう遠くへ行けない。それでなのか近所の住人が庭でバーベキューをしたら煙が充満、消防車が駆けつける騒ぎになった。幸い大事に至らなかったが、ますます縮こまりそう。何しろ先が見えない。一見楽しそうな若者も内心不安かもしれない。

こんなとき派手な人物はどうか。例えば、岩谷天狗（松平）。エピソードに事欠かず明治の社会を賑わした。当時書かれたものを読むと毀誉褒貶もはなはだしい。

味方は褒め、商売敵は悪くいう。よくある話かも知れず、真偽の程は定かではない。

いま、喫煙者は肩身が狭そうだが、一昔前の映画では主役、脇役問わず煙草を吸っていた。その煙草の生産と販売で成功したのが岩谷松平である。

自宅で20人の愛人と同居、長者番付トップ、衆院選に最高点で当選、広告上手、国益の親玉と唱えたりし話題豊富である。

しかし、その生き様を快く思わない向きもあり、時に仲間入りを願って渋られた。

――僕が日本貿易協会（官僚、実業家が設立）に入ろうと思ったとき、協会の人たちは何を考えたのか、三度まで否決して入会させない。漸くのことで入ってみるとお歴々の方々が集まって天下を論じ合って居るが……（『明治の一郎・山東直砥』）。

岩谷（いわや）　松平（まつへい）

1849（嘉永2）年――薩摩（鹿児島県）川内向田町、商家・岩谷卯之助の次男に生まれる。

1862（文久2）年――この頃、両親と兄をも熱病で喪い、伯母の夫である義理の伯父（大きな商家）から僅かな金をもらって行商して生活する。

1865（慶応元）年――16歳。義伯父に才能を認められ養子になる。

鹿児島藩の税米回漕法を改善。また、藩外に販売を禁じられていた薩摩蝋（ろう）の払い下げを願い大阪で売り儲ける。藩のためにも、家のためにも大いに働いた。

1874（明治7）年――台湾出兵（近代日本最初の海外派兵）。

――時あたかも台湾征討の後にして西郷従道、大山巌の二氏その帰途、君（岩谷）を訪ひ同家に二泊せり……西郷氏はもし事を為さんと欲せば速やかに東京に上るべし……翻然大いに発明するところあり……（『東洋実業家詳伝』）。

1876（明治9）年――11月、上京。深川の下宿屋に投宿し名士を訪問した。

養家は豪商で時の顕官名士など鹿児島にくると泊まったから知人が多い。

1877（明治10）年――西南戦争。

戦のさなか、琉球へわたり薩摩絣を仕入れ販売店を開いた。

――屋号を薩摩屋、丸に十を以てその看板となし店を銀座にひらき店先に「何でも交換便利」と掲出して鰹魚節・煙草・織物より以て薬剤・缶詰の類に至るまで交換売買せざるなし……新聞紙に割引の広告を出し……君の店頭（みせさき）は常に人馬居るが如くほとんど上景気の一乾坤となす……（『東京商人奇人廼智慧袋』）。

1878（明治11）年――銀座三丁目に呉服太物商を開き、薩摩がすり[※82]上布のみ売り出す。

——三野村利助に30万円を借りて鹿児島県金禄公債を102円まで買い上げ。鹿児島県下を補助……（『在野名士鑑』）。

1880（明治13）年—紙巻きタバコの製造を始める。

「天狗屋」と称し、「国益の親玉」「驚く勿れ税額千八百万円」など奇抜な標語で宣伝し〈天狗煙草〉は広く知られる。

1881（明治14）年—日本商人共進会、共同運輸・帝国工業・大日本海産などを創立。

〈天狗煙草の岩谷松平は宣伝マン〉

1882（明治15）年—300円で石橋忍月を傭い、数千円払って広告を各紙に掲載。

——ガラス張りの箱を着けし荷車に薩摩名産の品物を積みのせ、轡(くつわ)の門のある紺の半纏着たる屈強の若者五人にてこれを曳かせ、一人は車前に立ちて、さてまた薩摩の名産は

※82　上布：細い麻糸を用いた地の薄い上等の麻織物。

と、かの千金丹の仮色にて声高らかに売り歩くさまの珍しきより、我も我もと買い求むる者はなはだ多し……(朝野新聞15年12月12日)。

1883(明治16)年―アメリカ、ギンボール商会と特約、日本代理店となる。

1885(明治18)年―店頭演説で客寄せする。

――銀座の薩摩屋が毎月曜日、店頭演説……来る二日の演題は「日清貿易の急務を論ず」岩谷松平、「信用の区別」井上竹麿二氏なりとぞ(東京横浜新聞18年3月1日)。

1890(明治23)年―東京両国中村楼で親睦会。

岩谷は北海道長官・永山武四郎と日本郵船函館支店長・園田実徳から北海道を一巡して視察してくれるよう頼まれ、7月、手代を連れて北海道へ赴く。

――手塩の増毛から北見の宗谷、手塩の稚内方面にまわり手塩川沿岸を遡ったが、腸カタルに罹り将に死なんとした……ソレでも決して自己の天職は忘れない、何等かの利源を発見すべく進んだ……川一面に魚が居る、それが鮭である。このときは天塩川の上流ウインベツからハボロまで行って、しかして留萌、宗谷、稚内間に十二ヶ所、一千万坪の好殖民地を発見して札幌に帰って来た……以上の土地は自分個人として借地の許可を得た、従って自分一個の力で天塩川の両岸五十里の地を東西両本願寺に譲り、本願寺の力で殖民をやる計画をたてた……（『財界名士失敗談』）。

1893（明治26）年──「北海道ニ対スル建議案」、北海道協会会頭の近衛篤麿に提出。

北海道の事業、岩谷の話では、渡辺千秋北海道長官のせいで頓挫したと。

1894（明治27）年──日清戦争。

〈岩谷松平の実子21人〉

──岩谷天狗の鼻高きゆえん一にして足らずといえども、或る人はひそかに語っていわく……知らずや、かの銀座街頭巍々乎たる丸十店に並列せる幾多の手代は皆天狗の実子なる事を。すなわち天狗は男女二十一人の子あり。……商売に出精して折り合いの円滑羨むべきは全くこの故なりと。天狗の鼻またえらしというべし（読売新聞明治27年1月21日）。

1898（明治31）年――〈裸体画入り煙草箱は禁止〉

――京都、村井兄弟商会にて煙草の箱へ裸体美人画を入れたるは、風俗壊乱なりと認められ、京都裁判所にて取調べ……右は外国の出版に係りたるものなれば出版条例違犯にあらざるをもって、無罪（読売新聞31年6月27日）。

村井兄弟商会のバージン煙草は外国産葉を混ぜたものを使っていた。兄弟商会は明治33年、アメリカ資本を導入。

1901（明治34）年――〈天狗煙草当世流行節〉

――ままになるなら煙草のけむで、天狗でなんとしょ、世界中をばけむにして、日本の国益を、ほんとに計りたいね、テナコトオッシャイマシタヨ（国民新聞34年3月7日）。

岩谷は「国益の親玉」「税金何万円」をキャッチフレーズに、経済人の名を挙げた。

1903（明治36）年――3月、第八回総選挙。

東京市から出馬し990票で1位当選。なお2位は秋山定輔（「二六新報」社長）。

1904（明治37）年──日露戦争。

煙草専売公布。政府は財源確保のため、煙草専売制実施。煙草製造官業反対の全国大会が開かれたが、岩谷松平だけは〝国益〟のためと賛成にまわった。

1905（明治38）年──11月、〈豚天狗になった岩谷松平〉

──「私はこれまで天狗煙草で皆さまの御贔屓になっておりましたが、今度煙草が官業になりましたについて、豚屋を初めて豚天狗になりました。今日は豚天狗の御披露でございます」というのが、渋谷の岩谷邸で催された園遊会の趣意であった……種豚ばかり千頭も飼って……お客様方いずれも辟易してたじろぐと、主人の天狗は「豚は臭いものです。しかし、私はこの豚臭紛々が、日本国中へ行き渡るようにならなければ無益だと思っています」と滔々として養豚の利益を説きだした……（国民新聞38年11月25日）。

天狗煙草のライバル、村井兄弟商会・村井吉兵衛はタバコ専売制を機に村井銀行設立。また、外資を導入したこともあって巨額の保証金を獲得した。

一方、〝国益の親玉〟岩谷は雀の涙に満足し、養豚業を始める。

――渋谷の停車場（ステーション）前に頗る立派な家を建てたが例の朱塗りで頗る立派なもんだ……床柱は榎の太い樹で枝つきの老幹である。家を建てるとき其処にあったものぢゃそうな、掛物は大きな絖本（ぬめ、絵絹）に「大安賣」と筆太に……おれの大安売りはいいものをできる限り低い値で売るのだから真個（ほんと）の大安売り……驚く勿れ金は幾百万円あっても益には立たぬ、と天狗先生なかなかエライ（『珍物画伝』）。

その他、商業会議所議員・日本家畜市場会社社長、東洋業業・宇治川水電・博多鉄道・商工相談会などで敏腕を揮う。

1911（明治44）年―長崎炭鉱（『日本鉱業名鑑』鉱山懇話会1913）

――福岡県粕屋郡須恵村一〇一・一三〇坪。（明治四四年）石炭三二・〇〇六噸／（大正元年）三九・四八七屯。　岩谷松平、東京市豊玉郡渋谷村下渋谷七一五番地（『日本鉱業名鑑』）。

1920（大正9）年—死去。享年71歳。

参考資料：『財界名士失敗談．上巻』朝比奈知泉（碌堂）編、毎夕新聞社1909／『ニュースで追う　明治日本発掘』河出書房新社1995／『在野名士鑑』山田倬（秋村）・武部竹雨（弁次郎）編、竹香館1892～93／『成功百話』大月隆編、文学同志会1910／『珍物画伝』珍物子編、楽山堂書房1909／『東京商人奇人廼智慧袋』佐野喜多編、商弘堂1884／『東洋実業家詳伝．第1編』久保田高吉編、博交館1893／『日本鉱業名鑑』鉱山懇話会編1913／『明治豪商苦心談：南海立志』岩崎徂堂編、大学館1901

2021
9.18

宇佐海軍航空隊、「平和ミュージアム」建設の願い

２００1年9月11日、旅客機2機が世界貿易センターに突入したアメリカ同時多発テロ、日本人を含む２９７７人が亡くなった。その衝撃は20年たっても消えない。

飛行機といえば旅客機を思うが、戦争の時代には戦闘機である。

太平洋戦争の戦況悪化で宇佐もたびたび空襲された。それに対抗するため、特別攻撃隊（特攻隊）による非人間的な体当たり作戦が行われた。特攻隊は鹿児島県知覧が知られるが、大分県宇佐にも出撃基地があった。

宇佐は、全国八幡宮の総本社・宇佐八幡をはじめ歴史を偲ばせるものが多い。しかし、戦争の歴史を色濃く残す地でもある。太平洋戦争末期、特別攻撃隊の基地となった宇佐から、多くの若者が南の空に飛び立ったのである。

宇佐市

大分県の北部に位置する。１９６７（昭和42）年4月、駅川（えきせん）・四日市・長洲（ながす）・宇佐の四町が合併して宇佐市となる。

市の開発の歴史は古く、弥生時代の墳墓群など市内各所に多くの古代遺跡が散在、史跡

文化財が豊富である。

奈良時代に宇佐神宮が創建され、朝廷の崇敬も厚く、その神領は福岡・熊本・宮崎・鹿児島の各県にわたる。この頃成立した門前町が、現在の中心市街の都市的起源とされている。

1928（昭和3）年—豊肥本線、全線開通。

1934（昭和9）年—久大本線、全線開通。

1939（昭和14）年—10月1日、宇佐海軍航空隊、艦上攻撃機と艦上爆撃機の練習航空隊としてつくられた。

——宇佐海軍航空隊は、艦上攻撃機と艦上爆撃機の練習航空隊としてつくられ……柳ヶ浦地区を中心とした基地は東西1・2㎞、南北1・3㎞で、約184haほどの広さがあり、800名の隊員が所属していました。隊員たちは航空母艦での勤務に備え、宇佐で訓練を重ねました。当時、艦上爆撃機の爆撃訓練に使われたコンクリート製の的が現在も宇佐市宮熊の沖に残っています（「宇佐海軍航空隊年表」宇佐市ＨＰ）。

1941（昭和16）年―大分放送局、開局。宇佐神宮、昭和の造営後、遷座。

12月8日、太平洋戦争開始。

――宇佐は戦争の歴史が色濃く刻み込まれた土地の一つだ。真珠湾攻撃の先陣をきる爆弾は「宇佐海軍航空隊」に所属したパイロットの爆撃機が投下した。一方、終戦間際にはたびたび、空襲を受けた……地元に埋もれていた戦争資料や遺構の収集・発掘を初め、二十年ほど前から市に資料館の建設を求めてきた。市も動き……航空機を格納する「[※83]掩体壕（えんたいごう）」など周囲の遺構も保存する計画を……（毎日新聞2021年9月9日）。

1942（昭和17）年―豊洲新報社・大分新聞社が合併して大分合同新聞社になる。

1945（昭和20）年―1月初旬、有蓋掩体壕（えんたいごう）づくり開始。

戦況が悪化すると、宇佐海軍航空隊は特別攻撃隊の基地となる。

2月11日、宮崎県の赤江基地に所属する特別攻撃隊神雷部隊（人間爆弾「桜花」による特攻隊）が宇佐へ移動してくる。そのため、保有機157機・隊員2486人の特別攻撃隊基地となった。ここから154人が特攻による体当たり攻撃を行った。

〈還らなかった友へ～時代に翻弄された友人、そして家族～〉

「攻撃に参加～二次攻撃隊として～」

髙橋さんは、宇佐海軍航空隊から航空母艦「蒼龍」の爆撃機搭乗員として任務に就いた。そして、1941年12月に西太平洋での攻撃へ参加し、搭乗機が被弾したため、米軍の艦艇に体当たり攻撃し、戦死した。髙橋さんの20歳の誕生日まで、あとひと月あまりの出来事であった……（滋賀県平和祈念館年報・平成26年度企画展）。

3月1日　宇佐海軍航空隊が作戦部隊となる

3月18日　宇佐海軍航空隊、最初の空襲を受ける。

4月19日　出撃前の野村茂上飛曹が長洲国民学校のピアノで「トロイメライ」演奏。

4月21日、空襲により航空隊は壊滅的被害を受ける。

この日の空襲では航空隊関係者だけでも320人が犠牲になり、宇佐からは102機が

※83　掩体壕：第二次世界大戦中、軍用機を敵の空襲から守るための格納庫として建設。コンクリート製の屋根がある有蓋掩体壕は、10基残り、9基はゼロ戦や艦上爆撃機、艦上攻撃機用の小型掩体壕。このうち城井一号掩体壕は史跡公園として保存。

特攻出撃し、そのうちの81機、154人が戦死。

アメリカ軍のB29爆撃機の空襲により、宇佐航空隊一帯は焦土と化し、柳ヶ浦高等女学校（柳ヶ浦高等学校）も炎上全壊した。

高等学校の左手に1954（昭和29）年、宇佐航空隊の慰霊のため忠魂碑が建てられ、「飛行予備学生出身仕官死者氏名」74人の名前が刻まれている。

8月6日　広島に原子爆弾投下。
8月8日　航空隊周辺地区に空襲。
8月9日　長崎に原子爆弾投下。
8月15日　天皇「終戦」の詔勅放送。

終戦。

約6000名の隊員を抱えた宇佐海軍航空隊もその幕を閉じる。幅80m、長さ1800mの滑走路をはじめ航空隊の設備の多くは取り除かれ田畑に戻された。掩体壕や滑走路跡などの遺構から宇佐海軍航空隊の姿がうかがい知れる。

爆弾池（大字上田）：大分空襲においてB29による爆撃で生じた直径約10m、深さ5m以上に達したと推定される穴が現存。

宇佐海軍航空隊落下傘整備所：レンガ造りの建物の壁に無数の弾痕。

蓮光寺生き残り門（江須賀）：空襲で近隣一帯が全焼、蓮光寺の本堂も全焼したが、山門だけは奇跡的に焼失を免れ、通称「生き残り門」と呼ばれるようになった。礎石や柱には弾痕もあり、空襲の被害をいまに伝えている。

1995（平成7）年―城井一号掩体壕（大字城井）：大日本帝国海軍宇佐海軍航空隊の遺構。城井一号掩体壕史跡公園として整備。

2013（平成25）年―6月29日、宇佐市平和資料館開館。

――市内には、城井一号掩体壕をはじめ、空襲の痕が残る落下傘整備所や爆弾池など、多数の戦争遺跡が現在も残っており、戦争の悲惨さを伝えています。宇佐海軍航空隊の歴史や、空襲について展示する……宇佐海軍航空隊の歴史や宇佐への空襲、宇佐から出撃した特別攻撃隊、市内の戦争遺跡について解説……命の尊さや平和の大切さを学ぶ場として、当館をご利用いただければ幸いです（宇佐市平和資料館）。

――宇佐海軍航空隊施設、学生・生徒を含む地元の人々の勤労奉仕で造られ、現在も10基残る。掩体壕の中には零戦のエンジン・プロペラが展示され、北東側には鎮魂の記念碑があります（城井一号掩体壕史跡公園）。

2021（令和3）年――「平和ミュージアム」建設が、白紙・延期に。

――全国各地で進められていた公共的な施設の建設計画が、「東京オリンピックによる建設工事費の高騰」を理由に、相次いで白紙や延期となっている……「大分・宇佐」東京ドームの面積の半分に当たる約2万5000㎡の敷地に雑草が生い茂る……（中略）……「五輪は五輪で大事」と是永宇佐市長は語るものの、同市で行うはずだった海外チームの事前キャンプや交流は中止になった。ミュージアム建設を求めてきた平田さんは落胆する。「『平和の祭典』の影響で平和のための資料館が建設できないのは、皮肉でしかない」（毎日新聞2021年9月9日）。

参考資料：『大分県の歴史散歩』山川出版社2008／『郷土資料事典　大分県』人文社1998／『宇佐・国東散歩26コース』山川出版社2001／『近現代史用語事典』新人物往来社1992

2021
9.25

博徒で学者で漢詩人、子分が300人ばかり日柳燕石

マスク生活もこう長引くとウンザリだが仕方がない。プロ野球、球場で応援したいがテレビ中継を見るだけ、それもガラガラのスタンドを見馴れ、それがまた淋しい。これじゃ、少しはあったカラ元気も消える。そこで、活発でユニークな人物を選んでみた。

前にも同じことを考え天狗煙草の岩谷松平を書いたが、今回は幕末の博徒で初代総理大臣・伊藤博文とも交流があった日柳燕石(くさなぎえんせき)を紹介したい。

――日柳は博徒の頭で学者で詩人でこれが三百人ばかりの乾分(こぶん)を持っていた……(伊藤博文)。

日柳の侠客名は加島屋長次郎、勤皇博徒で長州(山口県)から四国・讃岐国(香川県)に逃れてきた高杉晋作を匿ったことでも知られる。

波乱に富んだその一生、知れば元気が出るか。それとも、さあこれからと出陣したが命を落とした侠客に無常を思うのか。ともあれ日柳燕石を見てみよう。

日柳 燕石

1817（文化14）年――讃岐国那珂郡榎井村（香川県仲多度郡琴平町）で生まれる。

名・政章、通称・長次郎。父・惣兵衛、母・幾世。家は、榎井で質商を営む素封家・加島屋。長じて博徒の仲間に身を投じたが、幼少の頃から学問を好み、叔父の石崎近潔、儒医・三井雪航について経史詩文を学んだ。

ちなみに、同じ讃岐出身の平賀源内の志度町の旧宅には子孫が住んでいる。

1833（天保4）年――16歳の頃、土地柄の影響もあり酒色を覚える。

榎井村は金刀比羅宮（金比羅様）の社領に隣接する幕府領で、旅籠・茶屋が多く、また「榎井で博打を打たないのは石の鳥居だけ」と唄われたくらい博打が盛んだった。

1837（天保8）年――この頃、父母を喪い、さらに放蕩に明け暮れ家産を使い果たす。

1840（天保11）年――頼山陽に学んだ儒学者で志士・森田節斎に感化される。

1844（弘化元）年——長崎を訪れ海外事情に触れる。

1845（弘化2）年——28歳。自宅を売却。

博徒の親分として知られるようになった燕石。自分が賭場を張る理由を、「既に田畑を売り尽くし払ってしまって、来客に出す酒を買う金がない。有産者の家に育ったため、人に頭を下げることを知らず、能力もない自分には、博打のカスリを取ることしかできない」と。

1850（嘉永3）年——尊王論者であった藩主一族の松平頼該（よりかね）（左近）に謁し、その紹介で藤川三渓と知り合う。

1855（安政2）年——この頃から勤皇を論じ、久坂玄瑞・中岡慎太郎・伊藤俊輔（博文）・桂小五郎（木戸孝允）ら尊攘派の志士と交流。尊攘派の文人・侠客として世に知られる。

——尊皇攘夷運動で中心的な役割を果たしたのは、藩士ではない草莽（そうもう）の志士とよばれる人たちであった。金比羅への参詣者によって讃岐の金比羅領には各地から情報がもたらされ、志士の往来も盛んであったから、金比羅では日柳燕石を中心にして……阿波の美馬君田……幕領池御料榎井村（琴平町）の長谷川佐太郎・奈良松荘ら尊攘派の人たちが活躍（『香川県の歴史』）。

1863（文久3）年―8月、天誅組挙兵。

燕石は天誅組の松本奎堂と意気投合しており、参加する予定だったが病で実行できなかった。

〈幕末の讃岐〉

高松藩でも松平頼該（左近）ら尊皇派がいたが、薩摩・長州のような藩の背景がなかったため激しい弾圧を受ける。また、慢性的な財政難に苦しむ丸亀・多度津藩と違い、高松藩は徳川親藩であり、砂糖の専売制など財政豊かであった。鳥羽伏見の戦いでは高松藩は幕府軍につき、丸亀・多度津藩は新政府軍についたのである。

当時、琴平は天領で幕吏の目が届きにくく呑象楼(どんぞうろう)はたびたび志士たちの会合に利用されていたらしい。

〈呑象楼〉

日柳燕石晩年の居宅。もとは興泉寺住職の隠居所として建てたのを提供された家。その後、琴平駅から徒歩15分の現在地に移築された。

建物は屋根入母屋造・本瓦葺きの2階建て。からくり屋敷ともよばれ、吊り天井の戸板2階の壁をくりぬき、回転する壁など捕り手を惑わせる仕掛けが施されている。家の傍らに燕石の胸像がある。

香川県出身の彫刻家・小倉右一郎による胸像は、日本一の大権現（象頭山）を呑み干すという気概を表現している。

1865（慶応元）年―5月、長州藩倒幕派・高杉晋作が反対派の追っ手を逃れて榎井村にくる。

日柳は高杉と、その愛妾を自分の妾宅・呑象楼に匿う。

――当所にて日柳燕石と申す奇人に出会い、議論符合し……日柳氏は博徒の頭、子分千人ばかりもこれ有り、学問詩賦も腐儒迂生（ふじゅうせい）の及ぶ所にこれ無く、実に関西の一大侠客に御座候……（高杉晋作）。

閏5月、高杉晋作は、無事長州へかえったが、燕石は美馬君田とともに晋作をかくまった罪で琴平の芳橘楼（ほうきつろう）で捕縛され、高松城下鶴屋町の獄に繋がれる。獄中で、高松藩内の保守派により入牢させられた藤川三渓と一緒になる。このとき、牢内が驚くほど不潔で死を覚悟する。

1868（明治元）年―正月、明治維新政府成立。燕石出獄、上京する。

6月、北越征討軍・仁和寺宮嘉彰（よしあき）（のち小松宮彰仁親王）の日誌方となって出陣。

8月25日、新潟県柏崎の陣中で熱病を発し、その生涯を閉じた。享年51歳。

著書に、『呑象楼詩鈔』『象山雑詞』『江南遊記』『呑象楼遺稿』『西遊詩章』『呑象論文集』がある。その一部は国会図書館デジタルコレクションで読める。

参考資料：『明治時代史大辞典』吉川弘文館2012／『香川県の歴史』山川出版社1997／『香川県の歴史散歩』山川出版社2013／『郷土資料事典　香川県』人文社1998／『日本人名事典』三省堂1993

2021
10.2

話芸は天下一品、多芸多能な徳川夢声

月が美しい。気付けば秋たけなわ、夜の月はもちろん暁の残月も風情がある。詩心、句心があれば余韻を表現できるのに素養が無くて残念。

余韻といえば、昔、徳川夢声(むせい)という話芸の達人がいて、子どもながらラジオから流れる声に惹きつけられたことがある。

大人向けの朗読なのに、子どもをラジオの前に座らせるほど素晴らしい声音(こわね)だった。

この項末尾に同時代人、※84吉井勇の「徳川夢声」評を引用掲載。

徳川(とくがわ) 夢声(むせい)

1894(明治27)年—4月13日、島根県美濃郡益田町(益田市)で生まれる。本名、福原駿雄(としお)。

？ 年—幼い頃、母と生別。気の弱いところがあったが、教室ではよく落

※84 吉井勇：明治〜昭和期の歌人。艶情と哀愁の織りなす美の境地を歌った歌人。

語をしてみなを喜ばせた。

？　年——東京府立一中卒業。旧制一高（現東大教養学部）を受験するも二度失敗。

1904（明治37）年——日露戦争。

1914（大正3）年——第一次世界大戦。

1913（大正2）年——19歳。父親のすすめで「活弁」（映画の説明者）になり、清水霊山に弟子入りして福原霊川を名のる。

1915（大正4）年——徳川夢声に改名する。主に西洋物といわれた外国映画の説明を受け持ち、流行の美文調に対抗して淡々と文学的に説明。リアルな説明でインテリ層の支持を受ける。

1924（大正13）年―ラジオの実験放送時から出演し、まもなく開局されたJOAK（のちNHK）で、漫談と称した滑稽話で人気者となる。

1925（大正14）年―新宿武蔵野館に主任弁士として迎えられ、人気を独占する。

？年―映画がトーキー時代となり失業した。

？年―多芸多才でナヤマシ会とムラオ劇漫談などを発表する芸能人の仲間に加わる。

1933（昭和8）年―古川緑波（ろっぱ）、大辻司郎らと浅草・常盤座で喜劇団「笑（わらい）の王国」を結成する。

1934（昭和9）年―著書『くらがり二十年』。軽い風俗評論や、随筆などにも異才を発揮した。夢諦軒という筆名もある。

1937（昭和12）年―岸田国士、杉村春子らの文学座結成に参加する。話劇俳優として卓抜の演技を見せる。また、東宝系映画に計35本出演、俳優として活躍。

1939（昭和14）年―吉川英治の『宮本武蔵』や「西遊記」をNHKが連続放送。夢声の朗読が評判になる。独特な「間」を持つ新しいスタイルを完成。話芸は天下一品と称され、放送芸能家として全国的な人気を得る。

1941（昭和16）年―12月8日、日本軍ハワイ真珠湾を奇襲攻撃、対米英宣戦布告。

1945（昭和20）年―太平洋戦争敗戦。

――広島は八月六日、米軍が投下した一発の原子爆弾で廃墟と化した。死者は……約十五万人にも上る。未曽有の惨禍から復興を目指す広島の実情を国内外に伝えようとした記録映画があった。昭和23～24年にかけ被爆地広島を撮影、題名は「平和記念都市ひろしま」（モノクロ35㎜、約二十分）……川崎市市民ミュージアムが所蔵。

吹き込みは、「話芸の達人」といわれた徳川夢声氏である。広島で原爆死した新劇俳優・丸山定夫氏と親しく、彼が率いた移動劇団「さくら隊」慰霊碑建立を呼び掛け、自宅玄関には「さくら隊殉難碑建設仮事務所」の看板を掲げていた……（知られざる記録映画）。

〈夢声の戦後〉

夢声はテレビ時代になっても新しい分野に対応、日本放送芸能家協会理事長として活躍。

ラジオ番組「話の泉」「サザエさん」。

テレビ番組「こんにゃく問答」「私だけが知っている」「テレビ結婚式」。

１９５１～１９５９（昭和26～34）年の８年間、『週刊朝日』連載の対談「問答無用」は４００回を数え、さらに幅広い人気を獲得した。

１９６０（昭和35）年――『夢声戦争日記』全５巻。

――随筆、ユーモア小説、句集など著書が多く、また、非常にまめな生活記録者で、戦時中の庶民の暮らしを知る貴重な資料である……聞いていて、思わず引き込まれる夢声の話芸は独特の「間」つまり話のなかのしゃべらない部分にあったといわれる……夢声を伝統的な口承文化の系譜に位置づけることもできよう。しかし、映画、ラジオ、週刊誌、テレビなど、近代的メディアへと活動の場をひろげ、しかもそれぞれのメディアのオーソリティとなったという点で、やはり夢声は希有の才能の持ち主、まさに「話術の神様」であった(『民間学事典』鵜飼正樹)。

1962(昭和37)~1963(昭和38)年
——『夢声自伝』全5巻。

1965(昭和40)年——東京都名誉都民。

1971(昭和46)年——8月1日、死去。享年77歳。

「徳川夢声」

——今夜久しぶりに私は、徳川夢声君の物語の放送を聴いた。浜本浩君作るところの小説「息子」である。筋は嘘を承知で見ず知らずの男を、十数年前に家出した息子として警察から引き取り、勤労奉仕やら何やら働いてもらつてゐるところへ、朝鮮で鉱山成金になつたほんとの息子が帰つてくる、と云つたやうな人情噺めいたものだつたが、ほんとの息子の豪放快潤な性格が、この物語の結末を明るくして気持ちがよかつた。

夢声君のかういつた物語の放送では、吉川英治君の「新書太閤記」の中の桶狭間の合戦を聴いて感心したが、かういつた現代ものも手にいつたもので、つまらないことでも面白く聴かせる手際は、「名人」と云つたらお世辞になるかもしれないが、実にたいしたものである。

曾て久保田万太郎君はその「傘雨亭夜話」の中で、

「トーキーの出現とともに、映画説明者　徳川夢声は、床下の鼠の如く消えてなくなつた。……途端に、奥庭の狐火の如く、右のごとき各種の徳川夢声がそこに発生した。」

として、漫談家、映画俳優、喜劇俳優、ユーモア小説家、随筆家、談譚集団盟主、禁酒論者等の名称を、彼の名前のうへに加へてゐる。更にもう一つ「物語の話し手」として新しい名称が彼の名前のうへに加へられなければならない。

久保田君は昭和十一年二月、既にもう彼に向かつて、

「夢声よ、おんみは何処へゆく……」

と云つてゐるが、全く夢声といふ男位、変幻出没千変万化を極むる人間はないのである。書き忘れたが、彼はまだそのうへに、ちよつと器用にホトトギス派風の俳句もつくる、兎に角いつぱしの俳人でもある。或る年土佐に来て一緒に高知公園得月花壇で飲んだ

とき、そこから見た夜景を写生したものに、

誘蛾灯　ネオンのつづき　またたける

といふ句があつたのを覚えてゐる。

九月一日。

（『百日草』吉井勇著、桜井書店１９４３）

参考資料：『「平和記念都市ひろしま」―知られざる記録映画―』（西本雅実著、広島市２０１５年６月）／『民間学事典』三省堂１９９７／『日本人名事典』三省堂１９９３／『コンサイス学習人名事典』三省堂１９９２／国立国会図書館デジタルコレクション

2021
10.9

登山家・植物学者・尾瀬の父・武田久吉、父はアーネスト・サトウ

〈日本人で初めて万国郵便連合（ＵＰＵ）トップに選出〉

……ＵＰＵは、１８７４年に設立された国際機関。国際郵便のルール作りを担い、約１９０ヵ国・地域が加盟……目時政彦さん（62歳）「郵便は世界中の国と国民生活に密着した重要なインフラ。いかに人類の文化や社会、経済に貢献できるかが私の使命だ」。八月、国連の専門機関である万国郵便連合（ＵＰＵ、本部・スイス）の次期事務局長に日本人として初めて選出された（毎日新聞２０２１年9月28日）。

自分は郵便大好き、友人知人によく手紙を出す。娘と同世代のアメリカ・ソルトレイクに嫁いだ彼女にはメール、たまにハガキを出す。ハガキは世界各国70円均一。普通葉書63円に7円足して、相手国の言語で宛先を書けばいい。日数はかかるがちゃんと届く。

ところで、黒船騒ぎから開国したばかりの幕末日本、郵便制度どころか海外との往来が一大事業、なれないことばかり。右往左往する間にも時代は大転換、公私を問わず来日外国人は増えるばかり。その外国人、その相手をする日本人にとっても欠かせないのが通訳

である。

外国人通訳の中には日本を愛し日本に骨を埋めた人物もいれば、帰国しても日本が忘れられず再来日、また著述で世界に日本を紹介した人物が少なくない。

武田久吉（ひさよし）の父は、日本を愛したイギリスの外交官、日本研究でも著名なサー・アーネスト・サトウである。

けやきのブログⅡ　2017年10月7日〈英国公使館員アーネスト・サトウが信頼する会津藩士・野口富蔵（福島県）〉

アーネスト・サトウ（佐藤愛之助（さとうあいのすけ））

1843（天保14）年―イギリスで生まれる。

1862（文久2）年―駐日イギリス公使館通訳生として来日。

1865（慶応元）年―通弁官。

1868（明治元）年―書記官。イギリス公使オールコック・H・S・パークスを助けて活躍。反幕派の志士と交わり、反幕派を支持するイギリス対日政策の展開に貢献。

勤務地日本の歴史・地理・宗教・美術・文化などの研究に努める。

1881（明治14）年―『中部および北方日本旅行者案内』サトウ、ホーズの共著。

――親日家のサトウは、佐藤の姓を名乗った。これが日本人に親しみやすかったので、大きなメリットとなったようだ……現地調査を行ったため、学術的色彩の濃いものとなった「中部及び北日本旅行案内」は、外国人たちが旅行する際の手助けとなった。（富山県立山カルデラ砂防博物館博物館だより62）。

1883（明治16）年―帰国後、シャム（タイの旧称）などに勤務。武田兼との間に二男・久吉生まれる。

1895（明治28）年―イギリス公使として再来日する。

1900（明治33）～06（明治39）年

―中国公使として義和団事変などを処理。

1929（昭和4）年――死去。享年86歳。

武田（たけだ）　久吉（ひさよし）

1883（明治16）年――3月2日、東京で生まれる。

父のサトウは久吉が生まれてすぐに帰国するが、麹町区富士見四丁目（現千代田区富士見二丁目）に家を購入して離日した。

後年、武田邸の跡地を法政大学が買収、80年館（図書館・研究室棟）が建てられた。母校の図書館が武田家の跡地とはしらなかった。コロナが収束したら行きたい。

1884（明治17）年――この頃、サトウはシャム総領事休暇中に日本を訪れて家族と再会。

1889（明治22）年――富士見小学校入学。理科の授業は全くなかった。

1890（明治23）年――サトウはウルグアイ駐在領事時代、7歳の久吉に近況を知らせる日本語の手紙を書き、英語を学ぶよう進言。

1892（明治25）年―久吉はモロッコ駐在領事となった父のサトウに英語で手紙を出す。以降、植物と登山を共通の趣味とする父子の文通はサトウの最晩年まで続けられた。

1897（明治30）年～1901（明治34）年
―東京府尋常中学校（のち日比谷高校）。
――牧野富太郎先生に親炙するの機会を得、野外において親しく草木を観察し、その性情を知悉せんと努力をつづけ（武田久吉）。

1901（明治34）年―東京外国語学校で語学を学ぶ。傍ら、植物採集をして牧野の研究資料に供し、知識も得る。

1905（明治38）年―夏、尾瀬に入る。

これまで「花の姿」を訪ねて各地の山に登っていたが、尾瀬を訪れてこの世のものとも思えない「自然の楽園」に感動、「尾瀬紀行」と題し『山岳』に発表する。

――見よ眼前に展開した尾瀬沼。背にした燧（ひうち）にはまだ薄雲がまつわるが、湖を距てて大清水平から三平にかけた平らなスロウヴは夕栄えに輝いて、風に動く湖面には金波銀波が踊る（武田久吉）。

尾瀬の存在を国内にひろく紹介。尾瀬の保護に力をそそぎ、ダム建設計画、道路計画などの反対運動に果たした久吉の役割は大きい。尾瀬を破壊しようとする権力に対して投げかける言葉はきわめて厳しく、一般の観光客のモラルへも批判を向けた。

尾瀬で若き日の中沢厚（民俗学者）と出会い、山梨の民俗・考古を綴った山中共古（やまなかきょうこ）（笑（えむ））、『甲斐の落葉』を彼に教え影響を与えた。

10月、山岳会（のち日本山岳会）発起人となる。武田久吉、紀行文作家・小島烏水、高頭仁兵衛（『日本山嶽志』）ら7人。山岳会機関雑誌『山岳』を年3回発行。

1904（明治37）年―久吉は学業を終えたが、英国留学していた兄・栄太郎が病気療養でアメリカに転居したまま永住したので、寂しがる母を気遣い久吉は留学せず日本に残った。

1905（明治38）年―日本山岳会を創立。

1910（明治43）年―春、イギリスへ留学する。
ロンドン大学・バーミンガム大学で植物学を学び、理工科大学では特待生。卒業後、上級学生に特別講義をし、また植物学、木材学の実験を指導。王立キューガーデンで植物の研究に邁進。また、登山好きの父親・サトウとしばしば植物採集に出かけた。

1913（大正2）年―帰国。

1915（大正4）年―再び渡英。バーミンガム大学で研究。

1916（大正5）年―帰国。色丹島の植物の研究で東京帝国大学から理学博士の学位を授与される。
京都大学臨湖実験所講師となる。

1917（大正6）年―この頃から木暮理太郎と深く交わる。

——『明治の山旅』「甲斐駒」の冒頭。「木暮理太郎君は日本の生んだ登山家中の第一人者としては空前はもちろんだが、恐らく絶後であろう」……武田が木暮に傾倒したのは……武田の専門がエコロジーであること……物質・エネルギーを含めた自然の循環システムを大前提にしていて、それが木暮の家の生業、農業の基礎であり、他方に木暮が関東の自営農民の出で、自己自身の主人であり自主独立の精神の持主であることが、おもな理由ではあるまいか（『山の思想史』）。

1920（大正9）年——北海道大学講師。

1928～39（昭和3～14）年

——京都大学講師を務める。

1941（昭和16）年、

——尾瀬平を水底に歿して、机上での計算通りに水を溜めるには、米国あたりからでも技師を頼んで来ない限り、できない相談であろう。日本人の技師なら、いくら西洋かぶれのした人でも、心の底に郷土愛の深い温かい情が、いくらかでも残っている。そんな人が技師長ではこの無二の宝物を、徹底的に破壊する事業を成し遂げる気遣いはあるまい……（武田久吉）。

電源開発による尾瀬ヶ原貯水池と揚水発電計画があり、厚生・文部両省の役人や学者、山岳家などによって尾瀬保存期成同盟が結成される。日本において「自然保護」という言葉のはじまりは「尾瀬ヶ原」とも。

1945（昭和20）年―太平洋戦争敗戦。戦後、自然保護を訴える。

1948（昭和23）年―日本山岳会設立。初代日本山岳会長。

1950（昭和25）年―磐梯朝日国立公園指定。戦後数年間、国立公園中央審議官を務めた。

――ある年の夏の終わりに、ぼうぼうと人をうずめる山麓の芒（すすき）の原を見ようとして、会津磐梯山を訪れたことがある。ふと山羊が登路のかたわらにつながれているのに気づき、周りを見わたしてやっと仙人の隠れ家のような子舎が目に入った。もし山羊が鳴かなければ、あたりの人気に感づかぬまま通りすぎたことであろう（武田久吉）。

1960（昭和35）年―日本自然保護協会評議員、国立公園協会評議員を歴任。

1969（昭和44）年―秩父宮記念学術賞。

1972（昭和47）年―6月7日、死去。享年89歳。

妻の直（旧姓末吉）との間に娘2人。

著書：『民俗と植物』（野菜と山菜）『明治の山旅』『路傍の石仏』『尾瀬と鬼怒沼』『高嶺の花』『登山と植物』（登山春夏秋冬・山人の寝言・深山の珍味・新緑の色と香）

参考資料：『民間学事典　人名編・事項編』三省堂1997／『日本人名事典』・『外国人名事典』三省堂1993／『山の思想史』三田博雄著、岩波新書1977／『科学随筆全集・植物の世界』牧野富太郎他著、学生社1961／『現代紀行文学全集　山嶽篇』修道社1958

2021
10.16

ティンブンヤー（天文屋）のウシュマイ（御主前）、岩崎卓爾

〈眞鍋淑郎氏ノーベル賞・物理学賞〉

米プリンストン大上席気象研究員・眞鍋氏は、物理法則に基づいてコンピューターを用いて地球の気候を再現する「気候モデル」という手法を1960年代に確立。地球温暖化予測の基礎を築き、気候変動対策に貢献したことが評価された（毎日新聞2021年10月6日）。

「温暖化予測基礎築く」研究内容は分からないが、いいニュースで心が明るくなった。「米国籍」が少し寂しい。日本の研究環境が整わず、この先も研究者が出ていくのだろうか。

さて、沖縄や石垣島を観光したことがあるが飛行機でひとっ飛び。しかし、日清・日露間の明治30年代、東北から遠く離れた沖縄先島諸島に赴任するだけでも一仕事。その遠距離をものともせず任地で大いに働き、研究にいそしみ、島人に敬愛された気象観測技師・八重山民俗研究家がいる。岩崎卓爾である。

岩崎（いわさき）　卓爾（たくじ）

1869（明治2）年――10月17日、仙台・伊達藩士・岩崎享平・母いわの二男に生まれる。
長男が夭逝したため卓爾は跡継ぎとなる。
5月、函館五稜郭で榎本武揚ら降伏、戊辰戦争終わる。

年末、数十年ぶりの寒波が東北地方を襲い困窮。亘理（わたり）城主・伊達邦成（くにしげ）など北海道へ移住した旧藩士も多かった。

1877（明治10）年――西南戦争。卓爾8歳。

叔父の岩崎省三（のち宮城県志田郡役場の書記）が従軍、城山の西郷隆盛の軍と戦い武勲をたてる。その省三、「若い内は他の土地に出て人に会い、見聞を広げ、新しい知識が必要」と、※85林子平『三国通覧図説』『海国兵談』を愛読する卓爾に影響を与えた。

1888（明治21）年――宮城県立第一尋常中学校卒業。第二高等中学校（現東北大学）入学。

1891（明治24）年─10月、三年で中退。北海道で北海道庁の「物産共進会」アルバイト。

1892（明治25）年─9月、気象観測手（測候手）の試験を受ける。

北海道では初めて道内各地の天気予報を報じる業務を開始。測候手を増員することになり応募したのである。

10月、見習い測候手（気象研究生）として北海道庁札幌一等測候所に入所。

1893（明治26）年─11月、正式な測候手となり根室測候所に転勤。4年間勤務。

この年、探検家・笹森儀助が沖縄本島・先島諸島の民情調査を行った。

──八重山諸島人民の一大困難のもととなっている旧慣取り扱いは残酷きわまる。水田の無い各村に米を納めることを命じ、その村民たちに西表島（いりおもて）のマラリア有病地

※85　林子平：1793（寛政5）年、56歳で病没。「親もなし、妻なし、子なし、版木なし、金もなければ、死にたくもなし」。大きな世界地図の上に横たわって死んでいたという。

に水田を開かせたことである。鳩間島・黒島・竹富島・新城島（あらぐすく）の四島の人たちは、近くても2海里（約3・7㎞）、遠くは8、9海里以上も隔たっている西表島へ黒潮を越えてクリ舟で水田を耕しにいっている……八重山の人たちがあまりにも気の毒である（八重山諸島）。

1894（明治27）年—日清戦争。

1896（明治29）年—10月、北海道庁測候所を退職。

1897（明治30）年—2月、中央気象台雇員になる。

1898（明治31）年—6月、高層気象観測のため他の職員と富士山頂で約2ヶ月測候。
9月、沖縄県八重山の中央気象台付属・石垣島測候所に技手として赴任。

石垣島赴任がきまると卓爾はいったん故郷の仙台に帰る。肉親に別れをつげ、神戸に向かい、神戸から月一回台湾の基隆（キールン）にむかう連絡船に乗り、石垣島に着任。

岩崎省三の世話で同郷の御殿医、八重樫家の三女・貴志と結婚。翌年、妻・貴志、仙台から島に来る。やがて7人の子をもうける。

〈沖縄県〉琉球処分

沖縄県について。1872年、琉球を鹿児島県の管轄から政府直轄の琉球藩としたが、1879年清国との宗属関係の断絶を目的に沖縄県が設置された。

初期県政は一般に旧慣温存を名目とし、土地制度・租税制度・統治制度は王国時代そのままにすえおき、旧制度改革着手は1899年~1903年土地整理からであった。

市町村制・衆議院議員選挙法などの施行も大幅に遅れ、大正後期頃からようやく諸制度も日本本土とほぼ同一になる。

〈卓爾が赴任した明治30年頃の石垣島〉

「島の人たちはまだ貨幣というものを信用しなかった。川平（かびら）や平久保あたりに行商して、マッチ一個と牛一頭を交換してきたという本当の話もあったくらいです」宮古諸島や八重山諸島など、先島諸島には古いしきたりがそのまま残され、何百年も続いた人頭税など、非人道的・非人間的な古い制度の抑圧のため貧しかった。

1899(明治32)年—9月、石垣島測候所長に昇進。

1901(明治34)年—8月2日台風襲来。9月17日台風襲来。

1902(明治35)年—人頭税廃止。8月8日台風襲来。8月30日台風襲来。

1903(明治36)年—7月30日台風・最大風速40・7m。台風は毎年襲来。

1904(明治37)年—日露戦争。

1907(明治40)年—メスアカムラサキ・ツマグロヒョウモン・カバマダラなどの蝶の標本を名和昆虫研究所に送る。イワサキクサゼミ発見。この他、岩崎の名を冠した新種はイワサキゼミ・イワサキコノハチョウ・イワサキワモンベニヘビなど。

1909(明治42)年—石垣島測候所新庁舎完成。『石垣島案内記』を自家刊行。

専門の気象の他に石垣島を中心とする八重山諸島の自然、歴史、民俗に関心を寄せ、多くの論考をものにしている。身近なことをとりあげ、深い洞察をくわえる。

1912（明治45）年――『八重山童謡集』刊行。

八重山の気象観測と民俗研究に打ち込むが、当初は科学者としての生き方と島の古い風俗との溝はなかなか埋まらず、無理解からくる中傷や迫害を受ける。やがて、その信念と誠実さは島人に理解され、敬愛され、ティンブンヤー（天文屋）のウシュマイ（御主前）と尊称され親しまれる。村夫子然たる生活に徹し、終生洋服・靴などは用いず和服で通す。

研究者が来島すると調査を助けるとともに、島の若者を案内にたてたりし郷土文化への自覚を促すことを忘れなかった。次は来島者名。

鳥居龍蔵・菊池幽芳・田代安定・伊波普猷（いはふゆう）・武藤長平・柳田国男・田辺尚雄・折口信夫・鎌倉芳太郎・本山桂川・大島広・須藤利一。

1913（大正2）年――子の進学のこともあり妻・貴志は7人の子を連れて仙台へ帰り、卓爾一人の生活が始まる。

1914（大正3）年―八重山通俗図書館を創設する。
台風襲来の日々。6月30日・7月7日・7月12日・9月6日（台風観測中、右眼失明）・9月29日。

1917（大正6）年―4月、「先島新聞」創刊。この秋から翌年5月にかけ190日日照り。

1919（大正8）年―勲八等瑞宝章。8月、コレラ大流行。

1920（大正9）年―『ひるぎの一葉』（国立国会図書館デジタルコレクションで読める）

1923（大正12）年―『やえまカブヤー』刊行。

1925（大正14）年―『沖縄写真帖　第1輯』坂口総一郎著。石垣島測候所の前に立つ岩崎卓爾の写真掲載（同上）。

1937（昭和12）年―脊髄病に襲われ病状悪化。5月18日死去。享年69歳。

1974（昭和49）年――『岩崎卓爾一巻全集』刊行。

専門の気象の他に、石垣島を中心とする八重山諸島の自然、歴史、民俗に関心を寄せ、多くの論考をものにし、科学的観察と詩情溢れる作品を残した。

参考資料：『台風の島に生きる』谷真介著、偕成社文庫1982／『民間学事典』三省堂1997／『日本人名事典』三省堂1993／国立国会図書館デジタルコレクション

2021
10.23

伝説の卓球人・ピンポン外交、荻村伊智朗

ぴんぽん。基礎の基礎、フォア打ち大好き、部活経験なし。それでもクラブに入り愉しんでいたのに理不尽な目に遭って辞めた。もともとカルチャーおばさん、体育館に行けなくても行き先はある。ところが、コロナ禍！ どこの講座も相次ぎ休講になった。仕方なく近場で行き先探し。図書館はいいとして卓球場があるけど、どうしよう。とりあえず様子を見に行ってみると、感染防止で戸窓開放の教室で中高年男女数人がマスクして、ラケット振っていた。ステイホームよりいい、教室に入れてもらった。まずはコーチとフォア打ち、ボールの感触にびっくり。ボールが生きているみたい。うまく説明できないがそう感じた。そうして、とりあえずのつもりが、はや2年になる。練習は愉しいが呑み込み悪く動けず、つい言い訳する。先日は言い訳ネタに尽き、「今日は仏滅」と暦のせいにした。すると次の週、「今日は仏滅じゃないですよ」。コーチに笑顔で返された。

荻村伊智朗（おぎむらいちろう）の自伝『笑いを忘れた日』を読むと、卓球と無縁の人でも前向きになれそう。自伝の後半は卓球の技術・戦術、強くなるための金言満載だが、その中で「卓球が世界

をつなぐ」編に惹かれた。

そこで、本編の荻村の言葉を引用しつつ、けやき流に荻村伊智朗の生涯を見てみた。

けやきのブログⅡ　2014年5月31日〈外来の体操とスポーツ・卓球を明治日本に、坪井玄道〉

明治・大正・昭和の卓球

1885（明治18）年—坪井玄道・田中盛業編『戸外遊戯法』一名戸外運動法出版。

1894（明治27）年—日清戦争。

1902（明治35）年—東京高等師範学校・坪井教授が留学先のイギリスからピンポンの用具とルールブックを持ち帰る。

1903（明治36）年—第五回内国勧業博覧会（大阪）で美満津が「ピンポン遊技場」を設け、模範試合を一般公開した。

1904（明治37）年—日露戦争。

1914～18（大正3～7）年

—第一次世界大戦（列強の殖民地をめぐる世界戦争）。英・仏中心の連合国と独中心の同盟国が総力戦を展開。日本も日英同盟（明治35年）を理由に参戦、中国での利権拡大を図る。

1918（大正7）年—宗教大学（大正大学）の千々和宝典が「卓で行う」「卓越に通じる」ことから「卓球」と名付けた（『卓球語事典』）。

1924（大正13）年—明治神宮外苑競技場の竣工を記念し開催された神宮奉納の競技会、明治神宮体育大会が開かれる。近年、神宮外苑のイチョウ並木が話題である。

1926（大正15）年—明治神宮体育大会に卓球正式参加する。卓球がスポーツとして認められる。

国際卓球連盟設立（ＩＴＴＦ）、第一回世界選手権ロンドン大会開催。

1927（昭和2）年―上海・極東オリンピック大会。公開種目に日本と中華民国が出場、団体・個人とも日本が優勝。

1931（昭和6）年―日本卓球会（日本卓球協会）発足。第五回世界選手権ブダペスト大会。

荻村（おぎむら）伊智朗（いちろう）

1932（昭和7）年6月25日、静岡県伊東市に生まれる。父・素男、母・美千枝。

ちなみに、2021年東京オリンピックの混合ダブルス金メダルに輝いたコンビ、水谷隼選手・伊藤美誠選手とも静岡県出身である。

1940（昭和15）年―※86紀元二千六百年奉祝「汎太平洋卓球大会」を日本で開催。

1941（昭和16）年―12月8日、太平洋戦争突入。日本軍ハワイ真珠湾攻撃。

※86　紀元節：明治政府制定の建国祝日。昭和23年、廃止。昭和41年、建国記念日となる。

1945（昭和20）年—8月15日、第二次世界大戦終わる。日本、無条件降伏。

1946（昭和21）年—第一回国民体育大会。卓球も種目に加えられる。

1948（昭和23）年—16歳。東京都立西高等学校入学。本格的に卓球を始める。

1950（昭和25）年—ＩＴＴＦ、日本・ドイツ・韓国などの世界選手権参加を承認。

1951（昭和26）年—東京都立大学人文学部に入学。

1952（昭和27）年—日本各地で日本対イングランド戦が行われ、日本15戦全敗。
全日本軟式選手権初出場・初優勝。
全日本硬式選手権は東京予選で敗れ、日記に「笑いを忘れた日」と書き、すべての努力を卓球に集中することを決意する。

1953（昭和28）年—日本大学芸術学部に転学する。
全日本硬式選手権、単複とも優勝。

1954（昭和29）年―第二十一回世界選手権ロンドン大会。

〈日本初出場で男女団体、男子単（荻村）優勝〉

当時、卓球協会はお金が一文もなく遠征費の自己負担金を一人80万円に設定……荻村はお金がなかったが、夜中まで練習していた吉祥クラブの仲間が三鷹・吉祥寺・西荻窪・荻窪の駅に立って10円募金、荻村も3ヶ月間駅に立ち、「荻村をロンドンへ！」などと一生懸命どなって募金に加わった。親戚にもカンパしてもらいやっと80万円集まると、卓球協会に納めた……女子選手2人は、会社も景気が悪く、応援してもらえず辞退した。

――羽田からロンドンへ55時間かかり、ついたときにはへべれけになって、3日間くらい何もできなかった……イギリスは植民地を日本にとられ……戦勝国なのにバターと卵は配給、行列できているありさまで、日本人が憎かったのです。

――試合が始まると、私たちも「スポーツの本場、卓球発祥の地のイギリスでやっと試合がやれる。晴れ舞台だ」と、喜び勇んで試合場に入ったのですが、なにせ日本人がにくいのです……日本選手がサーブミスをしても拍手をします。1万人ぐらいの観衆が、どこの国の選手とやっても、日本選手が一本とられれば必ず拍手……スタンドで足を踏みならす……しかし、そうした雰囲気の中で、私は昂然と顔を上に向けるようにしてふるまい、調子も上がる一方でした……勝ち進んでいくと、観客だけでなく審判が敵になりました……ありとあらゆる意地悪をされ……そのような対日感情の嵐の中で、冷静な論評をしたのは『ザ・タイムス』紙「強いものは強い。日本選手は打法もすばらしいし、よく動く。若いが上手だ。無用な揚げ足とりはつつしもう」。

――戦争中、日本軍がさんざんなことをしたので、反日宣伝が行き届き……ところがお互いに眼で見てわかるようになって、なるほどと思って変わってくる……いまはイギリス人とも非常に仲良くさせてもらっています。イギリス人も大変だった、こっちも大変だった世界選手権でした。ちなみに荻村は英語が堪能。

1956（昭和31）年――日本大学を卒業、三洋繊維に入社する。
第二十三回世界選手権東京大会。団体・単・複の3種目を制す。

1957（昭和32）年――世界選手権ストックホルム大会。団体四連勝・混合複優勝。
森田時美と結婚。

1959（昭和34）年――第二十五回世界選手権ドルトムント大会。団体・複・混合の三冠。
11月～翌年4月、スウェーデンに招かれてコーチをする。その時、教えた17歳のアルセアがのちヨーロッパチャンピオンになった。

1961（昭和36）年―世界選手権北京大会。混合・複に優勝。
――中国へは、まず香港に行き、一泊して入国ビザをもらって、境界線の深圳まで汽車で行き、そこから中国側に渡り、別の汽車に乗り換えて広東へ行き一泊して、それから北京へ……四日かかって北京へ……日本チームの訪中は中国側に大変喜んでもらえました……そのとき初めて周恩来総理と会ったのです……わざわざ日本選手団のために、明日発つという日に歓送会をやってくれました。

1962（昭和37）年―日中交歓卓球、中国と日本の双方で始まる。

1964（昭和39）年―東京オリンピック開催。東海道新幹線が開業する。

1965（昭和40）年―現役引退。日本卓球協会理事、新設の強化対策本部の強化主任。

1966（昭和41）年―全日本硬式選手権を「全日本選手権」と改称。
第三回北京国際大会が文化大革命の嵐の中で開催される。

1971（昭和46）年―第三回世界選手権名古屋大会。男女とも日・中で決勝。

〈ピンポン外交〉
——荻村は前から中国の国際卓球舞台への復帰に向け水面下で活動していた。その働きかけのおかげで、中国の首相・周恩来は中国代表が世界卓球選手権名古屋大会に参加することを許可する。中国代表が六年ぶりの復帰を果たし、やがてリチャード・ニクソン大統領と毛沢東主席の会談にまで繋がるのである。

1972（昭和47）年——ATTUアジア卓球連合結成。日本・中国・朝鮮民主主義人民共和国（北朝鮮）などが中心になり、北京で開催される。
5月15日、沖縄の施政返還。第二次大戦後、アメリカの軍政下に置かれていた沖縄が返還されたのである。

1973（昭和48）年——沖縄で復帰記念沖縄特別国体。ITTF国際卓球連盟理事の荻村は海外での指導にも積極的に関わる。

1979（昭和54）年——第三十五回世界卓球選手権ピョンヤン（北朝鮮）大会。ITTF国際卓球連盟会長代理をつとめる。段位制を導入。全日本選手権出場に「有段者であること」を義務づける。

私事ながら、卓球教室コーチは有段者で全国大会に例年のように出場している。

1980（昭和55）年—日本卓球協会専務理事に就任。

1981（昭和56）年—国際オリンピック委員会ＩＯＣが、卓球競技をオリンピックの正式種目に加え、ソウル大会からの実施を決定する。
第一回ワールドカップ、中国優勝。日本は斎藤清の4位が最高（2003年の記述）。

1987（昭和62）年—荻村伊智朗、現職のエバンス会長を破り、第三代ＩＴＴＦ会長就任。日本人初の国際競技連盟会長として卓球の発展と国際化に尽力する。

1991（平成3）年—ＪＯＣ日本オリンピック委員会の国際委員長に就任。
世界卓球選手権千葉大会。「統一コリア」の参加を実現した。
大韓民国と朝鮮民主主義人民共和国の「統一コリアチーム」結成と千葉大会出場を実現させ「ピンポン外交官」と呼ばれ内外から高く評価された。

その際、荻村は韓国に20回、北朝鮮に15回足を運び、朝鮮半島で統一チームを結成するように訴え続けていた。

また、日本の地元首長にも呼びかけ、長野市・長岡市・千葉市で合同トレーニングキャンプの設立にも成功した。

1994(平成6)年―12月4日、肺がんで死去。享年62歳。

1997(平成9)年―田中利明、松崎キミ代、江口冨士枝らと共に世界卓球殿堂入り。

ジャパンオープン卓球選手権大会を、荻村杯国際卓球選手権大会と改称する。

――「相手があってこそ」相手がいなければいいゲームができないのですから、試合直後は、やはり相手といいゲームを作ったことをおたがいに喜び合い、讃え合うというところからはじまらなければいけないと思います。それは、生きる喜びを知っている、スポーツがふたたびできる喜びを知っている人たちには、自然にできたことです。

参考資料：『笑いを忘れた日　伝説の卓球人・荻村伊智朗自伝』卓球王国２００６／『卓球知識の泉』藤井基男著、卓球王国２００３／『卓球語事典』伊藤条太著、誠文堂新光社２０２１／国立国会図書館デジタルコレクション

2021
10.30

旧幕臣の実業家・秀英社創立・労働組合結成、佐久間貞一

昔、銀行勤めのとき、札勘定・札束作りが苦手だった。それからウン十年、とある銀行にパートに出た。そこの回金室で100万円の束が次々出てくる機械に見とれた。久しぶりの社会は機械化が進み、諸事万端スピードアップしていた。

それがいまや、札束どころか現金不要のカード社会、スマホにコンピューター、便利で速い。しかし、ブログがやっとのおばさんはアナログでいいのに……無駄な抵抗か。

さて、明治期の印刷技術発達は世の為、人の為になったと思う。それに大いに貢献したのが佐久間貞一である。

佐久間は活版印刷をはじめとして雑誌の創刊、製紙業その他に進出した実業家で、労働問題にも深い理解を示した。その事績を知れば知るほど素晴らしい。

2021(令和3)年10月、第四十九回衆議院議員選挙。世の中かまびすしい。佐久間貞一のような候補者に一票投じたいが、居るかなぁ……。

佐久間(さくま)　貞一(ていいち)

1848(嘉永元)年—5月15日、幕府賄方佐久間甚右衛門の家に生まれる。幼名・

千三郎。

? 年―安井息軒に漢学を学ぶ。

1865（慶応元）年―幕府が兵制改革で西洋式になり、佐久間も兵になり、同じ幕臣の沼間守一[※87]と親しくなる。幕府の長州征伐のため京に赴くが撤兵、江戸に帰る。

1868（慶応4／明治元）年
―戊辰戦争。上野の彰義隊に加わる。

1869（明治2）年―江戸開城とともに駿府を静岡と改称。徳川宗家は静岡藩七十万石となり、佐久間も静岡に赴く。

1871（明治4）年―藩命で九州を歴遊し、各藩の動向、民情風俗を視察。

※87 政治家・言論人。『東京横浜毎日新聞』社長。嚶鳴社を主宰。

7月、廃藩置県。佐久間は時代の趨勢に感ずるところがあった。

1872（明治5）年――政府の北海道開拓計画に呼応。肥前天草の島民を率いて北海道に移住する。

――九州を廻って天草の島民は賃金が安くても熱心に働いていたので島の地主に相談して、数十人を率いて北海道の浦川で椎茸栽培を始めた。ところが、政府も始めたため官業と競争になり、函館で友人と物産業を始めた。

――天草の島民を利用して潜水業を創める。仏国博覧会へ出品する幾多の日本の国宝を積載したフランス船ニール号が難破し、伊豆・女良港の海底に沈んだ。それを引き上げ取り上げたのも氏の功労の一つで、名古屋城の天守閣の金の鯱も取り上げた国宝の一つである（『春城代酔録』）。

1873（明治6）年――教部省大教院（神仏合同布教による国民教化を推進）に出仕。大内青巒（おおうちせいらん）と機関紙『教会新聞』を発行。

結婚。妻・保田天津子は内助の功あり、肺を病む佐久間をよく看病した。

1875（明治8）年──大教院解散。「教会新聞」を継ぐ形で『明教新誌』、『開智新聞』発行。

──明教新誌、開智新聞などいふ当時の学者がこしらへたハイカラな議論ばかり載せた新聞雑誌（『英雄物語：良民講話』）。

1876（明治9）年──10月9日、宏仏海・大内青巒と共同で活版所秀英舎を設立。

秀英舎を開業したものの当初は木版印刷で利益が上がらず、活版印刷の設備も不十分だった。ところが、ベストセラー中村正直訳『西国立志編』（木版）の改正版の活版印刷を引き受けると、初の純国産洋装本は大ベストセラーとなった。

このとき表紙の芯となる板紙は輸入、国内で入手できず佐久間自ら製造に取り組んだ。

1877（明治10）年──西南戦争。

戦争報道で新聞業界が活況を呈し、秀英社も日刊新聞を請け負い、仮名垣魯文『仮名読新聞』、ついで沼間守一『東京横浜毎日新聞』『国民新聞』を印刷し経営は安定する。まだ職工なども少なかったので、佐久間は職工に加わって文撰植字をした。

また、自ら徒弟教育を行い、修養互助施設を設け九時間労働制、養老・退職手当積み立て制。勤続賞与・夏期休暇制などを実施する。労資共存、工場法などの制定を主張する。

——佐久間氏は衷心労働を尊重し、社長でありながら、常に身を従業員と同じレヴエルに置き、率先従業員を導き、自ら活字を拾ふことも……病者が社員中にあると、下級の職工でも自分の別荘にやって保養せしめた……(『春城代酔録』)。

1885(明治18)年―石版印刷の泰錦堂を設立。

1886(明治19)年―東京板紙会社を設立。

1890(明治23)年―大日本図書会社設立。社長に就任。

——文部省[※88]は編輯局を置いていたが、民間にも学者ができ、活版事業なども盛んになって、競争するのは馬鹿らしいと、編輯や出版を止めることに……色々の著述や翻訳したりした原稿を反古にする訳にも行かぬ、本屋の誰彼に下げ渡しても公平でないと、一大図書会社を組織し、維持方法が確かなら下げ渡すことに……佐久間は東京中の書林と図り、大日本図書会社を設立し、文部省の版権や原稿を譲り受けた(『英雄物語：良民講話』)。

「東京開市三〇〇年祭」委員をつとめる。牛込区選出の市会議員。

1890(明治23)年—活版印刷業組合設立、頭取となる。

生巧館[※89]を起こし、西洋木版彫刻を奨励する。

1891(明治24)年—吉川泰次郎と謀り吉佐移民会社を設立する。

日本は資源に乏しく人口が多いことをおもんばかり、日本郵船と結んで移民所業に

※88 ——政府は佐久間氏の目論見の斬新なるを危ぶみ、ややもすると二の足を踏むような事があったが、氏の人格に信頼して思ひきつてやらせるようになつた。やらせて見ると着々成功するから、氏の信用は益々増長した。あの多病で身体の弱い人が、よくも百難を冒して邁往したものと、その気迫と勇気に感服させられる(『春城代酔録』)。

※89 生巧館：けやきのブログⅡ2015年11月28日〈明治の西洋木版・東京美術学校フランス語教師、合田清〉

も取り組んだ。

『印刷雑誌』印刷技術の向上発達を目指して創刊。欧米の関係18紙と交換、出版の国際交流をはかった。

1892（明治25）年――『国民之友』に改良主義的社会政策論を発表。職工は幼いときから長時間、低賃金で酷使され、早世であることを知り、労働者の保護育成、労働条件の改善、労働環境の改革に向けて職工条例・※90工場法の制定に奔走する。また、「職工組合の必要」を発表、ストライキも辞さないことを提唱した。

1896（明治29）年――貸資協会・国民貯蓄銀行を創設。労働者の相互扶助、経済的自立を目指す。

1897（明治30）年――※91労働組合期成会評議員となって労働運動を支援、〈労働運動の大恩人〉といわれる。

1898（明治31）年――11月6日、牛込区二十騎町の自邸で死去。享年52歳。

――貞一が起こした事業は東洋移民会社、東京精米会社、国民貯蓄銀行、東京貸借協会、東京工業協会などで、東京市会議員、牛込区会議員、商業会議所議員、農工銀行重役、農高商会高等会議員などの役目を引き受けて公共のために寝食を忘れて働き……死んだときには借金が十万円もあったといふことです。之を以ても、自分のことは少しも思はずに、公共のために尽くした貞一の労を思はねばなりません（『英雄物語：良民講話』）。

――わが国労働運動の大恩人にして、日本のロバート・オーエンとも云ふべき人なり（※92 片山潜）。

参考資料：『100年目の書体づくり』大日本印刷2013／『出版会365日小事典』日本エディタースクール1996／『民間学事典』三省堂1997／『日本人名事典』三省堂1993／『英雄物語：良民講和』河本亀之助編、良民社1911／『春城代酔録』市島春城著、中央公論社1933／『佐久間貞一小伝』豊原又男著、秀英社庭契会1904／『春汀全集. 2巻』鳥谷部春汀著、博文館1909／国立国会図書館デジタルコレクション

※90 工場法：婦人・少年労働者を保護（1911〔明治44〕年制定）。12時間労働制など規定した最初の労働者保護法である。ただし、例外規定や零細工場には適用されず不十分であった。

※91 労働組合期成会：労働者の教育と組織化を目的として作られた労働運動団体。

※92 片山潜：明治・大正・昭和期の社会主義者。

2021
11.6

愛知県奥三河の篤農家、古橋暉兒

【若い力　農業の未来に光】2021年10月29日

高校生たちの農業の取り組みを応援する「全国高校生農業アクション大賞」（毎日新聞社、ＪＡ全中主催）。

農村部の過疎化や離農が進む中、若い発想で地域農業の未来を切り開こうとする北海道から熊本まで15校の計画を紹介。それぞれ取り組み方は様々でどれも興味深い。

たまにパンを焼くのとペンネームのけやき由来で、〈北海道帯広農業高校農業科２年・小麦分会の超強力小麦粉『ゆめちから』１００％道産小麦〉と〈「けやき」の保護更新活動をする東京都立農業高校・ケヤキプロジェクト〉に目がいった。

同級生に農家出身が何人もいるが誰も農業を継いでない。田畑はほとんど住宅地になり田圃を見なくなって久しい。考えるべき問題だと思うが何もしていないので、「若い力農業の未来に光」がまぶしい。

ところで、世の中には困難に向き合い、世に尽くす人物がいる。たとえば、幕末から明治にかけ一揆や地震、また世情不安なときに人々を支え力になった※93篤農（とくのう）、古橋暉兒（てるのり）である。

古橋（ふるはし）　暉兒（てるのり）

1813（文化10）年――3月23日、三河国設楽郡稲橋村（愛知県稲武町）の代々庄屋、古橋家五代目・義教の二男に生まれる。兄が夭逝し家督を継ぐ。古橋家は代々、源六郎を名のる。

1831（天保2）年――古橋家は破産に近い苦しい状況であった。そこで、「家中什器及ヒ牛馬ニ至ルマテ」競売、徹底した倹約で天保の飢饉時を切り抜ける。また、味噌・醤油の製造を家業とし、農林業を本業とする経営に変え、名主の父の職務をよく手伝い家運を挽回する。

「天保の飢饉：1833～36（天保4～7）年におこった全国的飢饉」天候不良で冷害・洪水・大風雨が続発、このため米価をはじめ諸物価が騰貴し、農村の荒廃、農民・下層町人の離散困窮はなはだしく、各藩領内で一揆・打ち毀しが激発した。幕府は救済を謀ったが不十分に終わり、幕藩体制の崩壊を促進した。

暉兒は二十代ながら「村の安定なしに自家の安定もない」と、私財を投入してまで

※93　篤農：熱心で研究心に富む農業家。

村の立て直しにつとめ、信用と指導性を得る。

1833（天保4）年―飢饉をきっかけに暉兒は、村民に呼びかけて惣百姓持山に杉苗の植栽をはじめた。1870（明治3）年までに3万5500本を植え、凶荒・罹災・潰百姓救済のための共有林とした。また、山はその他にも生活の糧をあたえた。

1836（天保7）年―三河国の加茂一揆、参加人数5000人。翌年、大塩平八郎の乱などの天保一揆が頻発。暉兒は地元農民の利益のために、農業品種改良などに努めた。

1838（天保9）年―霖雨のため飢饉に瀕し、暉兒は施米救済の実をあげる。また、各村民をして共同貯蓄をすすめる。

1854（安政元）年―6月、近畿地方に大地震。11月東海道、江戸に大地震があり下田を津波が襲う。暉兒はたびたび義捐施穀して窮民を救済した。日米和親条約を締結。下田・箱館を開港する。

日英和親条約締結、ついでオランダにも長崎・箱館を開港する。
暉皃は、こうした状況下で国学に近づき、村落防衛のために農兵を考える。

1861～1863（文久元～3）年
—この間、暉皃は「世直し」という米の品種を産出するなど、篤農家としての道を歩むが、開国が迫る情勢に国政的な危機感を抱くようになる。

1863（文久3）年—三河吉田の神官の紹介で[※94]平田篤胤死後の平田門に入る。
暉皃は富国尊攘の方向を打ち出し、志士的活動を支援する。また、勤皇家の書画を収集した。志士・勤皇家・国学者に関する書画骨董は、「[※95]古橋懐古館」に保存、一般公開されている。

※94 平田篤胤：国学者。激しい儒学批判と尊皇思想が特徴。一大学派をなし、尊皇攘夷運動に大きな感化を及ぼす。
※95 古橋懐古館：名鉄豊田市駅からバス稲武下車。

農事の閑暇には武を講じ金を貸し鉄砲を購入させ、毎月一回射的を練習させた。

？年―平田門人の※96佐藤清臣（きよおみ）とともに、国学・農学を中心とした教育を志す。

1868（明治元）年―新政府の在野協力派として三河県（愛知県の一部）の暴動の鎮圧につとめる。

1869（明治2）年―三河県に出仕（三等庶務足助詰）、伊那県が置かれると権少属になった。

1870（明治3）年―村民に輸出品の茶の栽培を奨励する。各村で茶が産出されるようになり、一時期は製茶は一大産物となった。また、清風校を興し、村の子弟を教育する。

1871（明治4）年―貿易輸入が輸出の4倍なのを憂慮して養蚕を奨励。

1872（明治5）年――学制頒布により清風校を小学校に改める。

1878（明治11）年――篤農が集い知識、意見を交換する農談会が設立される。

組合12ヶ村の労農と、農事について談合する。当時、古橋の嗣子・義真が北設楽郡長であった。義真は父の志を継いで三河国農会を設立、県農会創立に至る。

天保飢饉のときの計画的植林方法が、なお一層進められたのが北三河地方の林業であり、その維持には古橋の力が与っている。

また、産馬や軍用馬改良などの事業にも貢献した。

？　年――小学校教育の普及とともに、殖産工業政策に協力。

※96　佐藤清臣：暉兒没後、『三河国蚕糸振興説』（古橋暉兒著、三河皇道義会1894）を出版。佐藤清臣について、別名を神道三郎といい、戊辰戦争のとき官軍東上の先鋒となって、道々年貢半減を布告して東山道を進撃したが、偽官軍の名のもとに処刑されたと、『改訂郷土史事典22愛知県』にでているが、1868（明治元）年、処刑されているので年代が合わず、同一人か不明。

1881（明治14）年―全国[※97]農談会が開催され、政府委員と篤農とが意見を交換した。

1882（明治15）年―山林共進会が開催される。
政府は全国の林業功労者558人を表彰、愛知県では古橋暉兒他12人受賞。この数は全国15番目で全員が三河在住者であった。三河の林業は先進地の部類に入る。

1884（明治17）年―各村の農民を集め、天保飢饉を経験した老人に話をさせ、注意を促した。

1885（明治18）年―藍綬褒章。

?年―山林開発に道を求め、松方財政下で自力更生運動と井山山林払い下げ運動とを結合させ報徳社を導入、稲橋村に〈経済之百年〉の基礎を確立する。

1892（明治25）年―12月、病のため死去。享年79歳。

著書に「報国捷径」「経済之百年」「北設楽郡殖産意見書」「製茶意見書」などがある。三男二女あり。篤農家としての役割は、その子・義真、孫の道紀に継承されている。

参考資料：『開校廿周年記念東三河産業功労者伝』豊橋市立商業学校１９４３／『改訂郷土史事典22　愛知県』昌平社１９８２／『愛知県の歴史』山川出版社２００１／国立国会図書館デジタルコレクション

※97　農談会：農業発達のため篤農が集い、知識・意見を交換。

2021
11.13

土方歳三を撮った箱館（函館）の写真家、田本研造

いまはコロナ禍で出かけないが、旅行すると写真を撮ったり、撮らなかったり。同世代は「写真はもういい」といい、年下はスマホで撮ってメールで添付してくれる。私はどちらでもいいが、バリ島へ行ったときの写真はむやみに多い。

夫婦でバリ島へ行ったとき、ホテルで居合わせた女子2人と4人で市内観光した。マイクロバスの運転手兼ガイドは日本語で冗談をいう現地のおじさん。見学先に着くたび写真を撮ってくれたが、もういいと言っても耳をかさず「ハイ並んで」写してくれた。

いま思えば、夫婦写真はあまりないから記念になったが、その写真、他人はもちろん家族さえ興味はないだろう。

しかし、写真が珍しかった時代だと話は別、写真の主が誰であろうと後世の私たちも興味津々である。そうした幕末明治に箱館（函館）で写真館を開業したのが、田本研造である。

撮影者の名を知らずとも彼が撮影した写真を見た人は多いと思う。例えば、函館全景写真、新撰組の土方歳三の肖像写真がそれである。

田本（たもと） 研造（けんぞう）

1832（天保3）年―4月8日、三重県南牟婁郡（むろぐん）神川村（熊野市）の農家で生まれる。
父は田本茂兵衛。別名は、郷里を流れる音無川（熊野川）にちなむ音無榕山（おとなしようざん）。

1855（安政2）年―23歳。医学を志し長崎に赴き、蘭方医・※98吉雄圭斎（よしおけいさい）に入門。医学や化学を学びつつ西洋科学の諸事情に触れる。

1859（安政6）年―27歳。圭斎の親戚、オランダ通詞・松村喜四郎が通弁官として函館に渡る。田本は松村に従い長崎から函館に移住する。

ところが、間もなく右足が凍傷になり、ロシア医師ゼレンスキーにより右膝を切断、一命を取りとめた。それで医師の道を諦めたが、ゼレンスキーとの出会いがその後の運命を変える。ゼレンスキーの写真撮影を手伝う内に写真に興味を持ち、※99横山松三郎、

※98 吉雄圭斎：わが国、電気の療養の祖。
※99 横山松三郎：洋画家。文久年間、箱館でロシア人シーマンに洋画を学ぶ。1876（明治9）年、陸軍士官学校で石版・写真を教授。

木津幸吉とも出会い、写真術をすすめられる。

まだ写真器械その他、薬品もなく、田本は横山の口授により道をひらき、苦心の末、遂に自らあまたの器械を製し薬品を発明し、漸く写真の技術を得たのである。

1866（慶応2）年――函館で写真店を開業する。

1867（慶応3）年――この頃、既に函館で営業していた木津幸吉とともに松前城（福山城）、松前藩士たち、土方歳三などを撮影した。

城は明治時代にその大部分が取り壊されているため、それらの写真は、今日では貴重な記録となっている。

1868（明治元）年――採光用ガラス窓のついた本格的な写真館を開業する。場所は、叶同館（現函館市元町東本願寺）付近で露天写場を開業、4年に会所町へ移転する。これが北海道で初めての営業写真館でなかなかに繁盛した。

函館戦争の最中も田本は函館に残り、土方歳三など旧幕府幹部たちを次々に撮影した。次は戦いさなかの土方歳三を北海道松前郡「福島町史」より引用。

――脱走隊・榎本釜次郎など、君（田本）の技を知り、依てその真を写し以て予め後世に伝ふるの備を為したりと云ふ、君が此の技に巧みなるいまや轟然として名声北海に高し（『北門名家誌』）。

旧幕府軍の榎本武揚や土方歳三を撮影したが、洋装姿の土方歳三は、田本の撮影した写真の中で最も有名、広くメディアに取り上げられている。

1869（明治2）年―箱館戦争。土方歳三、徳川脱走軍と新政府軍の戦いに死す。

二股口の戦い――政府軍が上陸五百人を投入……かっての新撰組副長であった土方歳三が、伝習仕官隊・新撰組・工兵らを率い、天狗山、台場山などに堅固な土塁を構築し幾重にも巡らして待機していた……三日間の戦闘がいかに激烈であったか……政府軍の長州・薩摩の近代装備をした精兵と互角にわたり合う、この二股口守備隊長・土方歳三の指揮能力がいかに卓越していたかを知ることができる。

箱館の決戦――箱館を政府軍から奪回しようとする脱走軍は副総裁松平太郎、陸軍奉行並み土方歳三らが、五稜郭を出て箱館に向かう直線道路を進撃してきたが、一本木関門があり、この付近に布陣していた政府軍と銃撃戦になり、土方は近くの異国橋付近で戦死……。この年、箱館を函館と改称。

1871（明治4）年――新政府は函館に行政府として開拓使を設置したが、拠点を札幌に移す。建設が始まった札幌の町とその周辺の撮影を命じられた田本は弟子の井田幸吉を伴って出張した。

田本は、足が悪いせいか一度も郷里の熊野へは帰ることがなかったが、近況報告とともに北海道の写真を故郷へ送っていたようす。生地の神川町内にはそうした写真が残っており、多くの開拓記録写真が熊野古道センターに残されている。

ちなみにこの年、開拓使顧問として[※100]ケプロンが鉱山開発や道路建設の技術者を伴い来日する。その後、写真機材一式がアメリカから届いた。

1872（明治5）年――函館出張開拓使庁から東京に写真が送られ、政府に北海道開拓事業の進捗状況を伝えた。「札幌近郊写真二箱之内百五十八枚」は展示にも用いられた。

1873（明治6）年――ウィーン万国博覧会。開拓使の写真を出品する。
なお、北海道開拓使の写真は田本の門下の武林盛一らに引き継がれた。

1877（明治10）年――田本には実子がなく親族から養子・繁（大谷筆之助）を迎える。
写真館はその後の函館の大火で何度も焼け、その都度、同じ会所町で再建したが、今は残っていない。やがて江差に写真館を開業する。

1880（明治13）年――江差の写真館を閉店する。
この頃、湿版写真から乾板写真へ転換、人や風景だけなく出来事の記録も可能になる。

※100 ケプロン：アメリカ農務局長。北海道を訪れ全道を踏査、札幌の年計画・大農経営・札幌農学校設立など北海道開拓の基礎を完成。

1882（明治15）年――「函館港全景」写真（函館市中央図書館蔵）。ガラス湿板からスキャンしたものが、NPO法人函館市青年サークル協議会発行のカレンダーで見ることができる。その他1856～2021（安政3～令和3）年までの箱館／函館も愉しめる。

1883（明治16）年――田本は江刺から函館に戻り、養子の田本繁に写真館を任せる。ところが、研造の後妻に実子（田本胤雄）が生まれたため、繁は独立して別に田本写真館を興し、2軒の田本写真館が営まれた。

1890（明治23）年――この頃、開発された写真製版技術が写真の大量生産と普及をもたらし、田本はこうした写真をいち早く代表している。

1900（明治33）年――この頃、門人の池田種之助を青森市に移動させ、中西應策の許でコロタイプや写真銅版を修行させる。

中西應策と池田種之助はのち函館に渡り、北溟社・伊藤鑄之助の支援で田本写真館内にコロタイプ写真銅版を備える。

この年撮影の〈コンブを採取するアイヌ女性〉など、田本撮影の写真は『田本研造と明治の写真家たち』（日本の写真2）に掲載されている。数々の記録写真は、日本写真史上において高く評価されている。

1912（大正元）年―10月21日、函館で死去。享年80歳。

門下からは多数の有名な写真師が輩出、函館のみならず、北海道における指導者的立場の写真師であり功労者であった。

1981（昭和56）年―故郷の熊野市鬼ヶ城に顕彰碑・田本研造之碑が建てられ、名を冠した写真コンテスト「田本研造フォトフロンティア大賞」が開催された。

2013（平成25）年―尾鷲市の県立熊野古道センターで、企画展「幕末の写真師　田本研造～土方歳三を撮った男～」開催。

参考資料：『北門名家誌』丸山浪人著、魁文舎１８９４／幕末明治の写真師列伝 第一回 田本研造ネット（森重和雄）／『田本研造と明治の写真家たち』木下直之著、岩波書店１９９９／みえ県政だより２００３年・２０１３年／『福島町史』（第二巻）福島町史編集室１９９５／国立国会図書館デジタルコレクション

２０２１年11月12日　記

〈函館古地図・古写真〉複製カレンダー２０２２　¥５００

～幕末から戦後まで、時代(とき)をめぐる～

1月、VIEW OF HAKODADI SNOW PEAK（安政3年）／2月、五稜郭之図他（安政・文久・明治他）／3月、東西蝦夷山川地理取調図（万延元年・安政7年）／4月、箱館真景（慶応4年）、函館港全景2田本研造（明治20年）／5月、函館公園全図（明治15年）他／6月、明治9年・明治15年函館全景（田本）／7月、金森商店錦絵（明治13年）他／8月、函館全景（明治25年）他／9月、函館公会堂（明治44年）他／10月、函館市電（箱館ハイカラ號）現代写真他／11月、末広町十字街付近（昭和3年）／12月、函館鳥かん図・函館山山頂からの夜景写真。

2021
11.20

素晴らしい沿線風景、スロートラベル飯田線

２０２１年11月19日金曜日、月食が見られて何だかうれしい。

夜空の月や星は変わりなく輝いているが、地球温暖化が進んでいるせいか天候の変化が激しい。自然災害も少なくない。地震も怖いが豪雨も防ぎようがなくほんとうに困る。先日のニュース。

［豪雨災害で被害集中、「戦前生まれ」鉄道橋を守れ、ＪＲが緊急点検］

――豪雨災害の影響で、戦前から河川に架かる鉄道橋が相次いで不通となっている。国土交通省によると、過去20年間に橋脚が傾いたり、橋桁が流失したりしたＪＲ各社の鉄道橋の約九割は「戦前生まれ」だった……このうち今年8月の大雨では、いずれも長野県で、辰野町を通るＪＲ飯田線の鉄道橋と松本市を通るアルピコ交通上高地線の鉄道橋が、橋脚が傾くなどした……（毎日新聞２０２１年10月31日）。

記事を読み、近年、古くなった水道管や高速道の劣化が指摘されることが増えたなと気になる。差し迫った深刻な問題であるが、ことが大きすぎて手に余る。力がぬけてぼんやりしていたら、飯田線に乗って訪ねた夫の故郷が思い浮かんだ。

夫は高校3年間、飯田線で通学していた。勉強よりも野球のために朝は始発、夜は最終列車で往復していた。

夫が入学当時の飯田長姫高校野球部は選抜優勝から数年たっていたが、練習はとても厳しかったそうで、折に触れ、「ケツバットを喰らい、水を飲ませてもらえず」だったなど思い出話をする。そのときの表情はどこか愉しそう。辛く厳しい練習も歳月を経れば甘い青春の思い出に変わるようだ。

結婚前、夫の実家へ行くため初めて飯田線に乗った。新宿から中央本線で出発、竜野で飯田線に乗り換えて伊那大島でおりた。

伊那大島駅のある松川町は、伊那谷有数の果樹園地帯である。駅を出て少しいくと、リンゴ花咲く果樹園が広がっており、目をあげると山並みが見える。聞けば伊那大島は、南アルプスの登山口だという。

果樹園に近づくと林檎の花がとってもきれい。島崎藤村の詩を口ずさみたかったが、うろ覚えで声にだせなかった。それにしても絵のような田園風景……眺め渡しているうちに緊張が和らいだ。佳境に住む人は皆やさしいかもしれない。

都合のいい解釈をしたせいか、初対面の夫の家族と和やかに話ができた。

そうして、「リンゴの花に騙され結婚してウン十年」、伊那谷を訪ねるのも間遠になった。飯田線に乗ることも、乗用車で行くこともなくなったが、冠婚葬祭の折には高速バスを利用する。

中央自動車道ができて時間がかなり短縮、飯田線の乗客はめっきり減ったらしい。

若い頃、バイクに二人乗りして果樹園を通り抜け、天竜川を見に行ったことがある。天竜川の河原でとりとめの無い話をしたが、電車に乗り遅れそうになると、隣駅の山吹まで走ったという話をよく覚えている。足が速かったというけど、汽車には敵わないでしょう。何言ってるのと思ったからだ。それが今になって謎が解けた。

――〈河岸段丘――崖をよじ登る鉄道、登らない鉄道［飯田線・伊那大島～高遠原など］〉　飯田線はカーブが非常に多い……七転八倒するかのごとき線形を描いている。これは河岸段丘があるための苦心のルート選びの結果だ……（『線路を楽しむ鉄道学』）。

――JR飯田線はひときわ駅の多さが目立つが、小さな集落にもこまめに駅を設置して沿線サービスに努める姿は、さすが私鉄の電気鉄道出身である。山の中を走る区間が多いのに駅間の平均距離は約２㎞と短く、他の在来線の約半分の計算だ……（『地形図でたどる鉄道史』）。

という説明に、なるほど納得でした。

陸をまっすぐ走れば、汽車より早く着く！　地元の人は、ちゃあんと地形と線路を把握していたのだ。

引用の『線路を楽しむ鉄道学』『地形図でたどる鉄道史』著者は今尾恵介先生、講座を受講したことがある。

数字・地図音痴の筆者だが、毎回話に引き込まれ、苦手な分野はすぐ眠くなるのに我ながら不思議だった。おそらく、山のような知識を順序立てて、しかも愉しそうに教えてくれるからみたい。

ところで、飯田線に乗ったといっても辰野から飯田まで、その先の天竜峡へは車で行った。ところが、豊橋へ向かう沿線の風景は一段と素晴らしいという。ちなみに、辰野から飯田より、その先の豊橋迄の方が距離がある。

そこで、『そう　別冊探訪三遠南信1』掲載の路線図を見てみると、筆者は飯田線の三分の一位しか乗っていない。

『そう』誌の写真や地図を眺め、説明を読むと、訪れた駅や地域は懐かしく、まだのところは「ちょっとおいでよ、スロートラベル飯田線・JR東海」に誘われる。

さて、半端な思い出話をあれこれしたら纏まりがつかなくなってしまった。飯田線全体について参考にした書籍が精しいが、丸写しも何なので地名辞典から簡略に紹介。

飯田線：豊橋（東海道本線）～辰野（中央本線）。195.8㎞。

1897～1937（明治30～昭和12）年。当初は豊川鉄道（豊橋―長篠）、鳳来寺鉄道（長篠―三河川合）、三信鉄道（三河川合―天竜峡）、伊那電気鉄道（天竜峡‐辰野）の四私鉄路線が1943（昭和18）年統合されて国有化、飯田線と改称。

豊川・天竜川沿岸に通じ、東海道本線と中央本線を結ぶ。全線電化（直流）。

参考資料：『線路を楽しむ鉄道学』今尾恵介著、講談社現代新書1995／『そう別冊・探訪三遠南信1』春夏秋冬叢書2007／『地形図でたどる鉄道史』今尾恵介著、JTB2000／『日本地名辞典』三省堂1996

2021
11.27

明治の劇作家・長谷川時雨、夫は『雪之丞変化』作者・三上於菟吉

２０２１年10月12日、社会人類学者・初の女性東大教授、中根千枝氏が亡くなった。昔、講演を聴いたのを思い出す。思い違いでなければ、有楽町に本社があった朝日新聞社のホールである。ということは半世紀前、かなり前になるが、偉ぶることなく明るい口調の中根さんを覚えている。ところが、肝心の話をちゃんと理解できていなかった。いま、中根さんのベストセラー『タテ社会と現代日本』を読むと、難しいことを分かり易く説明している。講演はもっと分かりやすかったろうに、20代前半は自分のことで精一杯、社会を見る目もなくよく分からなかった。それでも貴重な経験として心に残っている。

中根千枝さんは１９２６（大正15／昭和元）年生まれであるが、それより凡そ半世紀前に活躍した、長谷川時雨（しぐれ）という日本初の女性劇作家がいた。

――時雨は、夫、子、眷属たちの世話をこなしつつ仕事をし……達意の文章家として後世に残る『旧聞日本橋』などを書き、当時、他の追随を許さない〝女性評伝〟の作家でもあった。加えて起居振舞が際立っていたので、誰からも美人とささやかれ、終生つきあっ

た六代目菊五郎、鏑木清方などの良き男友達や、坪内逍遙、佐佐木信綱のよき師に恵まれ、吉川英治らの崇拝者も多かった……（『長谷川時雨・深尾須磨子』）。

長谷川（はせがわ）　時雨（しぐれ）

1879（明治12）年──10月1日、東京日本橋通油町、長谷川深造の長女に生まれる。

本名・やす。父の深造は日本最初の代言人（弁護士）の一人であるが、長谷川家の暮らしは江戸の生活様式が色濃く残っていた。

1885（明治18）～1892（明治25）年

──6～13歳。秋山源泉学校（私塾）に入学、読み書き算術を習うかたわら、長唄、日本舞踊などを稽古。

1891（明治24）年──時雨12歳。

2月4日、三上於菟吉（おときち）、埼玉県中葛飾郡桜井村（現春日部市）の裕福な医者の家に生まれる。於菟吉は旧制粕壁中学、早稲田大学英文科に進み、のち人気作家となる。

1894（明治27）年―日清戦争。

1897（明治30）年―佐佐木信綱主宰の竹柏園に入門、和歌や古典を学ぶ。〝鉄成金〟といわれた水橋家に請われ、子息の信蔵と結婚。信蔵の赴任先である岩手県釜石鉱山に赴き社宅に住む。ところが、信蔵の身持ちが悪く、空虚さを埋めるため創作を始める。

？年―離婚を決意。帰京。女子語学校に入学し英語を学び、自立に備える。

1901（明治34）年―時雨は『女学世界』に小説「うづみ火」を投稿、特選となり、東京の新富座、大阪の角座で上演される。

1904（明治37）年―日露戦争。

1908（明治41）年―日本海事協会の脚本募集に「覇王丸」が当選、「花王丸」と改められ歌舞伎座で上演される。市村羽左衛門・尾上梅幸らそうそうたる顔ぶれで満都の話題をさらった。

女性の脚本がこれほどのベストキャストで、歌舞伎座という一流の劇場でかかったのは初めてであった。

？　年—史劇「操」が「さくら吹雪」と改題され、六世尾上菊五郎によって上演された。

時雨の写真は芸者や女優に伍してプロマイド屋で売られ、美しかったので人気沸騰した。

筆名を「しぐれ女」とし、劇作家としての地歩をかためた。以来、文壇・劇壇での地位が確立した。小説・劇評も書いたが、舞踊にも興味を持った。

明治末期から大正初期にかけては坪内逍遙に師事して戯曲を手がけ、平塚らいてうの「青鞜」にも関わり戯曲や劇評を発表するなど女性作家としての地位を築いていった。

1912（大正元）年—舞踊研究会を作る。菊五郎と狂言座を起こす。中谷徳太郎と雑誌『シバキ』発刊。

於菟吉と時雨

1915（大正4）年──時雨は三上於菟吉と知り合い、交際を始める。時雨36歳、於菟吉24歳であった。

於菟吉は、「春光のもとに」を自費出版したが朝鮮独立運動に取材したため発禁となる。

当時、於菟吉は無名で通俗物を手がけるようになって大衆文学作家として名をあげ、『雪之丞変化』で大衆の人気を博した。

さらに、小説だけでなく「小心亭」と称し、翻訳や軽評論・随筆を書き、文壇に活躍中の人々に辛辣な矢を放った。

1919（大正8）年──時雨と於菟吉、二人は牛込矢来町に新所帯をもつ。籍は入れず、各々戸主であった。

1921（大正10）年──元旦、時雨の日記。

──牛込矢来山里の寓居に　除夜の鐘をきゝながら花をさしていると、於菟吉、その梅は――といふ。梅は間違ひでせう、千両をかゝへて梅がほけはじめ。とい［ひ］て笑ふ。……二時ごろ　秋田雨雀、○○の二氏来訪……

十一時起床。天晴朗、日影あたゝかく。近隣の汚い屋根は　白雪におゝはれ　木の葉は濡れて輝いてゐる。悦ばしき元日と思ふ。……（後略）。

1922（大正11）年―7月7日、時雨日記、解説から引用。

於菟吉の背信――於菟吉の浮気を見て見ぬふりしてきた年上女房の配慮と誇りを、微塵に打ち砕く、証拠物件を無造作に妻の目に触れさせた夫への、怒りの爆発。……日記は、昨日の夕刊で森鷗外の危篤を知り、すぐにお見舞いと思い乍ら、前日の事を知り、体調を崩して臥せる時雨から書き出される……。（森下真理『長谷川時雨・深尾須磨子』）

1923（大正12）年―9月1日、関東大震災。

震災前の8月、文芸総合誌『女人芸術』をだしたが震災で廃刊。のち、再刊する。

1928（昭和3）年―7月～1932（昭和7）年、雑誌『女人芸術』再創刊、主宰。

『女人芸術』は、女流劇作家第一人者の時雨が、編輯・装本から執筆陣まですべて女性に委ねる異色の雑誌であった。

女流作家の育成に尽力、『放浪記』の林芙美子、円地文子、中条（宮本）百合子らを輩出し、少なからぬ女流の新人作家を世に送り出した。

大衆文壇の花形作家となった於菟吉は、2万円の印税を資金として提供し、陰ながら応援した。時雨は蒲柳の身を厭わず編集の実務に打ち込んだ。時雨の生涯のなかで最も華やかな時期といえる。

1933（昭和8）年―婦人団体「輝ク会」を結成して主宰し、機関誌『輝ク』を発行。

1935（昭和10）年―大衆作家・直木三十五を記念して直木賞が創設され、三十五と交遊があった於菟吉は初代選考委員となる。

〈けやきのブログⅡ2012年12月22日　ある早稲田つながり、北門義塾・内ヶ崎作三郎・直木三十五②-1〉

1935（昭和10）年　『旧聞日本橋』序文・三上於菟吉。以下は時雨の自序。

――事実談がはやるからの思いつきでもない。といって半自叙伝というものだとも思っていない。あまりに日本橋といえばいなせに、裕福に立派な伝統を語られている。が、ものには裏がある。私の知る日本橋区内居住者は――いわゆる江戸ッ児は、美化されて伝わったそんな小意気なものでもなければ、洗練された模範的都会人でもない。かなりみじめなプロレタリヤが多い。というよりも、ほろびゆく江戸の滓（かす）でそれがあったのかもしれない。私はただ忠実に、私の幼少な眼にうつった町の人を記して見るにすぎない。もとより、その生活の内部を知っているものではないし、面白くもなんともないかもしれないが、信実に生きていた一面で、決して作ったものではない……（後略）

ちなみに、『旧聞日本橋』は国立国会図書館デジタルコレクションにあり、参考のためちょっとのつもりが止まらなくなり、岩波文庫を借りて読んだ。

本編には、時雨の父・渓石の「実見画録」から選んだ挿絵もある。岩波文庫はどこの図書館にもありそう。お時間のある方いかが。

また、古今の女性に題材をとった連作、『近代美人伝』上下巻も岩波文庫にある。有名無名の女性略伝は興味深い。以下、参考までに登場人物をあげておく。

上巻：明治美人伝・マダム貞奴・樋口一葉・竹本綾之助・豊竹呂昇・吉川鎌子・大橋須磨子・一世お鯉・松井須磨子・平塚明子（らいてう）
下巻：柳原燁子（白蓮）・九条武子・田沢稲舟・モルガンお雪・市川九女八・遠藤（岩野）清子・江木欣々女子・朱絃舎浜子・大塚楠緒子。

？　年――「輝ク会」を結成、前線の兵士や遺族、留守家族ら、立場の弱い者への慰問に挺身するが、無理がたたって病になる。

1941（昭和16）年――8月22日、死去。享年61歳。

――改めて思うのは、時雨の人柄のリベラルな柔軟性である。様々な個性に接し、ときには不愉快な目に遭いもしたろうし批判を抱きもしたろうが、読者にそれを感じさせないのは、彼女の教養とバランス感覚のよさ、そして何よりは、天性あたたかな思いやり深い気質の故にちがいない。カンパをねだりにくる物乞いまがいの無産青年らを、威勢のいいタンカで追い払う激しさの反面、『女人芸術』を右も左も問わず、あらゆるイデオロギーを持つ書き手に、発表の場として提供した抱擁性も、時雨の性情の一面であった。

ただし、この寛容が裏目に出て、『女人芸術』はマルキシズムを主流とするようになり、発禁につぐ発禁によってついに休刊のやむなきに至る……（『近代美人伝』解説・杉本苑子）。

参考資料：『現代日本文学大事典』明治書院１９６５／『旧聞日本橋』長谷川時雨著、岩波文庫１９８３／『新編近代美人伝』（上・下）長谷川時雨著、杉本苑子編、岩波文庫１９８３／『三上於菟吉・直木三十五集』講談社１９５９／『長谷川時雨・深尾須磨子』日本近代文学館１９９９／国立国会図書館デジタルコレクション

2021
12.4

小杉放菴（未醒）画壇の巨匠は漫画、随筆、歌文、スポーツも得意

プロ野球の最屓チームが負け日本シリーズはヤクルトが優勝した。もう野球に用はないと思ったが、都市対抗野球が開幕し次の記事にひかれた。

――優勝チームに贈られる「黒獅子旗」をめざし熱い戦い……第九二回都市対抗野球、大会が産声を上げたのは１９２７（昭和２）年。まだプロ野球も無い時代、東京六大学や中等学校野球（現在の高校野球）で活躍した選手のプレーを再び見たいという声が……開催に尽力した一人が、東京日日新聞運動部記者だった橋戸頑鉄（信）……大会創設に合わせて優勝旗の「黒獅子旗」をデザインしたのは、画壇の巨匠だった小杉放菴（未醒）。メソポタミア（中東）の古代都市バビロンのレリーフをモチーフ……獲物に飛びかかろうとする獅子の姿は強さと勇壮さを象徴している（毎日新聞２０２１年11月26日）。

小杉放菴を文人だと思っていて画壇の巨匠とは知らなかった。その活躍をみてみたい。

小杉　放菴（未醒）

１８８１（明治14）年―12月29日、栃木県日光山内に生まれる。父は日光二荒山神社の神

官・小杉富三郎（蘇翁）。母は妙。７人兄姉の末弟。本名・国太郎。別号・未醒。

1884（明治17）年―日光輪王寺門跡の御家人・国府浜酉太郎の養嗣子となる。国府浜家の祖父、南画家・煙崖から絵を教えられる。

1886（明治19）年―平田派の国学者である父・富三郎から日本外史など素読を習う。

1887（明治20）年―日光尋常小学校入学。父、神官を辞し日光御料地監守長となる。

1891（明治24）年―日光高等小学校に入学。

1893（明治26）年―長兄・日光小学校校長。父は第二代日光町長。

1894（明治27）年―日清戦争。

1895（明治28）年―栃木県立宇都宮中学校に入学。翌年、一年次終了で退学。

1896（明治29）年―日光在住の洋画家・五百城文哉（いおきぶんさい）の内弟子となる。

1897（明治30）年―無断で上京。町医者の薬局生をし、白馬会研究所に通い、号を未醒とする。

肺尖カタルにかかり帰郷、五百城宅に戻る。父、日光町長を辞す。

1900（明治33）年―師の許しを得て上京。小山正太郎の不同舎に入門。

1901（明治34）年―国府浜家と合議離縁、田端で自炊生活。

この前後から漫画・挿画・外国人向きの水彩画などを描く。

1902（明治35）年―太平洋画会会員となる。トルストイを読む。

1903（明治36）年―国木田独歩が主宰する近事画報社に入る。

1904（明治37）年―日露戦争。

1月、渡韓。従軍して画報通信を『近事画報』に載せ、独歩に認

　　められる。
　文芸・社会評論家・田岡嶺雲と知り合い、社会主義運動にも接
　近。『陣中詩篇』は反戦詩集として有名。

「帰れ弟」
帰れ弟　夕の鳥の　林の中に如帰れ　韓の平壌腥く　乾ける風に殺気ぞこもる
いかんぞ国の春を蹴立て　好んで平紗の風雨を慕ふや　弟汝の白き額の
あないたましや日に黒みたり　恋と歌とを語るに澄みし　星の瞳の猛くもなりぬ
雉子なす覇気の已むに難くて　八道の野に墓求めにか　帰れ弟　夕の鳥の
林の中に没る如帰れ……（後略）

この詩は、与謝野晶子の「君死にたまふことなかれ」とともに世論を沸かせた。

1905（明治38）年―雑誌『天鼓』創刊。長詩「戦の罪」発表。「捕虜の糾問」「戦友」。

1906（明治39）年―相良楳吉の長女と結婚。『捕虜と其の兄』『漫画一年』。

1907（明治40）年──『漫画一年』『詩興画趣』出版。美術史「方寸」創刊、同人となる。

1908（明治41）年──「涅槃会」第二回文展に初入選。『漫画天地』。

1909（明治42）年──武侠社の押川春浪、中沢臨川らと交わり天狗クラブをつくり、趣味・スポーツに親しむ。[※101]

『漫画と紀行』刊。「黄昏」出展。

──小杉未醒は明治40年代〝漫画〟という言葉を書名に入れたコマ画作品集を何冊も出している……いずれも新聞や雑誌に描いたコマ画を中心にまとめたもの……〝漫画〟という言葉の普及にあたって未醒の漫画本があずかって力があった……『方寸』の「特別漫画号」に寄稿、未醒は「家庭」と題する俸給生活者家庭の出勤前のあわただしさを描いている……小市民の生活や人生の喜怒哀楽を戯画風に描写し続けた。しかし、明治43年、大逆事件が起こると彼も芋銭（うせん）（日本画家）も次第に漫画家から離れていく……（『日露戦争期の漫画』）。

1910（明治43）年──父死去。『新訳絵本西遊記』小杉未醒訳・画、左久良書房。国会

図書館デジタルコレクションで読めて愉しめる。

1911（明治44）年―30歳。第五回文展「水郷」二等賞。芋銭未醒漫画展、日本橋三越で開催。

1912（明治45）年―横山大観と「絵画自由研究所」設立を計画。「豆の秋」文展二等賞。宮内省買い上げ。

1913（大正2）年―渡欧。フランスを中心にイタリア・ドイツ・ロシアなどを回り翌年帰国。滞欧作品、「小湾」「ブルターニュ風景」「アルハンブラの丘」など。岡倉天心没。

1914（大正3）年―再興日本美術院の洋画部に参加。第一回院展「飲馬」出品。『画

※101 武侠社・押川春浪：けやきのブログⅡ2014年5月3日〈武侠社：押川春浪（愛媛県）・柳沼澤介（福島県）〉。

筆の跡』刊。
田端の自宅に趣味の会「ポプラクラブ」を作る。
二科会、文展洋画部より独立。第一回展に審査員、「潮来」その他出品。

1915（大正4）年――横山大観、下村観山、紫紅（山崎小三）と四人で東海道写生旅行。

1916（大正5）年――琉球に旅行。

1917（大正6）年――中国に旅行。二科会を脱会。第四回院展に油彩「山幸彦」「西湖」「瀟湘」出品。以後、大正9年まで連続出品。

1920（大正9）年――院展開催中に倉田白羊、山本鼎（かなえ）らと再興日本美術院を脱退。

1922（大正11）年――春陽会を創立。以後、毎年出品。
朝鮮・中国を旅行。『未醒邦画集』刊。『奥の細道』絵巻制作。

1923(大正12)年―号を放菴と改め、油絵より、独自の水墨画の筆をとり、東洋的な情趣に没入。絵画の他、随筆・歌文集の著作が多い。

1925(大正14)年―第三回春陽会展に油彩「泉」「馬」出品。東大安田講堂の壁画を描く。

1927(昭和2)年―画友、岸浪百艸居と奥の細道を旅。

――『奥の細道画冊』こそは、放菴を日本画家として世に認識せしめ、評価せしめた最初の作品……東洋画の画境深き所に突入し、しかも独特の筆触を駆使しての創造的描写に成功したのは放菴をおいて他にはない……放菴の人物には貴族趣味は見られない。天真、朴訥、勤勉、無欲、洒脱、といった人間性の表現に放菴の心は傾いている。魚のごとく黙って、粗衣をまとって働いている農夫、無知なれども人間愛に充ちた庶民の姿の中に、尊いものをみたのである……(『小杉放菴』野中退蔵)

「老荘会」を提唱、漢学者・公田蓮太郎に週一回、荘子・詩経・文選・易経を学び、東京が空襲されるまで続けた。

1930（昭和5）年―妙高山麓、赤倉に山荘「安明荘」建てる。

――山荘で独特の越前和紙に渇筆風に人物・花鳥の墨画を描いて、酒を傍らに和歌を吟じ描画を楽しむ、まさに詩画三昧に生活……テニスは草分けの名手、剣をとっては神道無念流の達人、相撲、野球、鉄砲撃ちなんでもござれのなうてのバンカラ猛者未醒蛮民は、齢を重ねて風貌も人情もいつのまにか仙境に遊ぶお伽噺の好々爺放菴になったのである。「一見勇壮な面目を具えているが」と前置きして、「気の弱い、思いやりに富んだ、時には毛嫌いも強そうな、我々と存外縁の近い感情家肌の人物である」と評す芥川龍之介の言葉通り、その本性は意外なほど繊細（ナイーブ）で優しさに富んだもの……（「小杉放菴と『奥の細道』上野憲示」）。

1933（昭和8）年―『日本の十和田湖と青森の山水』日本風景協会。

1936（昭和11）年―聖徳記念絵画館壁画落成式、放菴の「帝国議会開会式臨御」公開。

1942（昭和17）年―満州国建国十周年展に「良寛」出品。

1944（昭和19）年―戦艦献納帝国芸術院展、「金太郎」出品。芸術院会員陸軍献納展に「鈿女の舞」出品。軍事援護展に「山翁奉仕」出品。

1945（昭和20）年―64歳。
4月、戦災のため田端の家焼失、そのまま赤倉「安明荘」に疎開、定住する。
8月、太平洋戦争敗戦。

1947（昭和22）年―洋画家による日本画作品展示、墨心会に参加。会員は石井鶴蔵・藤田嗣治・中川一政ら。

1956（昭和31）年―歌文集『爐』、翌32年、歌文集『故郷』出版。

1962（昭和37）年―随筆『問わるるままに』朝日新聞。

1964（昭和39）年―4月16日、肺炎にて死去。享年83歳。

参考資料：『小杉放菴　生涯と芸術』野中退蔵著、未来社１９７９／『小杉放菴の俳画手本　奥の細道』上野憲示著、渓水社１９８０／『日露戦争期の漫画』芳賀徹・清水勲編、筑摩書房１９８６／『現代日本文学大事典』明治書院１９６０

２０２２年２月11日～３月６日〈放菴と寛方展〉佐野市立吉澤記念美術館（栃木県）で開催。

小杉放菴と荒井寛方（１８７８～１９４５年）にスポット。寛方は生涯を通じて極めた「仏画の寛方」と評される画風を確立。特注の麻紙「放菴紙」に枯墨と淡彩で温和な日本画を描いた放菴、両者の魅力を紹介。

2021
12.11

岡山藩士・関新吾、新聞記者―官吏―福井県知事―社長―岡山市議

本日12月8日は、80年前（昭和16年）、日本軍マレー半島上陸・ハワイ真珠湾空襲、対米英宣戦布告した日である。そこから更に88年遡ると、アメリカの黒船来航の年にあたる。

岡山藩

1853（嘉永6）年―アメリカ東インド艦隊司令長官、ペリー軍艦4隻を率いて浦賀に来港。幕府はむろん諸藩も大騒ぎ大慌てで軍備につとめる。

中国地方の岡山藩は、房総（千葉県）警備の幕命がくだり、家老を総大将とする房総派遣軍が江戸に向かう。岡山藩は約1300名の藩兵・雑兵が訓練をかさねて房総沿岸警備にあたるが、房総駐留4年半、黒船を迎え撃つ機会は一度もなかった。

1868（慶応4）年―大阪沿岸警備も命ぜられた岡山藩は借財がかさみ、扶持も行き届かぬありさまであった。

1月11日、兵庫から神戸に向かう途中、岡山藩の部隊が外人墓地にさしかかったとき、発砲事件がおきる。薩摩藩士による生麦事件から6年後のことである。

関 新吾（せき しんご）

1854（安政元）年──5月、備前岡山藩儒、関外三の家に生まれる。幼名・孝太郎。号・黄蕨。別号・自由郷主人、清高道人。

陽明学者・熊沢蕃山の余風を留める遺芳館で経書、史伝を学ぶ。

1867（慶応3）年──岡山藩は西宮（兵庫県）警備を命ぜられ、家老以下2150人を派遣。

1868（慶応4）年──1月11日、部隊が兵庫から神戸に向かって行進し外人居留地にさしかかると2名の外人が現れ、隊列を横断しようとした。いったん、これを制止したが、1人が次に行進してきた隊列に割りこんだ。

手まねで「供先へまわれ」というと真っ赤になって怒り、第二・第三砲隊の面前を脱兎のごとく横断した。神戸事件である。

成立したばかりの明治政府は、対外親善策が破綻することを憂え、真意を列国使臣に説明して、ようやく神戸の警守と港内に停泊していた筑前・大村藩などの抑留を解かせた。

政府は西宮警備を久留米藩にかえ、厳罰に処した。第三砲隊長・瀧善三郎は事件の責任を負って永福寺で自刃。従容とした武士の切腹は厳粛さで外人を感嘆させた。

このとき、関新吾は14歳だった。後年、瀧善三郎の記念碑・追悼碑を建てるにさいし、「関新吾撰碑文」を記したが、廃案の憂き目に遭う（「神戸事件で切腹した瀧善三郎正信の碑文をめぐって」原田益直著、岡山県２０１５）。

この年9月、戊辰戦争はまだ続いていたが、明治と改元。

１８７１（明治4）年―7月、廃藩置県。

5月、『新聞雑誌』創刊（のちの「東京曙新聞」）。

藩士の子弟が学ぶ遺芳館も東京から洋学教師を招いたが、洋書を手にする者が少なかった。しかし、関新吾・小松原英太郎・木庭繁（高松立志舎舎長）らは率先して洋学を学んだ。

１８７４（明治7）年、小松原英太郎（のち官僚・政治家）らと相前後して東京にでて慶應義塾で学んだ。学資が少なく貧書生だったが、それでも意気盛ん、東京の各新聞社に盛んに投書し名を知られ、『東京曙新聞』に招かれ記者となる。

7月20日、『東京曙新聞』編集長・末広重恭（鉄腸）は政府攻撃の記事を書き、東京裁判所に呼び出され、罰金20円禁獄2ヶ月の判決を受けた。

1875（明治8）年—政治評論雑誌『※102評論新聞』記者となり、のち編集長になる。6月、新聞紙条例・讒謗律公布。反政府の新聞・雑誌を取り締まる。

1876（明治9）年—2月20日、『※103大阪日報』創刊。新吾は招かれて編集長となったが、3月、『評論新聞』掲載記事の筆禍で、禁獄1年6ヶ月の判決を受け、服役。

文章をよくし平野萬里・津田貞とともに三才士と讃えられる。また東京の吾曹・福地源一郎に比して関西の吾曹とも。新吾の記事を愛読する者が多かった。

1877（明治10）年—禁錮満期で放免となり復帰、『大阪日報』編集に携わる。

？　年―弟がコレラに罹り東京で死去。新吾はまだ若い弟を偲び「哭弟正泰」を詠じ涙。

1879（明治12）年―『山陽新報』（のち山陽新聞）創刊。

岡山県下、最初の日刊新聞創立の功労者は西尾吉太郎社長、主筆・小松原英太郎。参画したのは、関新吾ら「大阪日報」創刊当時の記者たちであった。

地方議会開設を機に創設された民権派の新聞で、開明的な見解は次第に誌面に反映。国会開設の詔勅がでると『山陽新報』も私草憲法を新聞紙上に発表するなどして自由民権運動に取り組んだ。

ところが、自由民権運動家の一部は運動から離脱して官界入りをし、一部は過激事件（大阪事件・景山英子など）に走る。

※102　評論新聞：月5～15回刊。士族の民権を主張し政府の政策を非難、前原一誠、西郷隆盛らの言動を支持。翌年、発禁となり109号で廃刊。

※103　大阪日報：関西における民権派を代表する唯一の新聞として人気を獲得、紙価を高める。

言論の自由を唱え、民権の主張に努めた関新吾だが、自由党結成にあたっては一線を画し、官界入り。

1880（明治13）年—5月、元老院准奏任御用掛に採用され、以後、官界を歩む。

1881（明治14）年—『経済談：小学口授』校訂。編著は中村護、出版は三木書楼。ちなみに当時の新吾の住所は、京橋区銀座四丁目一五番地。

1882（明治15）年—太政官に転じ、創刊期の官報の編集にあたる。

1888（明治21）年—内務省に移る。

1889（明治22）年—大分県書記官。

1893（明治26）年—新潟県書記官。

1894（明治27）年—日清戦争。大本営が置かれた広島県、書記官として尽力。

1897（明治30）年―福井県知事。

1899（明治32）年―正五位勲四等、退官。大阪の実業界に入る。

1902（明治35）年―『大阪朝日新聞』入社、通信部長。

1904（明治37）年―日露戦争。

1905（明治38）年―岡山に帰郷。

1908（明治41）年―『山陽新報』第二代社長。かたわら教育慈善事業に尽くし、岡山県教会長をつとめる。

？年　岡山市議。

1915（大正4）年　9月13日　死去。享年61歳

参考資料：『明治時代史大辞典』吉川弘文館２０１２／『新聞記者奇行伝．初編』隅田了古（細島晴三）編、墨々書屋１８８１／『現代史用語事典』安岡昭男著、新人物往来社１９９２／明治時代の新聞と雑誌』西田長寿著、至文堂１９６１／『日本人名事典』三省堂１９９３／『岡山県の百年』山川出版社１９８６／国立国会図書館デジタルコレクション

2021
12.18

沖縄県令（知事）は最後の米沢藩主・上杉茂憲

子育て一段落、四十代からあちこちのカルチャー講座に通いだした。以来、自他共に認めるカルチャーおばさんだが、何十年経っても忘れられない講座と教室がある。

浦和高校の階段教室。漢文講座の初日、講師の長島猛人先生は開口一番「日清日露を生き抜いた皆さん、階段気をつけて」。

え〜っそんな昔の人はいませんよと見回すと高齢者が多い。口は悪いが長島先生流の温かいユーモアに皆さん笑顔。お陰で新参の私もすぐなじめた。

毎回、古代中国の年表や関連地図が配られたが、長島先生ファン受講生の好意だった。長く通いたかったが、先生が中国に派遣され講座は終了、残念だが仕方がない。でも、講座に通ったおかげで足を延ばせば、好奇心を満たす世界があるのを実感した。

背中を押されて法政大学通信教育部史学科に入学、ちゃんと4年で卒業したのがプチ自慢である。卒論は「柴五郎とその時代」、以来、歴史好き会津贔屓になっていまに至る。

ところで、会津といえば奥羽越列藩同盟を忘れてはならない。会津藩の赦免を嘆願した奥羽14藩の反政府軍事同盟だが、会津・庄内藩を除き脱落する藩が多く、新政府軍に平定された。

当然、賊軍とされた列藩同盟の側には、思うようにならない明治新時代が待っていた。列藩同盟の盟主であった米沢藩の最後の藩主・上杉茂憲は、東北から日本の南端、沖縄県の県令（知事）を命ぜられたが、そのことと無縁でなさそうに思える。

現代の沖縄は一大観光地。筆者も含め多くの人が訪れるが、１４０年前はどうか。東京にいたとしても沖縄は遠く、実情も分からなかったろう。

ところが、上杉県令は短かった任期にも拘わらず、沖縄に近代化の種をまき、いまも沖縄の人々に慕われている。それは茂憲の業績、そして沖縄がいまもなお厳しい現実にあるからかもしれない。

ちなみに、上杉県令の時代から十数年後、沖縄県八重山の中央気象台付属・石垣島測候所に技手として赴任した東北人がいる。宮城県出身の※104岩崎卓爾である。

上杉（うえすぎ）　茂憲（もちのり）

１８４４（天保15）年―2月、上杉家十二代斉憲の長男として米沢城で生まれる。
　山形県出羽国米沢藩十四万石、上杉謙信を家祖とする東北の雄藩である。

1868（明治元）年—戊辰戦争。奥羽越列藩同盟の推進役となって追討軍と戦い、新潟戦争では多数の戦死者をだした。24歳の茂憲は、父斉憲の代理として難局にあたった。戊辰戦争後、斉憲は隠居。茂憲は十三代藩主となる。

1869（明治2）年—米沢藩知事に就任。

1871（明治4）年—廃藩置県。知事免官。

1872（明治5）年—ケンブリッジ大学留学。翌6年、帰国。琉球の王国制を廃止して琉球藩が設置される。

1876（明治9）年—二等弁官。宮内省第四部長。

※104　〈ティンブンヤー（天文屋）のウシュマイ（御主前）岩崎卓爾〉（けやきのブログⅡ２０２１年10月16日）。

1879（明治12）年──琉球藩は沖縄県となり初代県令は、旧佐賀藩の分家の藩主・鍋島直彬（なおよし）である。

1881（明治14）年──5月上杉茂憲、第二代沖縄県令を命ぜられる。

上杉県令は、補佐役の少書記官・池田成章（米沢藩家老の家柄）と力を合わせて、改革を進めようとした。

〈当時の沖縄の状況〉

旧慣温存：琉球王朝時代の貴族や官吏の特権をそのまま温存すること。言いかえれば、江戸時代から続くこれまでどおり「民を苦しめる」ことになる。土地・租税・地方の制度が琉球王朝時代のままで特権階級には都合がよかった。

──政府が沖縄県の統治方法を「旧慣温存」としたのは、一つは清国との関係だ。つまり琉球王国当時の「朝貢貿易」に、原因がある。新政府はこれを廃止しようとした。しかし何百年にもわたって続いてきた琉球と清の国際関係を、いきなり一方的にむりやり打ち切るのには無理がある……しかし明治政府は強引だった（『上杉茂憲』童門冬二）。

──（上杉県令は）漠然と「旧慣温存」と言われても、その実体がよくわからない。しかもその旧慣温存によって島民がどういう被害をうけているのか、そのあたりも把握する必要がある。県政を行う前に、「沖縄県民の生活実態をこの目で把握しよう」と考え……本島巡回の旅へ沖縄全土をくまなく歩いた。「沖縄本島巡回日誌」（秋永桂蔵）はその記録である（同上）。

茂憲は赴任すると、さっそく本島から先島と呼ばれる離島まで積極的に視察。実情調査をして借金に苦しむ村々・学校を視察し学事や教育問題・砂糖や蕃薯など産物・食糧問題などを把握し、政務補助の旧藩士・池田成章と収奪に苦しむ民情を何とかしたいと思い、政府に上申書を提出する。

〈離島の小学校〉

小学校は明治14年度には18校、翌年度には53校。伊江島をはじめ離島にも小学校は次々に開校したが、内実は貧弱で前途多難を思わせた。

茂憲は人材養成のため県費留学制度を設け沖縄から東京へ留学生を送る。その中から、民権運動のリーダー謝花昇（じゃはなのぼる）（18歳）、ジャーナリズムや政界で活躍する太田朝敷（ちょうふ）（15歳）、高嶺朝教（ちょうきょう）（15歳）、岸本賀昌（がしょう）（15歳）ら有為の人材が育ったのである。

『琉球・沖縄史』に第一回県費留学生の写真があり、また上杉県令がみた沖縄農村の実態についても分かりやすい。

1882（明治15）年、中央政府に沖縄県政改革、とくに国税の超過徴収を軽減することを具申したが、政府はそれを受け入れなかった。

上杉県令の上申書は読まれたが、この年は日本内外で多事多端の年でもあり、藩閥政府はきく耳をもたなかった。

たとえば4月、板垣退助が岐阜で遭難。自由党など政党結成がさかんになる。7月、朝鮮京城で反日暴動、日本公使館が襲撃される事件（壬午事変）があった。また、東京でコレラが発生、晩秋にかけて全国で流行。11月、福島事件では党員と農民ら数千人が警官と衝突なとなど、政情は安定せず、伊藤博文も憲法調査のためとしてヨーロッパへでかけていた。

——県令着任以来10ヶ月ぶりに上京。県令としてつぶさにみた沖縄県民の窮状を太政官に訴え、県治の改革案を建白することにあった……天機御伺として参内したのをはじめ、内務、大蔵、農商務の各省に挨拶まわりをしてから、午後には岩倉具視右大臣を私邸に訪問……それからおよそ10日間で、複数回にわたって面会、用談におよんだ高官……松方正義大蔵卿、山田顕義内務卿、鍋島直彬元老議官（前沖縄県令）……岩倉、山田、松方の3人に再三面会したのは、沖縄の税制にかんして、何ごとか働きかけることがあったからだろう（『沖縄の殿様』）。

1883（明治16）年―県令を解任される。

「上杉県令が行っている諸改革は、時期尚早に過ぎ、かえって島民に混乱が生じている。これは、新政の趣旨を誤解されるおそれがある」「慢りに旧慣をあらため民情を傷う」として更迭される。後任は会計検査院長の岩村通俊が任命された。

茂憲は、沖縄を去るにあたり、いまなら億単位の奨学金3000円を沖縄のために寄付。

勅任知事として特別県政下の沖縄で威を振るった戦前の沖縄知事のなかでは、異例の民主的県政をほどこした県令として、いまも沖縄では高く評価されている。

1890（明治23）年―貴族院議員に当選。明治30年、再選。

沖縄を去った後は※105元老院議官として東京で活躍する。

※105 元老院：1875（明治8）年、大阪会議の合意により設けられた立法諮問機関。勅諭により憲法起草にあたり、「日本国憲按」を起草するが、岩倉具視らの反対により不採択。明治23年、帝国議会開設により廃止。

1919（大正8）年―4月18日、死去。享年75歳。

墓は東京都白金の興禅寺。歴代の墓は米沢城跡の一画、上杉家廟所であるが、明治以降死去した茂憲以後は東京の興禅寺に祀られている。

しかし、遺髪が埋められた「上杉茂憲公瘞髪碑（えいはつひ）」は沖縄県民によって米沢の上杉家廟所に建てられた。

参考資料：『日本人名事典』三省堂1993／『上杉茂憲』童門冬二著、祥伝社2011／『沖縄の殿様』高橋義夫著、中公新書2015／国立国会図書館デジタルコレクション

2021
12.25

ジャーナリスト・新聞学者・小野秀雄

今年も事件・事故いろいろありました。そして何より2年越しのコロナ禍！　それでもいくらか下火にと思う矢先、オミクロン株！

この先どうなるのだろう。なのに、地震や火山噴火など被害を被った地域が少なくない。その災難、明日はわが身かもしれない。他人事と思えない２０２１年師走である。

明るいニュースもあった。将棋の藤井聡太竜王の4冠、大リーガー大谷翔平選手の大活躍である。新聞・テレビで、２人の活躍をみるたび心が明るくなった。

ところで、幕末はいうまでもなく明治・大正の昔もテレビなどなかった。世間の騒ぎは瓦版、新聞記事で知ったのだ。その新聞が現代のようになる迄には新聞社、新聞記者、読者をふくめ多くの人間が携わった。そうして新聞が社会に浸透すると官の取締りが厳しくなった。『日本新聞発達史』「新聞紙の恐怖時代」の章に次の項がある。

初めて記者の体刑を科す・各紙言論擁護に努む・対応策協議・新律最初の犠牲者・一流記者続々体刑を科せられる・新聞雑誌の悪化と政府部内の反対・記者の獄内生活・朝鮮新聞の名声昂る・発行禁止発行停止・事件記事の進歩。

小野秀雄は、新聞やジャーナリズムを対象とする研究が大学に制度化されていない時代から「新聞学」の制度化に尽力した。新聞の事始め、発達、社の特徴、新聞記者など新聞にまつわるあらゆることを研究したのである。

小野の経歴を記すとともに、『新聞資料 明治話題事典』を参考に、小野の生まれた明治18年、その他の記事、項目など、時代をうつすものとしてあげてみる。

小野(おの) 秀雄(ひでお)

1885(明治18)年 滋賀県栗太郡草津町(草津市)立木神社の神官の家に生まれる。

〈時間励行会〉 18年2月3日 東京横浜毎日新聞。
〈女子選挙権の走り〉 18年4月18日 改進新聞。
〈マラソンのはじまり〉 18年5月17日 自由灯。
〈近藤勇の記念碑〉 18年7月29日 朝野新聞。
〈明治女学校〉 18年9月11日 東京日日新聞。
〈初代首相に伊藤博文〉 18年12月24日 京浜毎日新聞。

1894(明治27)年―日清戦争。

〈日清戦争当時の流行〉――電話架設、自転車、短オーバーコート、婦人の肩掛け、雪駄……瑪瑙（めのう）の玉など当世向きといふ（二六新報27年2月25日）。

1902（明治35）年―〈大橋新太郎議員歳費をことわる〉――東京市選出代議士大橋新太郎氏は時事に感ずるところあり。歳費辞退の旨を申し出たるが……いまや議会は政府に財政の整理を希望しながら多額の歳費を受けて自ら怪しまざるがごときは矛盾のはなはだしきものなり……（日本新聞35年12月8日）。

1904（明治37）年―日露戦争。
〈早慶戦はじまる〉37年6月6日。
〈小泉八雲ゆく〉――ラフカデオ・ヘルン氏は帰化して日本の臣民となり……氏の邸宅は大久保にあり、26日氏は突然心臓破裂のため自邸において逝けり（国民新聞37年9月29日）。

1906（明治39）年―小野秀雄、第三高等学校大学予科卒業。

〈初めてできた女子判任官〉――女子行政吏員判任官登庸の嚆矢として郵便為替貯金管理所大阪、下関両支所における女子雇員十七名は……通信手に任ぜられ（東京朝日新聞39月7月14日）。

〈煩悶引受所〉――浅草区永住町密蔵院内に在る煩悶引受所にては……生活の戦ひに打ち負けたる落魄の人々の、慰めを得んものと訪れくるもの毎日十人を欠かしたることなく、住職の松田密信師を初め、その他の役員も応接に忙殺され居る有様なり……（都新聞41年9月20日）。

〈「猫」の旧宅焼失〉――漱石君の旧宅で「我輩は猫である」の材料にもなった本郷の家はこの間郁文館中学の火災で類焼した（読売新聞42年12月8日）。

1910（明治43）年―東京帝国大学文科大学独文科卒業。

――私は外国文学を専攻して新聞社会に身を投ずること約十年、新聞紙が常に社会の一部より蔑視さるるに拘わらず、社会国家に重大なる意義を有するの討究に興味を感じ、折にふれて欧米の新聞研究書を閲読しつつあつたが、三四年以来その徹底的研究を思ひ立ち、再び大学に席を置いて其歴史的研究に没頭したのである（小野秀雄）。

〈ハレー彗星〉――東京では24日夕方5時30分より約20分間ほど雲の絶え間に見るこ

とができた……（国民新聞43年1月26日）。

〈南極探検隊出発〉（報知新聞43年11月30日）。

1911〜1915（明治44〜大正4）年

——萬朝報記者。政治記者として活動。

〈夏目漱石博士号返上〉（東京朝日新聞44年2月24日）。

1917（大正6）年——記者として東京日日新聞入社。

〈木曽義仲を知らない学生〉——教員曰く「大正の御代になってから歴史の人物として、時代変遷の第一系統におらぬ義仲は削除されています。これも時代の進化に伴う一つの現象でありましょう」……（6年5月12日）。

1919（大正8）年——在職のまま奨学金を得て東京帝国大学大学院入学。

1921（大正10）年——東京日日新聞休職。

〈品川湾など、汐干狩で交通整理〉（時事新報大正10年4月11日）。

1922（大正11）年―『日本新聞発達史』刊行。

――一日一行の歴史も十年を積めば三千六百行の一冊子を編み出すことができる、残れる半生を投ずればやや理想に近きものを得べしと信じ、其の研究を続けているのである。幸ひにして私が記者生活を送つた大阪毎日新聞（東京日日新聞）社の諸先輩は研究の為に多くの時間を与えられ、岩崎小彌太男爵は資料収集の為に経済上の援助を与えられ、上田萬年博士、三上参次博士、建部遯吾博士等は多忙の時間を割いて研究を指導……私の新聞研究に対し豊富なる資料の提供や懇切なる指導、援助……ことに曽我部俊治氏が多年の蓄積に成る新聞紙庫を解放され、岩崎家がモリソン文庫の蔵書閲覧を許されたるは深く感謝するところである……（小野秀雄）。

1923（大正12）年―東京日日新聞退職。

この年から翌年にかけて、新聞学教育研究の調査でドイツ、英国、米国などをまわる。

1924（大正13）年──帰国後、大学院を退学し、吉野作造が主宰する明治文化研究会の創設に同人として参加する。

1926（大正15）年──東京帝国大学文学部で無給の志願講師、世界新聞史を講じる。

1929（昭和4）年──東京帝国大学文学部嘱託。新聞研究室主任となる。

1932（昭和7）年──上智大学専門部教授を兼任。上智大学新聞学科開設する。

〈チャップリン大気炎〉──チャーリー君一年半余の世界流浪の旅もパスポートの期限が迫り……二日午後横浜解らんの氷川丸で、太平洋の波を越え世界漫遊の一編を完了する……（東京日日新聞7年6月3日）。

〈忠犬ハチ公の名誉〉（大阪朝日新聞8年11月24日）。

1938（昭和13）年──東京帝国大学文学部講師。

1945（昭和20）年──太平洋戦争敗戦。

1946（昭和21）年―東京帝国大学文学部講師を定年で退任、引き続き同嘱託。

1948（昭和23）年―東京大学文学部嘱託を退任。上智大学文学部教授。

1949（昭和24）年―東京大学新聞研究所設立の際、講師として定年となっていたにもかかわらず特例措置として教授となり、同研究所の初代所長に就任。

1951（昭和26）年―東京大学退職。

日本新聞学会会長[※106]。初代会長として1966（昭和41）年まで永く活躍し、退任後も「名誉会長」と称された。

1966（昭和41）年―上智大学文学部教授を辞任、名誉教授。

上智大学では80歳まで勤めるなど、永く後進の指導にもあたった。このため、小野の薫陶を受けた研究者や、ジャーナリストは多数にのぼる。

小野が勲三等に叙されると、「弟子たちの間にその勲等に不満を洩らす者もあったが」、小野自身は「学者の中には高い勲章をもらう人が多いが、それは大学教授としての勤務が長かったからで、私のように学会会長の故をもって叙勲された人は他に無いようだ」と喜んだという。

1967（昭和42）年―日本新聞学会会長を辞任、名誉会長となる。

1977（昭和52）年―7月18日、東京都千代田区で死去。享年92歳。

新しい分野の先駆者として、初期には包括的な概説書も手がけたが、研究の中心にあったのは近世・近代日本の新聞史であり、個人としても瓦版や錦絵新聞などの史料多数を収集し、コレクションを形成していた。

――新聞紙が一日も理想を捨つべからざることはいふまでもないが、衆多と伍してしかも衆多の向上発展を忘れないところに新聞紙と他の印刷物の差異がある、対社会方針の重且つ大なるは此点にあつて存するのである（小野秀雄）。

※106　日本新聞学会：現日本マス・コミュニケーション学会。

参考資料：『日本新聞発達史』小野秀雄著、五月書房１９８２／『新聞資料 明治話題事典』小野秀雄編、東京堂出版１９９５／『日本人名事典』三省堂１９９３／国立国会図書館デジタルコレクション

[著者略歴]

中井けやき

1942年、東京生まれ。けやきのブログⅡを毎週土曜日更新中。

著書：私家版『安行植木と朧瘍ノート＆ある明治人の生涯』（1998年）、『明治の一郎　山東直砥』（2018年）、『増補版　明治の兄弟　柴太一郎、東海散士柴四郎、柴五郎』（2018年）、『明治大正人物列伝66』（2020年）、『明治大正人物列伝52』（2021年）

明治大正人物列伝 Ⅲ

2023年3月17日　第1刷発行

著　者　　中井けやき
発行人　　久保田貴幸

発行元　　株式会社 幻冬舎メディアコンサルティング
〒151-0051　東京都渋谷区千駄ヶ谷4-9-7
電話　03-5411-6440（編集）

発売元　　株式会社 幻冬舎
〒151-0051　東京都渋谷区千駄ヶ谷4-9-7
電話　03-5411-6222（営業）

印刷・製本　中央精版印刷株式会社
装　丁　　弓田和則
装　画　　安原竹夫

検印廃止

ISBN 978-4-344-94430-5 C0095
幻冬舎メディアコンサルティングＨＰ
https://www.gentosha-mc.com/